U0739965

书山有路勤为径，优质资源伴你行
注册世纪波学院会员，享精品图书增值服务

书山有路勤为径，优质资源伴你行

注册世纪波学院会员，享精品图书增值服务

**14**大分销决策模块、**247**种渠道管理工具

# 厂商共赢战略
## 全渠道设计、开发与协同管理

帮助销售总监和渠道经理
建立厂商共赢体系，全面提高渠道绩效的
实用工具手册

梅明平 著

电子工业出版社
**Publishing House of Electronics Industry**
北京·**BEIJING**

未经许可，不得以任何方式复制或抄袭本书之部分或全部内容。

版权所有，侵权必究。

**图书在版编目（CIP）数据**

厂商共赢战略：全渠道设计、开发与协同管理 / 梅明平著. —北京：电子工业出版社，2023.4

ISBN 978-7-121-45243-7

Ⅰ．①厂… Ⅱ．①梅… Ⅲ．①经销商－销售管理 Ⅳ．①F713.3

中国国家版本馆 CIP 数据核字（2023）第 047691 号

责任编辑：宫雨霏　　　　　　　特约编辑：田学清
印　　刷：三河市华成印务有限公司
装　　订：三河市华成印务有限公司
出版发行：电子工业出版社
　　　　　北京市海淀区万寿路 173 信箱　　邮编：100036
开　　本：720×1000　　1/16　　印张：18　　字数：333 千字
版　　次：2023 年 4 月第 1 版
印　　次：2023 年 4 月第 1 次印刷
定　　价：89.00 元

凡所购买电子工业出版社图书有缺损问题，请向购买书店调换。若书店售缺，请与本社发行部联系，联系及邮购电话：（010）88254888，88258888。

质量投诉请发邮件至 zlts@phei.com.cn，盗版侵权举报请发邮件至 dbqq@phei.com.cn。

本书咨询联系方式：（010）88254199，sjb@phei.com.cn。

# 推荐序

喜闻梅老师新作《厂商共赢战略：全渠道设计、开发与协同管理》即将出版，受邀为他的新书作序，借此机会，与广大读者朋友们聊一聊新时代营销渠道管理的与时俱进。

随着移动互联网的迅速发展，传统营销渠道发生了翻天覆地的变化，电商和社交媒体平台对实体店造成了巨大的冲击，市场竞争愈发激烈。作为源头的厂商，与各种营销渠道的关系也日益紧密。与时俱进地开发、设计和管理各种营销渠道，成为厂商不得不持续学习的课题。

2003 年的非典疫情，刘强东把中关村的实体店铺搬到了线上，马云看到了 C 端的购物需求，顺势创立了淘宝。2020 年受新冠肺炎疫情的影响，大家闭门不出，实体店铺里空荡荡，但大街上依然有快递员、外卖员在奔波，各大线上 App 的产品供不应求。然而，我们应看到，疫情只是催化剂，其背后是消费者需求的变化和营销渠道的变化。如果厂商开发、设计、管理渠道的思维不能与时俱进地转变，那么即便在艰难时期勉强生存下来，在以后也难免面临被淘汰的结局。

在此洞察的基础上，学界、业界的许多专家都在探索新时代下厂商应如何处理与渠道的关系。我很高兴看到梅老师的新书为该领域贡献了智慧。我与梅老师相识多年，看着他一路从市场营销的高校教师，到企业中屡创佳绩的销售总监，再到今天的营销渠道管理咨询专家和专业领域畅销书作家，厂商共赢理念是他在学界、业界摸爬滚打二十几年，根据理论研究和实战经验总结出来的适合中国厂商的渠道管理理念。所谓厂商共赢理念，即从促进厂家、经销商（渠道）双赢的角度出发，开发、设计和管理经销商（渠道），此理念的提出具有创新性，有助于在新时代从根本上化解厂商矛盾，全面提高渠道效率。

《厂商共赢战略：全渠道设计、开发与协同管理》是一本全面阐释厂商共赢战略的书，具有三大特色。

第一，渠道体系全面化。梅老师在书中介绍了全面的渠道结构，帮助读者梳理线上线下的各种渠道应该如何设计，以及如何协同管理线上线下渠道，使其发挥最大效用。

第二，渠道管理精细化。梅老师在第 2 部分和第 3 部分着重讲述了如何管理渠道并梳理了渠道要素，从而满足厂商双方的发展需求。对于大部分厂商非常关心的经销商忠诚度问题、现金流安全问题，梅老师也给出了一套解决方案。

第三，通过绩效评估优化渠道结构。梅老师在第 4 部分提出，通过建立一套针对渠道成员的绩效评估体系，从而一方面实现对优质渠道成员的筛选，另一方面让渠道成员有明确的发展方向，最终实现优化渠道结构，促进厂商协同发展、共同进步的目标。这是一个新颖的角度，促进了渠道管理方法的科学化。

此外，本书还保留了梅老师"经销商管理系列"图书的一贯特色，为读者提供了大量实用的工具、方法，以及极具参考价值的丰富案例，这些都是他在多年实践中积累的宝贵财富，相信每位读者都能通过阅读本书有所收获。

多年来，梅老师一直深耕于渠道管理、经销商培训领域，除了投身企业咨询事业，还坚持观察、思考、总结，笔耕不辍，为该领域贡献了一本又一本专业、实用的著作。我想，他这种传播知识、授人以渔的精神与他曾经多年站在三尺讲台上的经历是分不开的。作为他的同道好友，我衷心地为他感到高兴，也希望梅老师继续不忘初心、乘风破浪，为中国企业带来更多智慧！

武汉大学经济与管理学院教授

张广玲

# 序 言

本书是继《周转·周赚》《经销商数字化管理》后，我在新冠肺炎疫情期间写的第三本书。疫情阻止了我为厂家提供营销渠道管理咨询和为经销商提供培训服务，但为我提供了宝贵的时间完成我多年来的心愿：为渠道经理写一本关于渠道管理的书，帮助中国厂家建立线上线下渠道，以满足互联网时代的客户"希望有更多渠道的选择及完美的购物体验"的需求。

在为企业提供营销渠道管理咨询服务的过程中，我发现阻碍厂家发展的最大障碍不是产品，不是价格，不是促销，而是营销渠道。尤其是经销商，缺乏忠诚度，缺乏执行力，并且严重依赖厂家。经销商不听话、管不了，成为厂家高层管理者最头痛的事情。虽然厂家在经销商面前经常提"厂商共赢"，但不知道怎么实现"厂商共赢"，结果是厂家没有赢，经销商也没有赢。这样一来，"厂商共赢"就成了一句空话。

本书是我在《经销商管理（第4版）》的基础上，为厂家的渠道经理写的一本书，目的是为渠道经理提供一套能够实现"厂商共赢"的渠道设计、开发和管理方法，帮助厂商打造一条高忠诚度、高执行力、高效率的营销渠道。

本书是帮助厂家的渠道经理从渠道入门到精通的一本书，也是全渠道时代渠道经理的第一本书。

本书分为4个部分，相关内容如下。

第1部分为营销渠道设计，包括制定营销渠道战略、了解网络营销渠道、设计营销渠道和线上线下融合4章，旨在帮助渠道经理厘清营销渠道设计思路，掌握营销渠道设计步骤，最终设计出线上线下融合且协同的营销渠道，提高营销渠道绩效，获得持续竞争优势。

第2部分为营销渠道管理，包括确定渠道目标、选择渠道成员、激励渠道成员和渠道窜货管理 4 章，旨在帮助渠道经理厘清渠道管理思路，了解渠道管理工具和方法，最终打造一批高忠诚度、有战斗力的经销商团队，使厂家的销售业绩持续且快速提升。

第 3 部分为规划渠道要素，包括梳理渠道产品、制定渠道价格、畅通渠道物流和严控渠道账款 4 章，旨在帮助渠道经理厘清渠道规划的要素，满足渠道成员对产品、价格和物流服务的高需求，并确保资金安全周转。

第 4 部分为评估渠道绩效，包括评估渠道成员绩效和优化渠道结构两章，旨在帮助渠道经理建立一套经销商和渠道的绩效评估体系，通过优胜劣汰不断提升厂家营销渠道的绩效，帮助厂家快速发展。

为了帮助读者更清晰地理解书中的内容，每章开头的"问题与后果"模块，目的是告诉读者本章主要解决厂家出现的这些问题。每章中的"梅明平对渠道经理说"模块，语言通俗易懂，拉近了读者与作者的心理距离。每章结束的"渠道经理工具箱"模块，总结了本章的主要内容，让读者通过工具箱可以快速了解本章的核心知识。

每章的最后一节是"实战案例"，全书共 30 个实战案例，大部分内容是我为企业提供营销渠道管理咨询服务的成果展示。为了对咨询成果保密，有些内容隐去了企业的名称，对于涉及企业的关键数字也进行了修正。

在附录中，我为读者提供了"厂家渠道管理水平自测"，便于读者了解厂家的渠道管理情况，明确学习目标。"渠道经理工具箱"列表总结了渠道经理需要掌握的 14 大分销决策模块共 247 种渠道管理工具，便于读者根据自身情况有针对性地进行查阅、学习。"实战案例内容汇总"向读者介绍每章最后一节"实战案例"的重点内容，方便读者学习或参考。《厂商共赢战略》渠道经理研修班"介绍全渠道设计、开发与管理的课程，渠道经理可以根据自身需要决定是否学习该课程。

本书得以出版，非常感谢邀请我提供营销渠道管理咨询服务的企业，让我有更多机会对中国企业的厂商关系、营销渠道有更加深入的洞察。非常感谢北京天润新能投资有限公司行业解决方案事业部总经理张秋生、开发一部总经理赵明辉，他们对于营销渠道的重视深深打动了我；非常感谢安徽正宇面粉有限公司的总经理曹广领，他对于经销商的重视为正宇公司更上一层楼提供了坚实的基础；非常感谢元气森林（北京）食品科技有限公司创始人唐彬森、经销商管理&数字化供应链副总经理龚原，他们不断采用更先进的方法来管理快速发展的经销商团队，使公司的销售额每年以几倍的速度快速增长……

感谢电子工业出版社的策划编辑刘琳老师，她为我的写作提供了很多宝贵的建议，也为我的书籍出版花费了大量的时间；感谢新蓝海咨询团队的祝智君老师，她作为咨询项目组成员，十几年来一直协助我为企业提供营销渠道管理咨询服务，经常在市场的第一线开展市场调研活动；感谢吕瑞雪、谭红平等人，他们长期以来兢兢业业地工作，代表新蓝海咨询公司为客户提供优质的服务；感谢武汉大学经济与管理学院的张广玲教授，除了在营销渠道管理领域传经送宝，她还不断鼓励我、帮助我和支持我，使我终身受益；感谢妻子罗平对我工作事业全力以赴的支持，也为儿子梅佶一家的幸福快乐感到欣慰。

在线上线下多渠道、全渠道时代，本书可以为厂家建设线上线下高效营销渠道提供理论基础，为真正实现厂商共赢提供实用的工具和方法。本书适合以下读者：厂家的董事长、总经理、营销副总经理、销售总监、渠道经理、电商经理，高校营销类专业的学生，以及对营销渠道、厂商共赢感兴趣的人员。

如果读者希望与我交流书中的内容，或者对书中的内容有不清楚的地方，可以搜索"梅明平讲渠道"微信公众号，或者搜索武汉新蓝海营销管理咨询有限公司官网，欢迎随时联系。

梅明平于武汉

2022 年 12 月 20 日

# 目　录

## 第 1 部分　营销渠道设计

## 第 4 部分　评估渠道绩效

# 第1部分　营销渠道设计

# 第1章　制定营销渠道战略

## 问题与后果

（1）厂家没有利润，或者利润增长缓慢，不知道如何找原因，导致利润持续下降。

（2）目标市场（消费者）满意度不高，厂家不知道从何处改变，导致销售额持续下降。

（3）虽然厂家从产品、价格和促销方面比较容易获得竞争优势，但唯有从渠道方面获得的竞争优势才能保持，因为渠道优势很难被竞争者模仿。关于这一点，很少厂家知道，更少有厂家能够做到，但优秀的厂家都能做到，如格力、立白、卡特彼勒等。

（4）厂家都有自己的营销渠道，但绝大部分没有系统的营销渠道战略，而没有系统的营销渠道战略的营销渠道很难帮助厂家创造更多利润。

（5）大多数厂家的渠道经理都希望制定适合厂家的营销渠道战略，但不知道如何制定，导致营销渠道一直没有相应战略，营销渠道效率越来越低，逐渐失去竞争力。

（6）我们都听过厂商共赢的说法，却不知道厂商共赢战略，所以厂商共赢的口号虽然天天喊，但一直不能落地。

**梅明平对渠道经理说**

大多数情况下，厂家缺乏渠道战略。一方面，厂家不了解渠道战略究竟是什么；另一方面，厂家没有专业人员去思考渠道战略。没有渠道战略的营销渠道，不仅没有竞争力，还很难实现营销目标。战略是什么？战略是为了获取差异化竞争优势，大家都要遵守的基本原则。渠道战略就像一根主线，贯穿于渠道设计、渠道成员选择、渠道管理和绩效评估之中，以帮助厂家获取差异化竞争优势，实现分销产品的营销目标。渠道战略是渠道管理的核心和灵魂。

厂家的利润源于哪里？源于销售。销售源于哪里？源于厂家的持续竞争优势。持续竞争优势源于哪里？源于 4P 营销组合中的一个 P（Place，渠道）。其中，正如美国分销渠道管理专家伯特·罗森布洛姆所说："营销渠道是获取持续竞争优势的重要因素。"而好的营销渠道来自营销渠道战略。

## 1.1　销售增长路径

最令管理者头痛的问题是厂家没有利润或利润增长缓慢，而导致厂家没有利润或利润增长缓慢的原因是多方面的，但其根源在于销售额停滞或下降。

提升销售额，可以从客户和产品两个维度考虑。从客户的维度讲，可以提升老客户销售额，也可以提升新客户销售额；从产品的维度讲，可以提升老产品销售额，也可以提升新产品销售额。下面，对提升老客户销售额和提升新客户销售额两个方面进行详细论述。

### 1.1.1　提升老客户销售额

老客户，即回头客。厂家提升老客户销售额，就是提升回头客销售额。厂家提升回头客的销售额有两条路径：一是增加回头客的数量，二是提高回头客的平均客单价。

无论是增加回头客的数量，还是提高回头客的平均客单价，都需要让客户满意。只有满意的客户，才有可能成为回头客。让客户满意有两种方法：一种是提升感知效果，另一种是降低期望效果。

### 1．提升感知效果

厂家可以从产品、价格、渠道和促销 4 个方面提升客户的感知效果。例如，精致而高颜值的包装让人爱不释手，较高的价格让人感觉到一分钱一分货，豪华的购物场所让人感觉到物有所值，较多的广告和公关让人感觉到是知名品牌。

### 2．降低期望效果

厂家可以从产品、价格、渠道和促销 4 个方面降低客户的期望效果。例如，简陋的包装可以降低人对产品的期望值，较低的价格让人希望产品能够满足基本需求即可，大众化的购物场所让人对产品拥有一颗平常心，较少的广告和公关让人放弃品牌只要求实惠。

## 1.1.2 提升新客户销售额

新客户，即第一次购买产品的客户。厂家提升新客户销售额，要么是将老产品销售给新客户，要么是将新产品销售给新客户。

无论新客户购买的是老产品还是新产品，都需要提升客户价值。厂家提升客户价值有两种方法：一种是增加客户利益，另一种是降低客户成本。

### 1．增加客户利益

厂家可以从产品、价格、渠道和促销 4 个方面增加客户利益。例如，提供更好的产品以满足人更多的需求，制定适当的价格让人感觉物有所值，提供更好的空间及环境的购物场所让人感觉方便舒适，更好的广告和公关让人感觉选对了品牌。

### 2．降低客户成本

厂家可以从产品、价格、渠道和促销 4 个方面降低客户成本。例如，标准化的产品可以降低产品的生产成本，直接或间接降价减少人们的支出，方便搜寻和购买便利的购物场所减少人们的搜寻时间，较少的广告和公关进一步降低产品成本。

综上所述，厂家想要持续、健康地提升销售额，需要持续地实现客户价值和让客户满意，即通过产品、价格、渠道和促销 4 个营销要素的有效组合来取得最佳效果。厂家提升销售额的路径如图 1-1 所示。

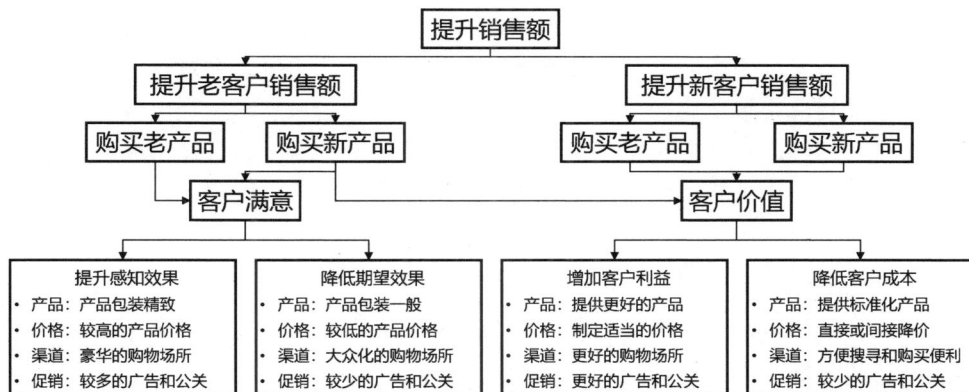

图 1-1　厂家提升销售额的路径

## 1.2　持续竞争优势

了解了销售增长路径后，厂家知道要增加利润就要提升销售额，而提升销售额需要获取持续竞争优势。

### 1.2.1　目标市场满意度

确立以产品战略、价格战略、促销战略和营销渠道战略为主的营销组合，使厂家能比竞争对手更好地满足目标市场的需求，即提高目标市场满意度，这是现代营销管理的核心内容。目标市场满意度与产品战略、价格战略、促销战略和营销渠道战略有关，用函数表示如下。

$$目标市场满意度函数：Ts=f\left(P_1，P_2，P_3，P_4\right)$$

式中：

$Ts$——目标市场满意度；

$P_1$——产品战略；

$P_2$——价格战略；

$P_3$——促销战略；

$P_4$——营销渠道战略。

### 1.2.2　获取竞争优势的 4 大战略

#### 1．产品战略

当厂家产品的功能独一无二、没有竞争对手、拥有广大的市场且非常受欢迎时，厂家应采用产品战略获取竞争优势。

例如，一家制药企业拥有一种新药的专利权，该企业可以通过这种独一无二的产品使其目标市场的大部分需求得到满足（通过销售额、利润和市场份额进行衡量）。假设在专利有效期内，市场上不存在任何替代品，那么在市场营销组合中，产品就是居于主导地位的因素，企业通过产品可以获得竞争优势，应主打产品战略。

### 2．价格战略

当厂家的产品同质化严重，消费者很难区分产品之间的差异，购买时主要看产品的价格高低时，厂家应采用价格战略获取竞争优势。

对于那些生产无差别产品，比如标准化的计算机芯片的企业来说，价格是市场营销组合中最关键的因素，企业通过价格可以获得竞争优势，应主打价格战略。

### 3．促销战略

当厂家的产品需要靠形象取胜，消费者在购买时主要看品牌知名度时，则厂家应采用促销战略获取竞争优势。

促销，特别是广告，对于服装这类依靠形象获得目标市场青睐的企业来说是极为重要的营销组合因素，企业通过促销可以获得竞争优势，应主打促销战略。

### 4．营销渠道战略

当消费者最核心的要求是购买的便利性和获得的及时性时，厂家应采用营销渠道战略获取竞争优势。

例如，口香糖产品，消费者就非常重视产品购买的便利性及能否及时买到，那么营销渠道战略就是营销组合中的首要因素，厂家通过渠道可以获得竞争优势，应主打营销渠道战略。

## 1.2.3　获取持续竞争优势的营销渠道战略

短期的竞争优势只能保证厂家在短期内取胜。厂家的销量要持续增长，利润要持续增加，就需要获取持续竞争优势。那么，什么是持续竞争优势呢？

> ➡ **名词解释：持续竞争优势**
> 持续竞争优势是指厂家具有不易被竞争对手迅速或轻易模仿的能力。

在 4P 营销组合中，哪一个 P 容易让厂家获取持续竞争优势。产品差别很容易在短时间内被竞争对手模仿，厂家靠产品战略不能获取持续竞争优势；低价战略也很难持续，总会有能够实现生产成本更低从而价格更低的企业，厂家靠价格也不能获取持续竞争优势；促销呢，来自网络和传统媒体的广告及促销信息如洪水般向人们袭来，大大降低了促销的影响力，厂家靠促销也不能获取持续竞争优势。

最后就只有渠道了，而建立有效的营销渠道战略需要厂家对经销商长期的承诺和对组织与人力资源的大量投入。例如，卡特彼勒拥有享誉世界的渠道体系，不仅有资金雄厚、中高素质和高积极性的经销商，更有现金充足的供应链，这些和卡特彼勒的推土机一样都是其特有的，不可能被竞争对手轻易模仿。

---

⊙ 名人名言

　　在今天全球化的竞争舞台上，厂家通过营销组合中的 3P（产品、价格、促销）来获取持续竞争优势变得更加困难。正因为如此，营销渠道战略，尤其是多营销渠道战略，成为厂家获取竞争优势的一种途径……营销渠道战略一旦形成就很难被竞争对手轻易模仿。

　　　　　　　　　　　　　　　　——美国分销渠道管理专家伯特·罗森布洛姆

---

## 1.3　营销渠道战略的概述

通过上面的学习我们了解到：厂家的利润来自销售，高销售额来自厂家拥有持续竞争优势，持续竞争优势来自营销渠道战略。下面，我们将介绍营销渠道战略的定义及营销渠道战略的相关内容。

### 1.3.1　营销渠道战略的定义

➡ 名词解释：营销渠道战略

　　营销渠道战略是厂家为了获取持续竞争优势，以实现向目标市场持续分销产品的营销目标，需要遵循的基本原则。

厂家制定营销渠道战略的具体方法是：在营销渠道的属性、利益和价值等要素中找出某个关键要素，并将这个要素贯穿于营销渠道设计、渠道成员管理、渠道要素规划和渠道绩效评估之中，以获取持续竞争优势，实现分销产品的营销目标。

### 1.3.2　重视营销渠道战略的 4 种情况

厂家要盈利、要有销量、要实现营销目标，就需要有竞争优势，而竞争优势主要来自 4P 营销组合中的一个 P 或多个 P，有多重营销组合可供选择。但是，如果厂家有以下 4 种情况中的任意一种情况，营销渠道就应该成为厂家获取竞争优势的主要因素，厂家要高度重视。

### 1. 渠道是直接满足消费者需求的主要因素

目标市场的需求是营销组合的基础。当厂家通过营销渠道战略让消费者需求得到满足时，营销渠道战略就应作为市场营销组合中的重要部分受到重视。例如，口香糖、矿泉水等即时性消费品，消费者希望随时随地想买就买，此时渠道就成为直接满足消费者需求的主要因素。

### 2. 产品、价格、促销 3 个因素与对手势均力敌

分销获得的竞争优势不易被竞争对手模仿。对于那些在产品、价格、促销 3 个因素上与对手势均力敌，希望进一步提高竞争能力的厂家来说，将分销作为营销组合的重要组成部分是有效的竞争战略。例如，格力、立白建立的分销渠道，是很难被竞争对手一夜之间模仿的。

---

**◉ 名人名言**

将分销战略作为竞争优势表述为：优秀的制造能力、高效率的生产及高水平的产品质量，正在成为众多企业追求的方向，任何想在市场竞争中生存下来的企业都不能忽视它们。事实上，大多数在这些方面处于劣势的企业都被市场淘汰了。我们知道如何进行分销，我们已经与经销商建立了真正的伙伴关系，这是我们公司强大的主要原因！

——卡特彼勒前 CEO 唐纳德·菲特斯

---

### 3. 竞争对手的渠道是营销组合中的弱点

竞争对手忽视分销，对那些将分销作为营销组合的重要组成部分促进发展的厂家来说是一个绝好的机会。

在中国，有许许多多厂家的创始人喜欢研究产品，但对渠道的了解有限，要么不重视渠道，要么不懂渠道。他们往往会把注意力放在产品生产和品牌宣传上，设备越来越先进，品牌知名度越来越高，渠道设计却一塌糊涂，最终导致分销目标无法实现，利润自然无法增长。某些厂家认为，渠道中的实体经销商只是被利用的工具，厂家通过各种威逼利诱的压货手段，将厂家的库存转移到经销商的仓库，收回货款，至此就认为实现了销售。

由于大多数厂家不重视渠道建设，什么样的经销商都可以合作，无渠道战略、

无渠道划分、无资格要求、无市场规范、无长远打算，久而久之，跟着厂家的经销商虽然成百上千，但大部分是各自为政、唯利是图的投机性经销商，一旦遇到行业的激烈竞争，这些经销商就会离开，厂家营销渠道将会断裂，再先进的设备也将停止运转，再好的品牌也会消失，比如汇源果汁。

对于大多数厂家来说，这是一个很好的发展机会。一个经销商往往会经营几个甚至几十个品牌，与几个甚至几十个厂家合作，只要其中一个厂家重视渠道，把经销商当作资产，宣传厂商共赢的理念，这样的厂家一定会受到经销商的欢迎。

**4．渠道可以增强厂家的协同效应**

➡ **名词解释：渠道协同效应**

协同是指协调两个或两个以上的不同资源或个体，共同完成某个目标的过程或能力。渠道协同效应是指在营销渠道中，厂家、经销商、零售商等渠道成员，协同一致地完成产品的售前、售中和售后的过程，以取得"1+1>2"的效果。

当厂家选择信誉和威望都超过自己的零售商或批发商作为渠道成员时，往往会使厂家的商业信誉和品牌知名度有所提高。

例如，中小厂家可以选择与规模大、实力强的零售商合作，把自己的产品放在其货架上销售，实现渠道协同效应，以增强产品的市场认可度和信任度。

**案例**　网店和实体店协同形成差异化优势

网店的最大劣势是缺乏即时性，消费者需要几小时、几天甚至更长的等待时间。如果网店试图提供当天送货服务，就需要较高的运费。如果运费由消费者买单，就会增加消费者不购买的概率；如果运费由网店买单，网店就会失去更多的利润，甚至亏本。

现在一些传统的实体经销商和零售商认为，如果网店能够将实体零售店或经销商的仓库作为配送中心，就能够取得协同效应，使双方都获益。

## 1.3.3　营销渠道战略指导渠道分销决策

厂家为了完成分销目标，在进行营销渠道管理时，必须做出 4 项基本的分销决策，而这 4 项分销决策从营销渠道管理的角度考虑，是分销的"灵魂"。

① 为了实现分销目标，应该如何设计厂家的营销渠道？

② 如何管理渠道成员，才能实现厂家的分销目标？

③ 如何规划渠道因素，才能让设计的营销渠道持续且高效地运转？

④ 如何评估渠道绩效，才能让渠道真正成为持续竞争优势的来源？

厂家的渠道经理应如何通过做好以上4项分销决策实现分销目标呢？作者认为，更合理、更系统地处理4项分销决策的方法是，事先制定营销渠道战略，即为4项分销决策提供指导原则。

营销渠道战略就像一根主线，自始至终贯穿于4项分销决策之中。当厂家的渠道出现危机，或者需要对营销渠道进行调整时，营销渠道战略可以及时地为分销决策提供指导原则，以防止营销渠道出现偏差。

图1-2所示为营销渠道战略与分销决策之间的关系。上面的大框为厂家确定的营销渠道战略，其目的是为厂家的4项分销决策提供指导原则；下面的4个小框为4项分销决策，从营销渠道战略大框中引出来的4个纵向箭头表示营销渠道战略与4项分销决策之间的指导和被指导的关系。

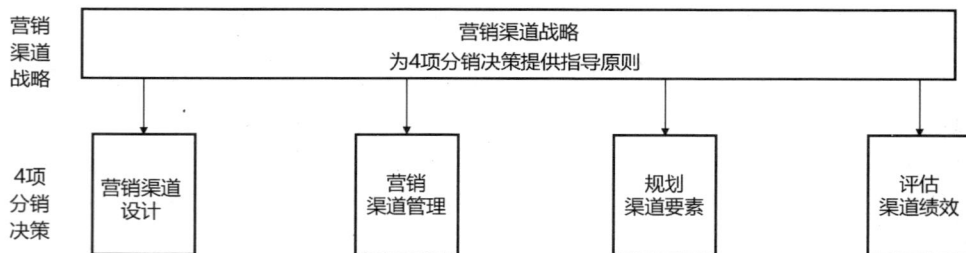

图1-2　营销渠道战略与分销决策之间的关系

## 1.4　营销渠道战略的制定

从重视渠道战略的4种情况可以看出，当厂家无法通过产品、价格和促销3个营销要素获取竞争优势的时候，唯有通过营销渠道才能获取竞争优势。

厂家制定营销渠道战略，就是为了通过营销渠道获取竞争优势。厂家要使营销渠道具有竞争优势，就需要给营销渠道一个合理的定位，即厂家要从营销渠道的属性、利益和价值中找到一个定位点，并通过4项分销决策来实现这个定位点，这个定位点就是营销渠道战略。

当定位点选择为营销渠道战略的时候，定位点可以这样定义：是厂家、厂家品牌具有的，渠道成员关注的，且具有明显竞争优势的营销渠道的属性点、利益点和价值点。

## 1.4.1　制定营销渠道战略的要素

营销渠道战略，也就是营销渠道的定位点，包括营销渠道属性、营销渠道利益和营销渠道价值。下面，从这 3 个方面介绍制定营销渠道战略的要素。

### 1．营销渠道属性

营销渠道都有属性，营销渠道的属性包括渠道长度、渠道宽度、渠道广度、渠道系统和渠道管理（见表 1-1）。

表 1-1　营销渠道的属性

| 5 种属性 | 渠道长度 | 渠道宽度 | 渠道广度 | 渠道系统 | 渠道管理 |
|---|---|---|---|---|---|
| 具体内容 | 零级渠道<br>一级渠道<br>二级渠道<br>三级渠道 | 独家分销<br>选择分销<br>密集分销 | 一种渠道<br>多种渠道 | 所有权系统<br>特许经营系统<br>管理式系统 | 流程管理<br>成员管理<br>关系管理<br>绩效管理 |

### 2．营销渠道利益

渠道为客户带来的利益就是客户对渠道的服务需求，也称渠道的服务产出，包括以下 6 个方面的内容。

（1）批量拆分。

几乎所有产品，厂家都是按照大批量进行生产的，经销商是按照大批量进行采购的，但是消费者只需要少量购买，购买后即使用，没必要存货。

（2）空间便利。

经销商和零售商，通过增加销售网点的数量实现密集分销，降低消费者的交通成本和搜寻成本，以提高消费者的满意度。

（3）获取时间。

消费者订购产品后，需要马上得到产品。等候的时间越长，对消费者来说就越不方便。消费者发现，到京东商城购物后，一天之内甚至两小时内就能够收到产品，这是京东商城越来越受消费者青睐的重要原因。

（4）产品种类。

产品线的宽度和深度，对消费者有很大的影响。产品品种越多，每个品种的品牌和型号越多，消费者越容易买到称心如意的产品，经销商和零售商所建立的渠道就越有价值，越受消费者欢迎。

（5）客户服务。

方便客户与厂家互动，即厂家为经销商、零售商、消费者提供购买服务时，帮助他们拥有快乐的购买体验，比如提供存包服务、照看小孩、提供优美的购物环境等。

（6）信息提供。

为消费者提供产品属性、使用方法或售前/售后服务信息，比如设立产品体验馆、在零售店举办小型产品讲座、在购买现场投放视讯设备等。

### 3. 营销渠道价值

渠道的价值，与产品、价格、促销的价值是一样的。心理学家米尔顿·罗克奇（Milton Rokeach）认为，个人价值包括 18 个终极价值和 18 个工具价值，如表 1-2 所示。终极价值是指人们渴望实现的最终状态，工具价值是指人们为实现终极价值所坚持的行为规范，这 36 个价值都可以作为营销渠道的价值。

表 1-2　终极价值和工具价值

| 编号 | 终极价值 | 工具价值 |
| --- | --- | --- |
| 1 | 平等 | 孝顺 |
| 2 | 自由 | 有能力 |
| 3 | 幸福 | 有感情 |
| 4 | 快乐 | 愉快的 |
| 5 | 自尊 | 整洁的 |
| 6 | 智慧 | 努力的 |
| 7 | 成就感 | 宽恕的 |
| 8 | 成熟的爱 | 诚实的 |
| 9 | 互相帮助 | 独立的 |
| 10 | 社会认同 | 理智的 |
| 11 | 家庭安全 | 懂礼貌 |
| 12 | 国家安全 | 责任感 |
| 13 | 真正的友谊 | 自制力 |
| 14 | 无内心冲突 | 逻辑性 |
| 15 | 美丽的世界 | 雄心勃勃 |
| 16 | 和平的世界 | 心胸开阔 |
| 17 | 舒适的生活 | 乐于助人 |
| 18 | 刺激的生活 | 创造力、想象力 |

### 1.4.2　制定营销渠道战略的方法

#### 1. 结合营销渠道属性制定营销渠道战略

根据厂家的产品特性，结合营销渠道的属性，厂家可以制定不同的营销渠道战略。例如，亚马逊采用"只做电商"的单一渠道战略，快速发展电商业务，使其成为全球最大的电商。

现在，更多的厂家选择采用"多渠道战略"，既做线下渠道，也做线上渠道，实现了线上线下渠道的融合，使其得到了快速发展。例如，格力线上渠道，如天猫、抖音收到的订单，交由线下经销商交付，实现了线上线下渠道的深度融合。

根据营销渠道的 5 种属性，作者给出了部分对应的营销渠道战略供厂家参考（见表 1-3）。需要特别说明的是，根据营销渠道属性制定的营销渠道战略，远远不止以下战略。

表 1-3　根据营销渠道属性制定营销渠道战略举例

| 5 种属性 | 具体内容 | 营销渠道战略举例 |
|---|---|---|
| 渠道长度 | 零级渠道 | 直销战略 |
| | 一级渠道 | 零售商战略 |
| | 二级渠道 | 经销商战略 |
| | 三级渠道 | 三级批发战略 |
| 渠道宽度 | 独家分销 | 独家分销战略 |
| | 选择分销 | 选择性分销战略 |
| | 密集分销 | 密集型分销战略 |
| 渠道广度 | 一种渠道 | 单一营销渠道战略 |
| | | 多营销渠道战略 |
| | 多种渠道 | 全营销渠道战略 |
| | | 线上线下营销渠道战略 |
| 渠道系统 | 所有权系统 | 分公司战略 |
| | 特许经营系统 | 特许经营战略 |
| | 管理式系统 | 省代战略 |
| 渠道管理 | 流程管理 | 区域分仓战略 |
| | 成员管理 | 经销商理事会战略 |
| | 关系管理 | 厂商共赢战略 |
| | 绩效管理 | 优胜劣汰战略 |

### 2．按照营销渠道利益制定营销渠道战略

厂家根据营销渠道给客户带来的 6 种利益，结合产品特性和竞争对手的营销渠道战略，制定能够给厂家带来竞争优势的营销渠道战略。例如，京东商城推出的"小时达""分钟达"，大大减少了消费者的获取时间，通过营销渠道的利益定位点获得了网店的竞争优势；可口可乐推出的"物有所值、无处不在、心中首选"的营销策略，其中的"无处不在"就是营销渠道的利益点，让消费者在任何地点都能够方便地获得，密集型分销使可口可乐获得了巨大的竞争优势。

根据营销渠道的 6 种利益，作者给出了部分营销渠道战略案例，厂家可作为参考（见表 1-4）。

表 1-4　根据营销渠道利益制定营销渠道战略案例

| 6 种利益 | 具体内容 | 营销渠道战略举例 |
| --- | --- | --- |
| 批量拆分 | 一次性可购买的数量 | 批零兼营仓储式超市，如麦德龙 |
| 空间便利 | 购买的方便性 | 随处可得，如可口可乐 |
| 获取时间 | 下单后获得产品的时长 | 小时达，如京东商城 |
| 产品种类 | 可供选择的花色、品种、数量 | 名牌化妆品折扣店，如莎莎化妆品 |
| 客户服务 | 方便的购买流程和互动 | 厂家的技术主管，如计算机折扣仓储商店 |
| 信息提供 | 产品购买的信息咨询 | 体验店，如苹果体验店 |

### 3．按照营销渠道价值制定营销渠道战略

营销渠道价值也是营销组合各要素所带来的价值，即产品、价格、促销和渠道所带来的价值都是一样的。

营销渠道价值包含了心理学家米尔顿·罗克奇的 18 个终极价值和 18 个工具价值，厂家可以根据自己的情况，并结合竞争对手的营销渠道战略，从以上内容中选择适合自己的。

## 1.5　厂商共赢战略

### 梅明平对渠道经理说

在弱肉强食的竞争时代，厂家要持续经营就需要重视经销商，帮助经销商获得经营利润，使经销商快速成长，打造有战斗力和高忠诚度的经销商队伍。

## 1.5.1　厂商共赢战略的定义

厂家要理解厂商共赢战略，先要对厂商关系进行回顾。传统意义上，经销商与厂家各自拥有独立的经营资格，双方互不从属，是一种持续买卖的契约关系。对厂家而言，经销商的网络、人力、资金，可以使厂家的产品低成本进入市场，创造销量和利润。这时候，厂家会把经销商看作自己的子系统，帮助自己实现营销职能，同时在建立的营销渠道上，厂家可以行使自己的渠道权利。

然而，真正长久且稳固的厂商关系应当是一种共赢关系。无论渠道长度、渠道广度和渠道宽度如何，无论渠道关系如何，厂商共赢才是双方合作的基石。只有实现厂商共赢，经销商才能做强做大，并持续成为厂家的经销商；只有厂商分工明确，厂家才能专注于产品的生产和研发，持续推出具有竞争力的产品，厂家才能实现基业长青。

**➜　名词解释：厂商共赢**

厂是指营销渠道中的厂家（厂家、品牌商），商是指与厂家直接签订经销协议的经销商。厂商共赢是指厂家与经销商在合作过程中携手共进，通过分工协作实现双方的共同利益。

厂商相互配合、密切协作，共同运作市场，把市场做大，厂家把从中获得的利益与经销商合理分配，这样就会形成一种厂商共赢的局面。所以说，厂商之间是一种相互平等的合作共赢关系，厂家的生存离不开经销商的支持，经销商的发展也离不开厂家的支持。

厂商共赢既描述了厂家与经销商之间的合作关系，又代表了厂商合作的价值取向。

我们理解了厂商共赢的概念，就很容易理解厂商共赢战略的概念。

**➜　名词解释：厂商共赢战略**

厂家为了获取持续竞争优势，以实现向目标市场持续分销产品的营销目标，需要遵循的厂商共赢的基本原则。

厂商共赢战略属于营销渠道战略，是厂家给营销渠道的一个定位点，也就是说，厂家要建立能够实现厂商共赢的营销渠道。厂家找到这个定位点后，就要通过 4 项分销决策来实现这个定位点。

## 1.5.2　厂商共赢战略指导分销决策

有了厂商共赢战略，厂家的营销渠道就有了灵魂。厂商共赢战略就像一根主线，自始至终贯穿于4项分销决策之中。当厂家需要建立营销渠道时，或者营销渠道出现危机时，或者需要对营销渠道进行调整时，厂商共赢战略能及时为分销决策提供指导原则，以防止营销渠道出现偏差。

图1-3所示为厂商共赢战略与分销决策之间的关系。上面的大框为厂家确定的厂商共赢战略，其目的是为厂家的4项分销决策提供指导原则；中间的4个小框为4项分销决策；从厂商共赢战略大框中引出来的4个纵向箭头，表示厂商共赢战略与4项分销决策之间的指导和被指导的关系；从一项分销决策指向另一项分销决策的横向箭头代表4项分销决策之间的顺序；厂商共赢战略大框两边的箭头表示信息的反馈，既包括对分销决策的反馈，又包括对营销渠道战略的反馈；下面是每项分销决策在本书中对应的章节。

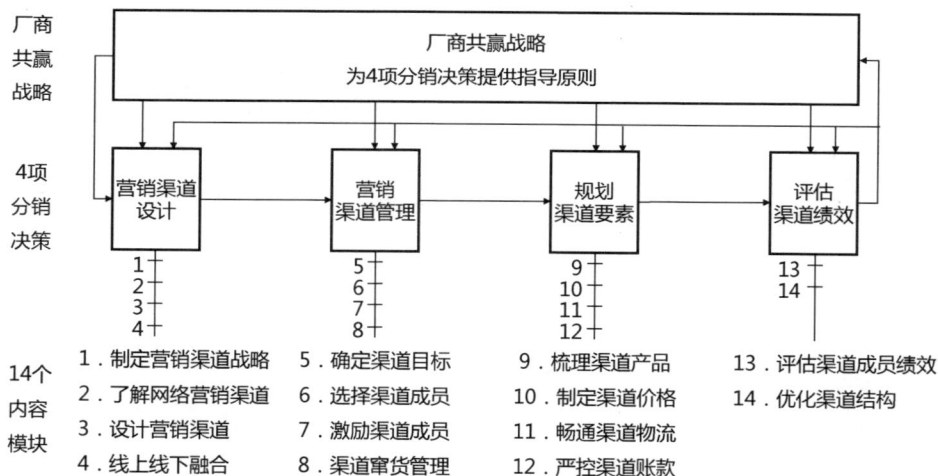

图1-3　厂商共赢战略与分销决策之间的关系

### 1. 设计符合厂商共赢战略的营销渠道

厂家应该设计一条什么样的营销渠道？这就涉及给营销渠道定位的问题。通过对营销渠道定位的思考，渠道经理以一种长期的战略眼光看待营销渠道设计，需要提出这样的问题：我们应该如何设计营销渠道才能使渠道成员认为我们的工作比竞争对手更出色？

雷克萨斯的经销商渠道就是营销渠道定位方面的好例子。雷克萨斯在官网上宣称："雷克萨斯拥有行业内最好的经销商网络。"该营销渠道定位从竞争战略方面考虑，将"最好的经销商网络"作为消费者购买雷克萨斯而不是其他高档品牌轿车的原因。

厂商共赢就是给营销渠道的一个精准定位。当建立在厂商共赢战略基础上的营销渠道成为厂家的竞争优势时，能给厂家带来令人惊喜的收益。同时，与产品、价格、促销不一样，渠道优势一旦建立，极不易在短时间内被竞争对手模仿。

### 2．选择符合厂商共赢战略的渠道成员

选择渠道成员的方法，以及被选为渠道成员的组织的特征，都应该体现厂家为实现特定分销目标所制定的厂商共赢战略。

在大多数情况下，经销商都是各自为政、唯利是图，只考虑自己单方面利益的群体，等、靠、要是这部分经销商的典型特征，一味找厂家要资源、要支持、要费用，至于厂家是否盈利则与自己无关。大部分经销商都经营多个品牌，与多个厂家合作，所以并不担心某个厂家破产。如果厂家与拥有这些自私自利思想的经销商合作，想要发展只能是一句空话，因为厂家的发展必须靠经销商的支持，必须拥有一批具备合作共赢思想的经销商。

另外，渠道成员的选择标准还应该与厂家更高层次的营销目标和战略相一致，反映厂家整体的目标和战略。比如，高品质、高形象的产品，需要选择品质和形象匹配的零售商。例如，劳力士作为世界上颇负盛名的手表厂家，它会倾注心血选择当地知名的经销商销售它的产品，使经销商在当地的定位与劳力士高大上的品牌形象相匹配。

### 3．规划符合厂商共赢战略的渠道要素

渠道要素包括产品线、价格体系、物流体系和账款。厂家的渠道经理在规划每个渠道要素时，都必须以厂商共赢战略为指导原则。

关于产品线规划，厂家要及时推出受经销商欢迎的新产品，而不是仅仅要求经销商经销厂家单方面推出的新产品。关于价格体系规划，厂家的渠道经理需要事先了解经销商对产品毛利空间的要求，使产品的毛利空间达到或超过行业的平均水平。关于物流体系规划，包括分仓的选择、运输工具的选择，以及物流费用的划分，厂家要了解同行的物流体系设计情况，并征求经销商的意见。厂家的账款也需要进行合理的规划，厂家要区别对待现款现货的经销商和赊销的经销商，使双方的采购成本有差异。

总之，厂家的渠道经理不仅要了解同行对于渠道要素的规划情况，还要与经销商进行充分的沟通和协商，将厂商共赢战略贯彻到每个决策之中。

### 4．确定体现厂商共赢战略的渠道绩效评估方法

在对渠道成员进行绩效评价时，渠道经理必须保证：在渠道设计和管理中，已经制定了能够确保渠道成员绩效得到有效评价的方法，确保厂商共赢战略得以充分实施。

**案例** 密尔沃基公司的渠道绩效评估方法

密尔沃基公司在高质量的动力设备领域颇负盛名，其大多数产品都是通过经销商销售给各种动力设备的使用者，其客户包括工厂、承包商、修理厂、学校、政府部门及其他组织和个人。密尔沃基公司声称，几乎80%的经销商已经与其合作了 25 年以上，它认为自己是经销商可靠、持续的合作伙伴。该公司经常对经销商说："当你们成功时，我们才会成功。"

通过以上案例可以看出，密尔沃基公司的渠道绩效评估方法的重点在于经销商是否成功。该公司认为，经销商成功了，自己才会成功。因此，密尔沃基公司的渠道绩效评估方法充分体现了厂商共赢战略，该公司成为利用厂商共赢战略获取竞争优势的典范。

## 1.5.3 厂商共赢战略的科学性

理论研究的科学性在于结合大量企业实践发现最一般和最普遍的规律，国内外学者有关渠道的研究进一步验证了厂商共赢战略的科学性。在渠道研究的发展历程中，学者的研究焦点在不断转移（见表 1-5）。

表 1-5 渠道研究的发展历程

| 时间 | 研究内容 |
| --- | --- |
| 1970 年以前 | 以渠道效率和渠道效益为重心，利用经济学理论分析营销渠道产生、结构演变、渠道设计等问题 |
| 1970—1990 年 | 转向以渠道权力和渠道冲突为兴趣点，认为市场竞争是一个零和博弈，渠道成员要通过权力获得更大的利益 |
| 1990 年以后 | 营销渠道理论发展到以关系和厂商共赢为研究重心的阶段。这个时期的研究认为渠道关系的发展经过了知晓、探索、拓展、承诺、衰退、解散等生命周期不同阶段，可能进入一个相互忠诚的阶段——厂商共赢渠道阶段 |

通过学者理论研究焦点的变化和转移，我们发现实现厂商共赢战略是大势所趋，原因有以下几点。

### 1. 经济全球化的影响

随着以全球化为背景的市场竞争越来越激烈，渠道中的单个企业的资源和能力显现出很大的局限性，仅仅依靠自身的资源很难取得长久的竞争优势，合作双赢、协作制胜的理念得到广泛认同。无论是对厂家还是对经销商来说，要想实现可持续发展，实施厂商共赢战略是双方合作获取竞争优势的制胜法宝。

### 2. 产品服务及研发、生产、配送等工作变得日益复杂

由于专业化和规模化的最大优势，通常只能在局部实现，而无法在整个层面上实现，因此厂家和经销商需要建立厂商共赢关系，以便形成整体竞争力，形成整体层面上的相互依赖关系，并将各自的工作重点放在局部层面的核心专长上。厂家和经销商之间虽然存在很多矛盾和利益上的冲突，但是两者合作的最终目的都是追求利润。在此前提下，厂家和经销商可以通过建立厂商共赢关系，将厂家的产品资源、营销资源、人力资源和经销商的区域资源、渠道资源整合起来，发挥强大的市场开拓力，从而实现双赢。

### 3. 满足消费者不断变化的需求

渠道权力的中心从渠道上游向末端转移，消费者的需求快速变化，厂家要把满足消费者的个性化需求放在营销活动的核心位置，根据消费者的需求迅速组织生产、分销。厂家实施渠道厂商共赢战略，既可以保证自己及时、有效地获得和传递市场信息，又能使渠道系统保持相对的稳定性和一致性。

我们从厂家管理者、销售人员、经销商的角度，对营销渠道实施厂商共赢战略做了调研，结果表明，他们都十分渴望有一条连接厂家和经销商的能够解决具有争议性问题的共赢渠道。

## 1.5.4　厂商共赢战略的价值

### 1. 厂商共赢战略为厂家创造的价值

（1）降低渠道成本。

通过同下游渠道成员经销商建立厂商共赢关系，厂家得到的最大好处是，以较低的成本实现较大的产品覆盖率。当然，厂家要取得这样的结果还有其他方式，比如行使厂家的渠道权力，特别是奖赏权，并且激发功能性的冲突。但是，这种方法导致厂家和经销商的关系不能长期保持，而建立稳定的承诺关系是一种有效和持久的激励经销商的方式，尤其是在经销商被要求为新市场或新产品承担渠道风险时。

（2）平衡渠道权力。

正在不断发展壮大的经销商，将原本松散的、有众多小成员的渠道结构转变为以少数几个大成员为主的结构。这让厂家认识到，只有实现厂商共赢战略，才能平衡渠道权力。

（3）建立壁垒。

渠道作为价值极高的壁垒非常难以模仿，通过厂商共赢战略所建立的一条承诺性的渠道，可以拒绝经营或大力推广一个产品或品牌。从长远来看，厂商共赢战略为厂家建立了针对竞争者的壁垒——良好的分销网络。

（4）提高客户满意度。

在厂商共赢关系下，经销商可以密切配合厂家的经营战略，为客户提供一系列完整、优质的服务，帮助厂家与客户建立良好的信息沟通渠道，提高客户满意度，提高客户对厂家的忠诚度。

**2．厂商共赢战略为经销商创造的价值**

（1）保证产品供应。

经销商同样可以从实现厂商共赢战略的渠道中获取好处，保证其所需产品有保障和稳定的供应就是其中之一。通过和厂家的共同努力，渠道成员更好地进行合作，这不仅实现了经销商的目标，还帮助经销商更好地为客户提供服务。当然，这样的合作能够产生更高的销量和利润。

（2）降低成本。

通过与厂家的协作，经销商可以提高存货周转率，保持较低的存货水平，并使账面的存货消耗更少。当库存成本得到削减，同时渠道成员更好地面对缺货情况时，就两全其美了。

（3）建立差异化壁垒。

经销商也可以将自己定位为厂家所偏爱的某个品牌的商家，对其产品种类和相关服务进行差异化，并通过差异化阻止新竞争者的进入。

由此可见，实施厂商共赢战略的营销渠道能为厂家和经销商双方创造更高的利润，形成新的能力，带来持久的竞争优势。

# 1.6　实战案例

## 1.6.1　沃尔玛的营销渠道战略

2021 年，创立于 1962 年的世界著名实体零售企业沃尔玛的全球总销售额为

5728 亿美元，而创立于 1994 年的全球电商鼻祖亚马逊的全球净销售额为 4698 亿美元，亚马逊成了"网上的沃尔玛"。

面对快速发展的网络营销渠道，沃尔玛高层领导重新调整了营销渠道战略，从单一的实体渠道转向线上线下渠道双管齐下，并快速建立了网络营销渠道——"沃尔玛市场"网上商城。沃尔玛的首席营销官克里·库珀（Kerry Cooper）说："我们的愿景是把沃尔玛网上商城变成访问量最大和最有价值的网站。"

沃尔玛网上商城不仅自营，还加入了其他零售商的产品，商家可以直接完成产品配送和交易并获得利润，"沃尔玛市场"只收取相应的网店佣金。伴随着沃尔玛营销渠道战略的调整，亚马逊还能在网络营销渠道中持续保持第一的位置吗？

## 1.6.2　建立配送中心成为沃尔沃新的营销渠道战略

及时满足客户需求并提供高水平的客户服务，确保营销渠道的高效运转，是沃尔沃营销渠道战略调整的目的。

有段时间，因为无法预测事故抢修车辆所需要的零部件，导致事故抢修车辆无法及时进行修理，沃尔沃为此失去了大量的市场份额。

随后，沃尔沃制定新的营销渠道战略：与联邦快递合作建立配送中心。当经销商因为事故抢修而需要某种零部件时，只需打一个免费电话，所需零部件当天就会空运过去，晚上就可以到达经销商手中。

### 梅明平对渠道经理说

沃尔沃通过制定新的营销渠道战略——与联邦快递合作建立配送中心，及时地解决了渠道中出现的问题，为重新夺回丢失的市场份额奠定了良好的基础。

**【渠道经理工具箱】**

关于如何制定营销渠道战略，渠道经理要掌握以下 16 大工具。

（1）销售增长的两大路径。

（2）提升老客户销售额的两大路径。

（3）提升新客户销售额的两大路径。

（4）目标市场满意度函数。

（5）获取竞争优势的 4 大战略。

（6）持续竞争优势的定义。

（7）营销渠道战略的定义。

（8）厂家重视营销渠道战略的 4 种情况。

（9）渠道协同效应的定义。

（10）营销渠道管理面临的 4 项基本分销决策。

（11）定位点的定义。

（12）制定营销渠道战略的要素。

（13）制定营销渠道战略的方法。

（14）厂商共赢战略的定义。

（15）厂商共赢战略为 4 项分销决策提供指导原则。

（16）厂商共赢战略的两大价值。

# 第2章 了解网络营销渠道

问题与后果

**问题与后果**

（1）目前，还有很多厂家没有建立自己的网络营销渠道，导致销量不断下降，一直找不到突破点。

（2）有些厂家非常希望建立自己的网络营销渠道，但不知道有哪些网络营销渠道可以选择，所以一直没有建立。

（3）有些厂家已经建立了几个网络营销渠道，但有几个问题一直没有弄清楚，严重制约了网络营销渠道的发展。例如，网络营销渠道与实体营销渠道哪个更重要？网络营销渠道与实体营销渠道如何融合？网络营销渠道是否是唯一的渠道？

（4）有些厂家知道互联网会对渠道产生影响，但不知道如何影响，导致现有的网络营销渠道成本高、效率低，对销量的提升作用不大。

**梅明平对渠道经理说**

无论你同不同意，消费者对于购物的要求越来越高，不仅要求渠道多元化，还要求购物环节的柔性和完美体验。很多厂家还在犹豫，是否参与到网络营销渠道中。网络营销渠道由于给消费者带来极大的方便，是未来渠道发展的必然趋势。网络营销渠道不仅有固定的渠道，还有移动的渠道；不仅有纯粹的网店，还有可以交流的社交电商。无论是大厂家还是刚刚创立的小厂家，网络营销渠道都是需要建立的。

厂家要建立网络营销渠道，先要了解网络营销渠道。例如，什么是网络营销渠道？网络营销渠道具有哪些职责？网络营销渠道分为哪些种类？网络营销渠道有哪些优势和劣势？厂家在建立网络营销渠道时要注意哪些问题？

## 2.1　网络营销渠道的定义

➡ **名词解释：网络营销渠道**

　　网络营销渠道是为了满足客户实时服务的需求，以计算机或"其他可行技术"为基础，将产品的销售与服务数字化，让客户借助终端设备，并通过"交互式电子方式"完成交易，以"得到"产品和服务的自助式新型营销服务渠道。

其他可行技术是指计算机除外的其他技术，比如网络电视机、智能手机、iPad、智能手表及其他网络设备等。交互式电子方式是指消费者仅仅将互联网作为一种电子邮购目录实现网上交易，而不需要打电话或到商店购买。得到并不是通过互联网实际拥有产品，虽然数字化产品可以通过互联网"分销"而得到，但是实体产品不可能通过互联网传递，需要通过线下物流配送才能获得产品。

## 2.2　网络营销渠道的发展趋势

### 2.2.1　移动的电子渠道

智能手机能够让消费者在任何时间、任何地点很方便地购物，智能手机成为一条可移动的网络营销渠道。人们利用移动的电子渠道购物，具有以下优点。

#### 1．随时随地

以个人计算机为终端设备的传统网络营销渠道的局限性在于携带不便，而移动的电子渠道则可以弥补传统网络营销渠道的这种缺憾，使得人们可以随时随地利用智能手机购物。

#### 2．方便便捷

智能手机体积小，可以随身携带，键盘输入也很方便，流量越来越便宜，消费者只要用手机登录购物网站，就可以购买到心仪的产品。

### 3．用户基数大

某数据分析机构发布的数据表明，截至 2022 年 3 月，中国拥有超过 9.5 亿个智能手机用户。我们可以得出结论，移动的电子渠道的用户基数巨大。

### 4．可信度高

相比传统的以个人计算机为主的网上购物，智能手机购物在用户消费信用方面的优势越来越明显。因为手机号码具有唯一性，通过手机 SIM 卡上存储的用户信息可以确定一个用户的身份，这样就有了信用认证的基础，使消费过程的可信度越来越高。

### 5．效率高

智能手机购物使传统的产品交易信息化、数据化和自动化，大大节省了社会资源，提高了渠道效率。消费者通过手机及时获得各种产品信息，参与商家互动，享受销售折扣等。同时，厂家可以利用网络营销渠道积极进行市场营销、产品推广和形象展示，实现手机移动交易和支付，降低消费者和商家双方的购物成本。

现在，越来越多的消费者不仅使用手机购物，还使用手机研究产品，以获得产品信息、寻找优惠券及对比价格。

## 2.2.2　社交网络的电子渠道

社交网络即社交网络服务，源于英文 SNS（Social Network Service）的翻译。社交网络服务包括硬件、软件、服务及应用，由于 4 个字构成的词组更符合中国人的构词习惯，因此人们习惯用社交网络来指代社交网络服务。

在美国和其他多个国家，社交网络已经成为一种主流的推动力量，几乎一半以上的美国人有脸书账号，在 18～33 岁的年轻人中，约有 3/4 的人注册了脸书。大部分人利用社交网络脸书、推特等分享他们的想法、观点，以及购买产品。在不久的将来，社交网络里布满网络营销渠道将会成为社交网络的典型特征。

在中国，社交网络发展迅速，包括微信、微博、QQ、豆瓣、知乎、小红书、抖音、快手、哔哩哔哩、百度贴吧等。

豆瓣是一个文艺的泛娱乐分享网站，由杨勃创立于 2005 年 3 月 6 日。该网站以"书影音"起家，提供关于书籍、电影、音乐等作品的信息，无论是描述还是评论都由用户提供。网站还具有"书影音"推荐、线下同城活动、小组话题交流等多种服务功能，它更像一个集品味系统（读书、电影、音乐）、表达系统（我读、我看、我听）和交流系统（同城、小组、友邻）于一体的创新网络系统，一直致力于帮助都市人群发现生活中有用的事物。

有问题，上知乎。知乎是一个高质量的问答社区和创作者聚集的原创内容平台，于 2011 年 1 月正式上线，以"让人们更好地分享知识、经验和见解，找到自己的解答"为品牌使命，凭借认真、专业、友善的社区氛围和独特的产品机制，以及结构化和易获得的优质内容，聚集了互联网科技、商业、影视、时尚、文化领域最具创造力的人群，已成为综合性、全品类、在诸多领域具有关键影响力的知识分享社区和创作者聚集的原创内容平台，建立了以社区驱动为主的内容变现商业模式。

小红书是连接消费者和优质品牌的纽带，是一个生活方式平台和消费决策入口，创始人为毛文超和瞿芳。随着用户体量的壮大和平台多元化的发展，小红书用户的兴趣点早已从美妆独大变为渗透生活领域的各个方面，用户也在小红书上养成了 4 种行为习惯，分别是发现、创作、分享和搜索。小红书相关数据显示，截至 2022 年 4 月，小红书月活跃用户超 2 亿人次，其中 72% 为"90 后"，50% 分布在一、二线城市，共有 4300 多万的分享者。作为众多年轻用户心中的"消费决策"平台，小红书的商业价值不容小觑，尤其是在国民消费升级、"她经济"和健康生活等大环境的驱动下，众多品牌需要通过小红书这样的社交媒体去拓展市场、触达精准用户。对此，千瓜数据发布了《2022 年千瓜活跃用户画像趋势报告（小红书平台）》，对 2022 年小红书活跃用户中的美妆、美食、母婴、家居、服饰穿搭、宠物、减肥健身 7 大行业核心人群进行解析，为品牌洞察小红书不同群体画像和消费趋势提供数据支持和营销方向。

抖音是年轻人记录美好生活的短视频社区，抖音 App 是一款社交类的软件，于 2016 年上线，2017 年日均活跃用户达到 2 亿人次，是短视频同类 App 中的爆款，其核心功能是通过设置话题挑战、丰富音乐场景、设置影音模板等方式鼓励用户表达自我、分享 15 秒音乐短视频，同时用户可以在这里认识更多朋友，了解各种奇闻趣事。抖音的社交功能——朋友聊天室，支持抖音强大的滤镜美颜和道具功能。

## 2.3　网络营销渠道的种类

网络营销渠道的种类很多，这里只介绍厂家的网络营销渠道的种类，包括网络直销渠道和网络中间商渠道。

## 2.3.1　网络直销渠道

### 1. 厂家官方商城

官方网站简称官网，是指政府机构、社会组织、团队、企业或者个人在互联网中建立的具有公开性质的独立网站。厂家官方商城是指厂家在互联网中建立的用于面对终端客户交易的网络营销渠道，以个人计算机为终端设备，其渠道结构如图 2-1 所示。

格力的官方商城，也称"格力董明珠店"，里面是格力全系列产品，一应俱全，包括格力冰箱、洗衣机、热水器、手机数码、空调、常用配件、家电服务等。

海尔智家官网，从设计一个家、建设一个家到服务一个家，海尔智家为用户提供关于衣、食、

图 2-1　厂家官方商城的渠道结构

住、娱的智慧全场景解决方案，全面提升用户的生活品质，通过"云"体验、全链路服务、个性化智慧终端实现交互、体验、销售、服务于一体的全流程生态平台，让用户享受自在、安心、精彩、智慧、高效的美好生活。

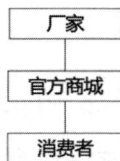

### 2. 厂家 App 商店

App 表示某种技术、系统或者产品的应用。App Store 通常理解为应用商店，以手机、iPad 等可移动的设备为终端设备。厂家 App 商店的渠道结构如图 2-2 所示。

贵州茅台官方推出的 App 商城"i 茅台"，2022 年 3 月 31 日上午 9 时正式启动试运行，支持消费者在线注册、实名认证、线上线下支付、取消退款、门店提货等，消费者每天可在"i 茅台"预约申购最新发布的 4 款产品。

图 2-2　厂家 App 商店的渠道结构

海尔智家 App 是海尔智家平台推出的亿万家庭的智慧生活入口，以用户为中心，从设计一个智慧家、建设一个智慧家到服务一个智慧家，为用户提供全流程、全生命周期的服务。海尔智家 App 以设计在线、客户在线、直播在线、服务在线等生态服务为支撑，以场景代替产品，以生态覆盖行业，全方位满足用户的场景需求。海尔智家 App 的前身是海尔优家 App，2015 年 3 月，U+平台推出了以家庭为中心的一站式 O2O 服务的 App——海尔优家 App，其基于海尔 5 大生态圈提供智慧生

态服务及首创的全流程可视化家电定制服务。

**梅明平对渠道经理说**

现在，很多厂家建立的微信小程序商城、微信公众号商城都属于网络直销渠道。随着科学技术的发展，如果各个厂家的网络直销渠道能够打造价格优势，且在其他服务方面和第三方网络营销渠道无差异，那么厂家的网络直销渠道会快速发展，尤其是自带流量的大品牌厂家。

## 2.3.2　网络中间商渠道

### 1. 第三方交易平台

第三方交易平台是网络营销渠道的一种模式，是指进行网络营销渠道交易的供需双方共同使用互联网技术或各种商务网络平台完成商务交易的过程，分为B2B 交易平台和 B2C 交易平台。B2B 交易平台如阿里巴巴采购批发网，B2C 交易平台如天猫、京东等，这里主要介绍厂家的 B2C 交易平台。

第三方交易平台就像超市一样，超市给厂家一个陈列位，由厂家自己经营，厂家在超市销售需要支付进场费、阵列费、促销费等，超市就是线下的第三方交易平台。线上的第三方交易平台也一样，它只负责提供交易平台，所有的销售推广都由厂家负责。第三方交易平台的渠道结构如图 2-3 所示。

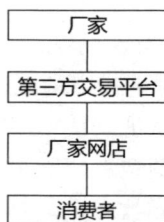

图 2-3　第三方交易平台的渠道结构

天猫旗舰店是指商家以自有品牌（商标为R 或 TM 状态），或者由权利人独占性授权，入驻天猫开设的店铺。天猫旗舰店商家资质齐了也不一定能入驻，还需要审核，需要官方提供入驻的名额，商家要有这个名额才可以入驻。天猫旗舰店入驻难度大，审核非常严格，所以本身价值就大，类目越火热，商家的天猫旗舰店越值钱。

京东旗舰店和天猫旗舰店一样，也不是京东自己运营的店铺，而是各大品牌厂家利用京东这个平台销售自家的产品。被京东列为旗舰店的店铺说明它真的是品牌厂家的店铺，不会出现假冒的情况。

另外，厂家还可以入驻抖音、快手、小红书等第三方交易平台，成立官方店铺，通过视频直播和社交网络进行销售。

### 2．中间商网店

对于不希望自己投资开发网上渠道，但又希望能够在网上渠道销售的厂家而言，可以采取中间商网店的形式。中间商网店是指网络中间商在自己开发的网络交易平台上销售厂家的产品。

例如，京东自营店是京东自己经营的店铺，京东从厂家进货到京东仓库，然后在京东平台上销售给消费者。

亚马逊平台销售产品有 3 种方式：亚马逊自己销售产品并发货、第三方卖家销售产品并依托亚马逊官方物流发货、第三方卖家自行销售并发货。对于厂家而言，把产品交给亚马逊销售，亚马逊就属于厂家的中间商网店。中间商网店的渠道结构如图 2-4 所示。

图 2-4　中间商网店的渠道结构

## 2.4　网络营销渠道的优势和劣势

### 2.4.1　网络营销渠道的优势

基于互联网的网络营销渠道，在销售地域、交易流程、信息处理、客户管理和经营成本 5 个方面有绝对的优势。

### 1．销售地域

只要有互联网覆盖的地域就能够实现交易，所以说基于互联网的网络营销渠道的交易几乎可以覆盖全世界。虽然网络营销渠道很容易在全世界范围内完成产品的交易过程，但是网络交易受到物流的限制，网络交易不能在网上解决物流运输问题，除非交易的产品是无须物流支持的数字化产品。

### 2．交易流程

与实体营销渠道相比，消费者在网上购物，不需要专门前往实体店铺，不需要花时间一家家比较，也不需要排队结算。例如，消费者到实体店购买书籍，需要驱车到书店，需要寻找停车位，需要在书店各个书架上寻找需要的书，如果找不到自己所需要的书，很有可能需要咨询店员，还要排队结算，完成购物后，需要开车回家。这样，一上午的时间就过去了。然而，如果在当当网 App、亚马逊 App 上购买自己所需要的书，很短的时间就能够完成整个购买过程，包括浏览、搜寻、放到购物车、输入收货地址、付款等流程。然后，等待一两天的时间，书就寄到家里了。网络营销渠道的交易流程帮助消费者大大节省了购物所花费的时间、精力，同时提高了销售效率。

29

### 3．信息处理

在产品信息的排列上，网络营销渠道对产品的分类和排序更有效、更灵活。比如可以按品牌、品类、价格、产地、规格、销量等排序，方便消费者处理信息。

另外，网络营销渠道还可以展示产品详情和客户评价，以及推荐同类型的产品，这些信息让消费者一目了然，比在实体营销渠道看到的产品所提供的信息要多得多。

### 4．客户管理

互联网在客户管理方面具有两种优势：一种是能够跟踪客户浏览的网页，以了解客户关注的重点；另一种是可以实现与客户的双向沟通。网络营销渠道的客服人员通过对客户需求的了解，以及所记录的与客户之间持续的对话内容，实现真正意义上的"一对一"营销，并与客户保持长期的关系，培养客户的忠诚度。

### 5．经营成本

厂家通过网络收集订单，可以按订单生产产品并实现零库存销售，这样可以大大节省生产经营成本。同时，厂家还可以根据网络订单的分布区域，在订单需求量大的区域设置产品配送中心，大大节省产品配送成本。

## 2.4.2 网络营销渠道的劣势

基于互联网的网络营销渠道，在实物接触、物流、中小厂家、购买动机和支付安全5个方面存在一定的劣势。

### 1．实物接触

消费者无法通过网络营销渠道看到、触摸到、感觉到、嗅到或者试用实体产品，尤其是对于需要体验感知才能下决心购买的产品，比如休闲食品、饮料、酒需要品尝，香水需要试闻，音响设备需要试听，小汽车需要试驾，眼镜需要试戴，衣服和鞋需要试穿，手机需要触摸试用。针对这些产品，厂家如果采用线上线下相结合的方法，线上作为宣传、了解、比较的渠道，线下建立体验店让消费者体验和感知，最后在网上或体验店下单购买，由体验店送货，这样就比较完美了。

消费者也不能在支付货款后马上得到实体产品。网络营销渠道如果能够尽量缩短配送时间，先由一两天变成两小时，再由两小时变成半小时，相信这样的网络营销渠道会越来越受欢迎。

如果消费者是回头客，在网上购买的是老产品，对产品已经有了体验和感知，而且知道下单一天后才能收到货，这样的线上渠道，即使无法实物接触、无法及时送达，也是比较受欢迎的。线下体验店既可以满足新客户的体验感知的需求，也可以推广新产品；线上渠道可以满足老客户的需求，为老客户节省大量线下的购买时间和到实体店的各种费用。

### 2．物流

互联网是处理和传递电子信息，而不是实体产品。除了数字化产品（主要是音乐、文字材料、视频、车票、机票、住宿预订等）可以通过互联网送达，所有的实体产品送到消费者手中，都需要经过库存、仓储、分拣、订单处理、包装、运输等物流环节，这些物流环节并不会因为消费者利用互联网购买而消失。

对于大量的、小额订单的处理和运输，成本是非常高的，尤其是在产品单位价值较低的情况下，这种成本常常占据产品零售价格中相当大的一部分。

据不完全统计，从 2020 年到 2021 年，各物流公司的快递服务人员的人数大约为 757 万人。其中，顺丰控股上市公司 2021 年的半年公告中称，顺丰约有 41 万名快递服务人员；京东物流上市公司 2021 年中期报告透露，京东快递的外卖服务人员大约为 20 万人；圆通快递公司的官网显示，公司的外送快递服务人员约有 45 万人；申通快递公司的官网显示，公司约有 30 万名快递服务人员；韵达控股公司在 2020 年度报告中称，公司约有 19.6 万名快递服务人员；德邦物流公司 2021 年半年度报告显示，公司约有 6.37 万名快递服务人员；2020 年上半年骑手就业报告显示，美团公司约有 295 万名外卖骑手服务人员；2020 年饿了么蓝骑士调研报告透露，饿了么在全国约有 300 万名外卖骑手服务人员。

从社会总物流成本来看，快递服务人员作为物流的一部分是节约还是浪费，到目前为止没有数据说明。在投资这些平台的费用补贴消失，而消费者又没有对该平台形成依赖的情况下，才能知道快递服务人员在物流中的价值。

### 3．中小厂家

从中小厂家的角度来看，想要从购物网站（如京东、天猫、拼多多、淘宝、当当网、亚马逊、苏宁易购等）和社交网站（如微博、豆瓣、QQ 空间、淘米等）脱颖而出是非常困难的，大厂家永远占据搜索引擎的显著位置。例如，线下卖场沃尔玛、家乐福、武商量贩等，大厂家永远占据门店最好的位置。

中小厂家不仅从购物网站和社交网站脱颖而出是非常困难的，即使利用互联网建了自己的网站，想要消费者利用搜索引擎从无数个网站中找到自己也是非常困难的。中小厂家自己建网站就像在北极建一个超市一样，几乎没有人会光顾。

相比之下，中小厂家利用社交网站，通过口碑推荐，就像亲戚朋友和同事推荐一样，有一定的可行度，对消费者有一定的影响力。

**4．购买动机**

人们去线下的商场不仅为了购物，还包括参观商场布置，了解产品动态，感受商场的氛围，甚至为了休闲放松。网络营销渠道就无法满足人们的以上购买动机。

> ◉ **名人名言**
>
> 如果商场购物过程为消费者提供的利益超越了产品本身，那么试图减少商场购物的零售创新活动（自动售货机、邮购销售或家庭配送），在某些产品领域就可能出现一种可怕的前景。
>
> ——知名品牌专家爱德华·陶伯

**5．支付安全**

网上支付安全问题。网上支付是一种不同于传统支付手段的现代化支付手段。网上购物给人们带来了便捷、便宜，但同时让人们对网上支付的安全性有所质疑，甚至有些买家只能放弃购买欲望。

个人购买隐私保护问题。网上购物需要提供个人信用卡信息、个人地址信息等，有些消费者感觉这些信息在网上不安全。

诚信度问题。有些商家在网上销售假冒伪劣产品，欺骗消费者，让消费者真假难辨。

## 2.5 网络营销渠道在厂家中的应用

### 2.5.1 网络营销渠道的定位

网络营销渠道作为一种营销渠道，厂家在应用中，先要考虑其在厂家营销渠道中的定位问题，包括以下 3 个方面。

**1．网络营销渠道是否是唯一渠道**

厂家要回答"网络营销渠道是不是厂家唯一的营销渠道"的问题，这个问题是一个战略层面的问题。如果网络营销渠道是厂家唯一的渠道，那么厂家就不需要开发线下的实体营销渠道，但是会冒着很大的风险，因为大多数网红产品的寿命都不长，如雕爷牛腩、黄太吉、咖啡之翼等都在爆红一段时间之后销声匿迹了。

**2．网络营销渠道与实体营销渠道哪个更重要**

这个问题需要与厂家在不同渠道上投入的资源相匹配。在大部分情况下，一些时间比较长的厂家，如果实体营销渠道比网络营销渠道重要，厂家就需要在实体营销渠道上比在网络营销渠道上的投入大；但是一些新成立的厂家，刚开始发展的时候可能会把网络营销渠道作为主要渠道。总之，这个问题不弄清楚，厂家就会在营销渠道上不分轻重缓急、盲目投资。

**3．网络营销渠道与实体营销渠道如何融合**

这是一个需要高层领导回答的战略层面的问题。这个问题处理不好就可能导致网络营销渠道与实体营销渠道相冲突，导致 1+1<2，即两条渠道比一条渠道的销量还低。

即使是网络营销渠道与实体营销渠道相融合，也要确定谁重谁轻、以谁为主的问题：是两条渠道各自独立，还是网络营销渠道服务于实体营销渠道，或者实体营销渠道服务于网络营销渠道？不同的答案，对厂家的影响是不一样的。

## 2.5.2　互联网削弱了其他 3 个 P 的力量

互联网削弱了营销组合中其他 3 个 P 的力量，即削弱了产品、价格和促销的力量，给厂家的营销管理者带来越来越大的挑战。

**1．互联网使产品差异越来越小**

由于互联网可以无限量地展示产品，从规格、品牌到品类等应有尽有，使得产品差异化越来越小。消费者面临琳琅满目的产品应接不暇，厂家在消费者心里建立品牌认知越来越困难，打造产品差异化取胜的策略也会越来越难以发挥理想作用。

**2．互联网使厂家失去价格优势**

网上购物软件多种多样，强化了比价功能。消费者在购物时，往往会货比三家，网上购物帮助消费者随时了解价格信息，使其能够以最低的时间成本完成比价，导致厂家不得不通过压低定价来获得订单，让厂家失去定价优势。这样一来，厂家通过差异化定价以高价取胜的策略越来越难以发挥作用。

**3．促销**

随着社交网络的兴起，消费者可以随时随地分享产品的使用感受和经验。与厂家发布的促销信息相比，社交网络上的信息更有说服力，如小红书上的信息。厂家通过硬广告（如电视广告）进行促销的方式越来越难以影响消费者。

### 2.5.3 互联网对渠道设计的影响

#### 1. 需要为消费者提供所需要的任何渠道

厂家在设计营销渠道时，一定要满足消费者对于渠道选择的需求。消费者喜欢在什么渠道购物，厂家就需要在那里建立渠道。

消费者对于渠道的选择不仅是动态的，还是多样化的。从动态的角度来说，消费者今天喜欢在天猫上购物，明天可能喜欢在小红书上购物；从多样化的角度来说，消费者在工作日喜欢在网上购物，而在节假日和周末喜欢在实体店购物。

#### 2. 多渠道营销战略成为渠道设计的重要任务

随着消费者购物时间的碎片化、购物地点的多样化，厂家满足消费者需求的营销渠道就必须更加细分化，多渠道将成为厂家面临的主要任务。多渠道不仅包括实体营销渠道的多元化，还包括网络营销渠道的多元化。十几年前，某厂家可能通过 3 条主要渠道就满足了消费者的需求，但是现在，该厂家需要通过十几条甚至几十条营销渠道才能满足消费者的需求。

#### 3. 要避免实体营销渠道与网络营销渠道之间发生矛盾

如果各条渠道之间不能实现协同效应，即不能实现 1+1>2，就会导致渠道之间的矛盾和冲突，即一条渠道的发展会损害另一条渠道的利益。例如，如果厂家在网络营销渠道上的价格比在实体营销渠道上的低，消费者就会出现"搭便车"行为，他们在高服务水平的实体店获得购买前的服务，比如查看、触摸产品，然后在更低的价格商店（如网上商店）购买产品。实体营销渠道为消费者提供了服务，但是没有享受应得的利益，这样实体营销渠道与网络营销渠道之间的冲突就产生了。

**梅明平对渠道经理说**

如今的客户需要更多的渠道选择。如果渠道经理发现一些客户在社交网络上（如小红书、抖音、博客、豆瓣）很活跃，他就会慎重考虑要不要在这些社交网络上建立自己的营销渠道：是像当当网一样百分百利用互联网销售产品，还是考虑在渠道组合中新建网络营销渠道？

一位在实体店购物以便可以看到或触摸到的客户，可能也在网上购物。一位躺在沙滩上的消费者可能想买防晒霜，用手机访问了小红书主页，并直接购买了心仪的防晒霜，并把这些信息分享给朋友们。

## 2.6  实战案例

### 2.6.1  山姆实体门店与网上商店融合得天衣无缝

山姆在 2018 年宣布大力发展配送到家业务,将"门店+云仓"模式逐渐推广至全国。现在,"一小时极速达"服务已覆盖中国 30 多家门店所在城市,为 400 多万会员带来便捷高效的购物体验。

网上购物满 99 元免运费,最快"一小时极速达",这是山姆会员商店推出的服务。作为实体门店的补充的山姆会员商店,"一小时极速达"服务让会员在不方便到店时依旧保持生活品质永远在线。山姆精选 1000 余种复购率极高的产品进入云仓,涵盖生鲜全品类,母婴、个护、干货等日常产品,进口水果、酒水饮料、海参等高端产品,满足即时消费场景。

山姆会员商店与它的传统实体零售店相融合,使线上线下渠道产生"协同效应"。通过在线订购,客户得到了真实世界和网络世界的双重服务——快速便捷的购物体验。

### 2.6.2  让虚拟模特帮助自己试穿衣服

产品的可视化和分类甚至交互活动都可能通过网络营销渠道实现。

跨国零售公司沃尔玛在网站上推出虚拟模特试穿功能,让消费者更全面地了解衣服穿在身上的样子,减少"衣不称身"的情况,给消费者带来更美好的购物体验。

沃尔玛在 2021 年 5 月收购了虚拟服装试穿初创公司 Zeekit,利用 Zeekit 的人工智能技术推出虚拟模特试穿功能。消费者可以在沃尔玛的网站上点击"Choose My Model"(选择我的模型)按钮,选择与自己外观和体形相近的模型,就可以看到自己穿上服装的效果。这种功能让消费者更容易代入其中,了解衣服穿在身上的样子。目前共有 70 多种虚拟模型供消费者选择,身高介于 157 厘米～182 厘米,尺寸从 XS 到 XXXL。沃尔玛表示,将会继续增加虚拟模型的选项,让消费者在尺寸、肤色甚至发色方面有更多选择。

沃尔玛的这种做法使得网络营销渠道发挥了更大的作用,更方便消费者选购产品,给消费者带来了更大的利益。

【渠道经理工具箱】

关于网络营销渠道的知识,渠道经理要掌握以下 10 大工具。

(1)网络营销渠道的定义。

（2）移动的电子渠道的 5 大优点。

（3）中国有哪些社交网络电子渠道？

（4）网络营销渠道的种类。

（5）两种网络直销渠道。

（6）两种网络中间商渠道。

（7）网络营销渠道的优势和劣势。

（8）网络营销渠道 3 个方面的定位。

（9）互联网如何削弱其他 3 个 P 的力量？

（10）互联网对渠道设计的 3 大影响。

# 第 3 章　设计营销渠道

## 问题与后果

（1）大多数厂家在发展初期都没有进行渠道设计，只是匆匆忙忙开发经销商。结果，要么某个经销商的销量太高、占比太大，渐渐无法管理；要么经销商区域划分不明确，导致渠道冲突严重。总之，厂家的渠道管理越来越难，导致产品销量停滞甚至下降。

（2）渠道一旦建立，想要改变非常困难，而且成本非常高。

（3）有些厂家盲目开发新产品，导致现有经销商渠道无法充分利用，结果不仅浪费了厂家的资源，还浪费了经销商的资源。

（4）环境变化了，消费者的购物渠道也变化了，但厂家的营销渠道一直没有变化，致使原有渠道的销量越来越低，经销商的利益受损，纷纷转向其他品牌。

（5）渠道冲突严重，窜货愈演愈烈，产品的市场价格逐渐降低，渠道成员的利益严重受损，渠道经理不知道如何调整营销渠道，致使问题悬而未决，经销商积极性普遍下降。

（6）成功的厂商关系不是股份关系就是领导关系，但是大部分的厂商关系是博弈关系，一直很紧张。

（7）一直以来，许多厂家都是依靠单一的营销渠道销售，无法满足消费者多元化渠道购物的需求，导致销量增长乏力。

（8）有些厂家虽然建立了网络营销渠道，但渠道之间常常发生冲突，尤其是线上渠道对线下渠道的冲击，导致经销商怨声载道。

### 梅明平对渠道经理说

面对新零售时代日新月异的新渠道，厂家是否需要设计或重新设计营销渠道？如果需要设计或重新设计营销渠道，那么应该设计多长的营销渠道？是否需要设计网络营销渠道？实体营销渠道与网络营销渠道如何融合？厂家和经销商之间应该保持一种什么样的关系？厂家应该选择多少条营销渠道才能满足消费者的需求？营销渠道的 8 大职责如何在渠道成员之间进行分配？厂家建立营销渠道的目标如何与营销目标相匹配？这些问题与许多要素有关，只有在充分了解对营销渠道设计产生影响的各个要素的基础上，渠道经理才能设计出最佳的营销渠道。

厂家要设计营销渠道，首先要了解为什么要对渠道进行设计或再设计；其次要结合厂家和产品的特点设计渠道结构；再次要确定营销渠道上下游的渠道成员之间的关系，以及线上线下渠道如何融合；最后要确定适合厂家的最佳渠道组合，以满足消费者的需求。

## 3.1 营销渠道设计的原因

### 3.1.1 企业发展的需求

#### 1. 建立新企业

（1）白手起家建立的新企业。

《证券日报》相关数据显示，2010 年全国年度新增注册的制造业企业数量为 36.6 万家，2020 年已达 102.13 万家，其数量为 2010 年的近 3 倍。从注册资本来看，年度新增注册资金在 1000 万元以上的企业，2010 年有 2.8 万家，而 2020 年已有近 6 万家，其数量与十年前相比已翻番。

通过以上数据可以看出，2020 年全国平均每天都有 2798 家企业注册，其中注册资金达到千万元的企业平均每天有 164 家。

从理论上讲，每家新注册的企业都需要为产品设计合适的营销渠道，但是新注册的企业往往关注产品胜于关注营销渠道。当发现产品销售出现问题时，往往又从产品上找原因，而不是从营销渠道上找原因，最终导致投资失败。

（2）通过兼并、收购建立的新企业。

通过兼并、收购建立的新企业，需要对原有的多条营销渠道进行合并和删减，这样不可避免地会产生冲突。

假如农夫山泉与怡宝合并，就需要对同一区域原有的两个经销商进行合并。如果合并时对原有渠道处理不好就会引发渠道冲突，导致销量下降。

### 2．开发新产品

（1）新产品价格、质量与现有营销渠道匹配。

开发新产品，不断让产品迭代、推陈出新，是厂家持续保持竞争优势的营销策略。如果新产品的价格、目标客户群与现有营销渠道一样，厂家可以利用现有营销渠道销售新产品。比如，元气森林在苏打气泡水的基础上，2022 年 3 月推出了新产品醇香拿铁咖啡饮料，该产品无论是价格还是营销渠道都与现有营销渠道匹配。因此，元气森林既可以利用现有营销渠道，也可以开发一条新渠道。

（2）新产品价格、质量与现有营销渠道不匹配。

如果新产品的价格、质量、客户群与现有营销渠道不匹配，厂家则需要建立一条新渠道。

### 案例 　25 千克面粉与 800 克面条的营销渠道是一样的吗

安徽正宇面粉有限公司的主要产品是 25 千克面粉，目标客户群是早餐店、糕点厂、食品厂等，销售方式主要是经销商送货上门。如果正宇推出 800 克面条这种产品，则目标客户群就变成了家庭消费者，消费者的购买场所变成了超市，只有向超市供货的经销商才适合做挂面的经销商。两者的营销渠道是完全不一样的，不可以借用。因此，如果正宇决定推出 800 克面条这种产品，就需要设计新渠道。

### 3．开发新客户

（1）现有经销商有意愿、有能力开发新客户。

如上例分析，如果正宇 25 千克面粉的经销商有意愿、有能力开发 800 克面条的新客户，则可以利用现有经销商开发新客户，同时这样也可以帮助这些经销商增加收入。

（2）现有经销商无意愿或无能力开发新客户。

由于经销商的资源、能力、资金有限，其往往对某类渠道特别熟悉，但对其他渠道不熟悉，即无意愿或无能力开发新客户，厂家就必须建立一条新渠道。比如，现有的微商渠道、社区团购渠道、视频直播渠道、小红书渠道等，现有传统的经销商很难与其合作，即使厂家授权让经销商与这些新渠道合作，也达不到理想效果。因此，厂家需要设计新渠道，以满足新客户的需求。

### 4．开辟新区域

（1）扩大销售区域。

将区域品牌打造成全国性品牌，比如将广东畅销的品牌王老吉扩展到其他区域市场，并逐渐发展成为全国性品牌。

（2）开发国际市场。

将国内品牌打入国际市场，比如国机集团将地板、LED 灯、五金等产品打入南美市场。

（3）开发国内市场。

出口转内销，开发国内市场。这些厂家往往产品质量一流，缺乏的是国内的营销渠道，一旦拥有国内畅通的营销渠道，销量就会快速增长。

**案例　出口转内销，泉州家世比利用拼多多迅速扭转局面**

泉州家世比的董事长兼总经理赖水清面临出口受阻、订单减少的困境，但后来靠着在拼多多拓展国内市场，果断抓住电商直播的红利，这样的困境已经成为"过去式"，泉州家世比从一家濒临崩溃的外贸企业成功转型为主打内需市场的家居品牌。

### 5．开发新品牌

除了开发新产品，厂家还可以通过开发新品牌扩大市场、提升销量。厂家开发新品牌有两种策略，一种是新开发的品牌与现有产品的营销渠道匹配，另一种是新开发的品牌与现有产品的营销渠道不匹配。

（1）新开发的品牌与现有产品的营销渠道匹配。

如果新品牌的价格、渠道、消费者与现有产品的价格、渠道、消费者匹配，则可以借用现有的营销渠道。

**案例　可口可乐经销商销售美汁源、雪碧品牌**

可口可乐开发了很多新品牌，比如美汁源、雪碧等，由于这些新品牌的价格、渠道、消费者与原有产品的价格、渠道、消费者比较匹配，所以可口可乐可以借用原有产品的经销商渠道。

（2）新开发的品牌与现有产品的营销渠道不匹配。

如果新品牌的价格、渠道、消费者与现有产品的价格、渠道、消费者不匹配，则不能借用现有的营销渠道，厂家需要设计新的营销渠道。

## 3.1.2　渠道变化的需求

### 1．新渠道的快速兴起

快手、抖音等视频直播带货渠道，美团优选、京喜拼拼等社区拼团渠道，有赞、微盟等微店渠道，小红书、拼多多等社交电商渠道，天猫、京东等传统电商渠道，阿里零售通、京东新通路等新 B2B 渠道，盒马鲜生等新零售渠道，三只松鼠、优衣库等品牌线上线下融合的渠道……随着科技的发展，新渠道会越来越多，消费者的渠道选择也会越来越多。

厂家靠一两条渠道打天下的时代已经一去不复返，未来渠道将会进一步细分化。过去，年销售额 10 亿元的厂家只靠一两条渠道，未来要靠二三十条线上线下渠道才行。因此，厂家要快速发展，不被时代所淘汰，就必须重新设计营销渠道，并确保线上线下渠道充分协同。

### 2．渠道成员的变化

（1）大型超市减少，小型连锁便利店增加。

面临大型超市（如沃尔玛、家乐福等）数量减少，小型连锁便利店（如 7-Eleven、罗森等）快速增加的趋势，厂家要增加小型连锁便利店渠道，需要开发为小型连锁便利店供货的经销商，或者现有经销商需要大力发展小型连锁便利店的渠道。

（2）夫妻店经销商数量减少，公司化经销商数量增加。

随着零售渠道的进一步多元化，市场价格的竞争越来越激烈，导致渠道利润进一步被挤压，经销商、零售商的利润越来越低，那种靠较大的批零差才能活下来的夫妻店经销商将会被淘汰。未来，只有靠规模化经营、精细化管理且善于利用管理软件降低成本、提高效率的经销商才能存活下来。

厂家要增加公司化经销商的数量，要么通过改造现有经销商使之实现公司化管理运作，要么淘汰部分夫妻店经销商并开发更多的公司化经销商。

### 3．营销组合要素的变化

产品、价格、促销和渠道这 4 个营销组合要素是相辅相成的，改变其中任何

1 个要素，其他 3 个要素也会随之改变。比如强调低价的新定价策略，要求厂家转向更低价格的经销商；渠道由原来的乡镇和农村渠道转向省会城市和地级城市渠道，就需要改变产品、价格和促销方式。

因此，厂家要随时关注 4P 营销组合各要素的变化，其中一个要素发生变化，其他 3 个要素也会跟着变化，否则 4P 之间就不匹配了。

**案例** 白象方便面决定从四、五级市场转向一、二级市场，需要调整 4P 吗

白象现有的产品、价格、渠道、促销适合四、五级市场，但是否适合一、二级市场呢？

目标消费者改变了，4P 就应该进行相应的改变。白象要想弄清楚营销组合的 4P 具体如何改变，就需要从 4P 角度做充分的市场调研。产品的口味、包装、品类是否适合一、二级市场？零售价格是否符合一、二级市场消费者的期待？经销商、零售商的毛利空间是否符合一、二级市场的行规？一、二级市场的营销渠道是如何细分的？渠道之间如何划分才能充分协同从而避免冲突？如何划分渠道才能做到市场的充分覆盖？什么样的进货奖励措施才能吸引经销商、零售商快速进货？什么样的促销活动才能吸引消费者购买？

白象要想快速且成功地进入一、二级市场，就需要做充分的准备，使 4P 营销组合要素能够适合一、二级市场。

### 3.1.3 渠道管理的需求

#### 1. 经销商的忠诚度

经销商的忠诚度对于厂家来说是非常重要的，尤其是经营多个品牌的经销商，其忠诚度难以提升。很多经销商往往是哪个厂家的销售返利高、促销多就进哪家的货，甚至有些销量低的经销商会到销量高的经销商处拿货，因为可以获得比厂家更高的返利。

**案例** 销量越高返利越高导致小经销商的进货量越来越低

某厂家根据销售额高低确定对经销商的返利制度，月销售额为 5 万元以内返利为 0，5 万～10 万元返利 2%，10 万～20 万元返利 4%，超过 20 万元返利 7%。

这样的返利制度，对于月销售额低于 10 万元的小经销商而言，要么没有返利，要么只有 2% 的返利，而月销售额超过 20 万元的大经销商却有 7% 的返利，如此大

的返利差异，最终导致很多小经销商到大经销商处拿货以获得更高的返利。

长此以往，大经销商的销量越来越高，小经销商的销量越来越低，厂家的销量逐渐集中到几个大经销商手里，大经销商的话语权越来越大，要求也会越来越高，厂家就会逐渐失去对渠道的控制权，厂家的发展受到掣肘。

若要改变以上这种被动局面，厂家就需要对营销渠道进行调整。如果厂家下不了决心，或者被大经销商所绑架，最好的办法就是聘请外部营销渠道咨询公司对营销渠道迅速做出调整，这样厂家才能重新掌控渠道话语权。

### 2. 渠道冲突严重

冲突严重的渠道很难管理，厂家不调整渠道就不能解决问题。例如，厂家独立开发的网上渠道与经销商的实体渠道产生冲突，厂家必须实现线上线下渠道融合才能化解冲突。

### 梅明平对渠道经理说

现在，很多厂家增加了网上渠道，导致线上线下渠道冲突愈演愈烈。那么，厂家应该如何化解线上线下渠道冲突呢？厂家掌握了以下5点就能妥善化解冲突。

（1）由厂家控制网上渠道，禁止经销商在网上销售。

（2）线上、线下销售的相同产品必须同价。

（3）线上、线下销售的产品品牌相同、品类不同。

（4）线下经销商为该区域的线上消费者提供线下服务，比如配送、安装、售后等，并享受厂家提供的销售返利。比如空调，厂家线上销售产品，线下经销商负责安装、日常维修等。

（5）厂家线上销售产品，该产品的销售额划归该区域的经销商，且经销商享受产品销售的返利。

总之，如果厂家开发网上渠道，那么化解线上线下渠道冲突就是厂家的重要工作，而做好以上5点，必定事半功倍！

### 3. 渠道评估后的调整

厂家对现有营销渠道进行评估，可能导致现有营销渠道的改变和对新营销渠道的需求，而厂家通过及时调整渠道，可以弥补供方和需方的缺口。对于还没有开发网上渠道的厂家而言，其需要增加网上渠道。

## 3.2 营销渠道结构设计

厂家意识到需要设计或重新设计营销渠道后，就需要考虑如何设计营销渠道结构和营销渠道关系，因为营销渠道结构和营销渠道关系决定了营销渠道效率。

### 3.2.1 渠道长度

#### 1. 渠道长度的定义

> **➔ 名词解释：渠道长度**
>
> 渠道长度也称渠道深度、渠道层级等，是按照实体营销渠道或网络营销渠道的中间商数量来定义的一种渠道结构，分为零级渠道、一级渠道、二级渠道、三级渠道等。

图 3-1 所示为实体营销渠道长度和网络营销渠道长度，以便读者更好地理解营销渠道长度，厘清不同层级的营销渠道结构。

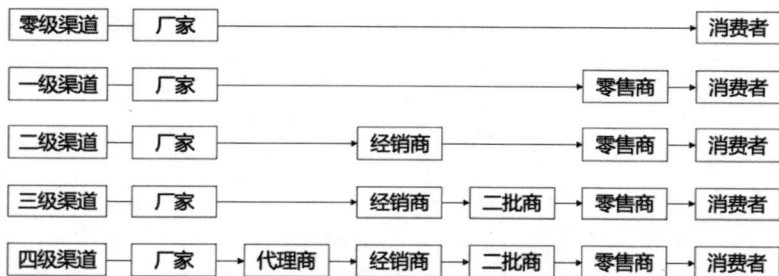

（a）实体营销渠道长度

（b）网络营销渠道长度

图 3-1　实体营销渠道长度和网络营销渠道长度

### 2．渠道长度的种类

（1）零级渠道。

零级渠道又称直销渠道，是指既没有线下实体渠道中间商参与，又没有线上网络渠道中间商参与的一种渠道结构。在零级渠道中，产品或服务直接由生产者通过线下实体渠道或线上网络渠道销售给消费者。

线下实体零级渠道是大型或贵重产品，以及技术复杂、需要提供专门服务的产品销售采取的主要渠道模式。在 IT 产业链中，一些国内外知名 IT 企业，比如联想、IBM、HP 等公司设立的大客户部或行业客户部就属于零级渠道。另外，DELL 的直销模式，也是一种典型的零级渠道。

**案例　邦德激光的线下实体零级渠道**

济南邦德激光股份有限公司是一家致力于提供激光工业应用方案的大型制造企业，专业从事激光切割机、光纤激光切割机、金属激光切割机等激光设备的研发、生产与销售，产品销往全世界。由于产品技术复杂，需要为消费者提供专门的安装、指导、维修、培训服务；同时产品价格高，占用资金量大。因此，邦德激光的国内营销渠道全部采用直销模式，即采用"邦德激光→邦德区域销售部→客户"的零级渠道模式，这种模式使邦德激光得到了快速的发展。

随着互联网技术的进一步发展，许多厂家开始采用线上直销模式。通过建立自己的线上官方商城，方便消费者购物。线上零级渠道的直销模式，更适合标准化程度高的产品，比如消费品。

**案例　小米的线上零级渠道**

小米采用"小米→小米商城→消费者"的线上零级渠道模式，在网上建立小米商城。消费者可以随时随地在小米商城购买小米官方正品，了解最新鲜的信息，参与、享受各类活动优惠，查看即时物流，评价和分享喜欢的产品，查询附近的小米之家。同时，小米商城为"米粉"提供高品质的客户服务及售后支持。

（2）一级渠道。

一级渠道包含一个线下实体渠道中间商，或者一个线上网络渠道中间商。

在工业品市场上，线下实体一级渠道的中间商通常是一个经销商、代理商或佣金商，采用"厂家→经销商（代理商、佣金商）→客户"渠道结构。

## 案例　昆明台成精密机械有限公司的一级渠道

昆明台成精密机械有限公司成立于 2004 年 5 月 28 日，经营范围包括生产数控机床及零部件产品，销售自产的产品及配套的数控系统、机电部件。该公司采用"台成厂家→经销商→客户"的一级渠道模式，与十几个线下实体经销商合作，使公司取得了稳步的发展。

在消费品市场上，线下实体一级渠道的中间商则通常是零售商，有时也可能是经销商，采用"厂家→零售商（经销商）→消费者"渠道结构。

## 案例　为什么正宇采用的是一级渠道模式

安徽正宇面粉有限公司主销 25 千克面粉，由于竞争激烈、毛利率低，正宇采用了"正宇→经销商→客户"的一级渠道模式，即正宇经销商把正宇面粉配送给各个客户。正宇 25 千克面粉的客户是餐馆、早餐店、馒头坊、蛋糕店、学校等。正宇经销商和客户之间没有零售商参与，所以正宇采用的是一级渠道模式。

线上一级渠道，常见于购买频率高、刚需、标准化的消费品领域，比如食品、饮料、酒、美妆、家电、数码、服装等行业。厂家入驻京东自营店，其渠道就是一级渠道结构，渠道结构为"厂家→京东自营店→消费者"。

## 案例　厂家入驻京东自营店的条件

京东自营是京东 B2C 网络销售模式，商家直接对接买家。京东自营店，产品是京东自己进货、自己仓储、自己配送，相对来说更有保障。2022 年京东自营入驻条件为：

（1）入驻京东自营的公司的注册资金不能低于 100 万元人民币；

（2）公司的成立时间至少满两年；

（3）必须提供公司的一般纳税人资格证的复印件（要求可以开具 17% 的增值税发票）；

（4）公司必须拥有注册商标（R、TM 类型）；

（5）公司提供店铺需要售卖的产品的完整的授权链路（三级）；

（6）提供公司有效的商标注册证书或正在受理的商标注册函件、有效的质检报告（有国家质量监督检验中心盖上的检验专用章，如果是第三方质检机构需要有 CNAS 及 CMA/CMAF 认证）、三证合一的证件；

（7）店铺需要售卖的每个单品的所有商标资质及其他产品信息；

（8）所有需要提交的资质需要加盖公司的公章；

（9）必须提供所售产品的品牌方对京东平台的授权书。

需要特别提醒的是，"厂家→平台电商→品牌旗舰店→消费者"也是一级渠道。因为"品牌旗舰店"归属于厂家，不是第三方渠道商，所以被称为一级渠道。例如，厂家可以到京东开设"品牌旗舰店"，由厂家自己经营，厂家只是借用了京东这个电商平台。

（3）二级渠道。

二级渠道包含两个线下实体渠道中间商，或者包含两个线上网络渠道中间商。在工业品市场上，这两个渠道中间商通常是代理商和批发商；而在消费品市场上，这两个渠道中间商则通常是经销商和零售商。

（4）三级渠道。

三级渠道包含三个线下实体或线上网络渠道中间商。这类渠道主要出现在消费面较宽的消费品中，比如肉食品及包装方便面等。在 IT 产业链中，一些小型零售商通常不是大型代理商的服务对象，因此，便在大型代理商和小型零售商之间衍生出一级专业性经销商，从而出现了三级渠道结构。

### 案例　娃哈哈的四级渠道

没有四级渠道的深度，娃哈哈的产品覆盖面就不会这么广，也不会这么密集，更没有今天的娃哈哈。

娃哈哈于 1994 年首创的"联销体"模式，被认为是娃哈哈的核心竞争力。实际上，娃哈哈的"联销体"具体的表现是四级渠道，其渠道结构为：娃哈哈→各省分公司→一级经销商→二级批发商→三级批发商→零售商→消费者，这种四级渠道结构确保了娃哈哈能够覆盖几乎所有的零售商网点。娃哈哈四级渠道的中间商包含一级经销商、二级批发商、三级批发商和零售商。

截至 2022 年，娃哈哈在全国 29 个省市（自治区）建有 81 个生产基地、187家子公司。2022 年娃哈哈的销售工作会议暨新品发布会"新饮擎，共前行"在杭州举行，来自全国各地分会场的 7000 余名经销商与销售人员通过视频的形式齐聚一堂，共商娃哈哈 2022 年营销大计。

渠道长度决定了产品可覆盖的区域大小，以及分销网点的密度。如果产品需要密集且广泛地分销，就需要设计较长的营销渠道。长渠道能够高效运转的前提条件是，厂家必须处理好每个渠道成员的利益，以及能够牢牢掌控渠道的话语权，对渠道具有领导力。

### 3. 影响渠道长度的变量

（1）影响渠道长度的因素。

有 3 大因素影响渠道长度，即环境因素、客户因素和产品因素。如果品牌力强、标准化程度高、容易运输和储存、使用方便、客户数量多、距离远等，尽量采用长渠道；反之，如果品牌力弱、标准化程度低、不容易运输和储存、使用时需要指导、客户数量有限、距离近等，尽量采用短渠道。渠道长度的影响因素如表 3-1 所示。

表 3-1　渠道长度的影响因素

| 类别 | 项目 | 使用短渠道 | 使用长渠道 |
|---|---|---|---|
| 环境因素 | 经济环境 | 经济衰退 | 经济发达 |
| | 竞争环境 | 竞争力弱 | 竞争力强 |
| 客户因素 | 距离因素 | 距离近 | 距离远 |
| | 数量因素 | 数量少 | 数量多 |
| | 密度因素 | 密度大 | 密度小 |
| 产品因素 | 定制因素 | 定制程度高 | 定制程度低 |
| | 技术因素 | 技术先进 | 无技术含量 |
| | 崭新度因素 | 新产品 | 老产品 |
| | 体积因素 | 体积大 | 体积小 |
| | 重量因素 | 重量重 | 重量轻 |
| | 易腐蚀因素 | 易腐蚀、易过时 | 不易腐蚀、不易过时 |
| | 单位价值 | 价值大 | 价值小 |

（2）产品标准化程度与渠道长度的关系。

产品标准化程度与渠道长度有直接关系。如果产品标准化程度高，与渠道成员只有物流关系，那么产品可以在长渠道流动而不受影响，如快消品；反之，如果产品标准化程度低，渠道成员需要参与产品的定制，以及售前、售中、售后服务，长渠道就无法实现，所以只能依靠短渠道实现产品的交易。产品标准化程度与渠道长度的关系如图 3-2 所示。

工业设备等完全定制产品，通常采用短渠道如零级渠道，直接由厂家出售给使用者。半定制产品，通常采用包含一个中间商的一级渠道结构，比如产业市场的零部件设备和消费者市场的家具产品。高标准化的产品，通常采用包含一个以上中间商的多级渠道结构，比如产业市场的运营设备和消费者市场的便利品。

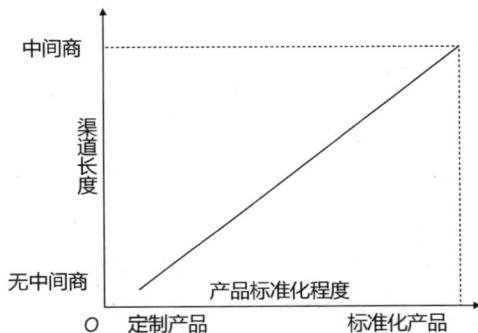

图 3-2　产品标准化程度与渠道长度的关系

## 3.2.2　渠道密度

渠道长度是针对整条营销渠道的长度而言，也称渠道层级。而渠道密度是针对每个渠道成员在厂家所划定的区域内分布的数量而言，有经销商密度、二级批发商密度、零售商密度等。关于渠道密度的内容，本书只介绍与厂家直接签订合同的经销商密度，对于经销商下面的一级批发商、二级批发商、零售商等密度，由于其他书籍介绍得很全面，这里不再赘述。

### 1．经销商密度的定义

➡ **名词解释：经销商密度**
经销商密度取决于厂家在每个划分的市场区域内使用的经销商数目的多少。

经销商密度是指在某个市场区域内的经销商数量。经销商密度的关键是厂家划分的区域市场大小，其计算公式为：

$$经销商密度 = \frac{经销商数量}{区域市场范围}$$

对于厂家而言，为直接签订合同的经销商所划分的区域市场可大可小，可以划分为全国、大区、省、地区、地级市、区县、乡镇、村等。

### 2. 经销商密度的种类

其他书籍习惯将经销商密度划分为密集型分销、选择性分销和独家经销。本书根据经销商市场运作的实际情况，将其划分为两类，即独家经销和非独家经销。

（1）独家经销。

➡ **名词解释：独家经销**

　　独家经销是指在厂家所划定的市场区域内，只使用一个经销商，以加强厂家与经销商之间的关系。

虽然厂家把一个区域给了一个经销商，但并不等于这个独家经销商的忠诚度就高，还要看这个独家经销商经营的品牌多少，有没有经营竞争对手的品牌。为此，独家经销商还可以划分为 3 类：专销商、专营商和全销商。

➡ **名词解释：专销商**

　　专销商是独家经销商中的一种类型，是承诺只经营某厂家的系列产品，不经营其他厂家的产品。

➡ **名词解释：专营商**

　　专营商是独家经销商中的一种类型，是指不仅经营某厂家的系列产品，还经营其他非竞争对手的产品，但承诺不经营竞争对手的产品。

➡ **名词解释：全销商**

　　全销商是独家经销商中的一种类型，是指不仅经营某厂家的系列产品，还经营其他同类型厂家的竞争性产品。

以上 3 种独家经销商及其所经营产品的情况如表 3-2 所示。

表 3-2　3 种独家经销商及其所经营产品的情况

| 经营产品 | 经销商种类 | | |
|---|---|---|---|
| | 专销商 | 专营商 | 全销商 |
| 厂家产品 | √ | √ | √ |
| 竞品 | × | × | √ |
| 非竞品 | × | √ | √ |
| 经销商忠诚度 | ☆☆☆☆☆ | ☆☆☆ | ☆☆ |

从表 3-2 中可以看出，即便厂家把一个区域给了一个经销商，使其成为独家经销商，但由于其经营品牌的种类是不一样的，依然会影响到经销商的忠诚度。

**案例　专销商齐心协力成就立白品牌**

为了让经销商按照立白的指挥操作，立白决定设立专销商。最初，这些专销商由立白员工的亲戚朋友担任，只经营立白产品，这种忠诚不是一般经销商可比的。由于齐心协力地推销，目标一致，利益一致，立白的产品才能在高价位上顺利进入流通渠道，否则换作任何一个经销商，都不可能把市场做得这么透彻和牢固。

正因为立白采用了专销商的模式，各个专销商执行立白的各种策略非常到位，立白才能在国际品牌的夹缝中拥有一席之地。

（2）非独家经销。

➡ **名词解释：非独家经销**

非独家经销是在厂家所划定的一个市场区域内使用多个经销商，以此加强经销商之间的竞争。

如果厂家在经销商管理方面欠缺经验，经销商出现低价、窜货、积极性不高的问题，那么建议厂家最好不要采用非独家经销的模式，尤其是品牌知名度不高的中小厂家。非独家经销的优点和缺点如表 3-3 所示。

表 3-3　非独家经销的优点和缺点

| 优点 | 缺点 |
| --- | --- |
| 1. 有利于经销商之间的竞争 | 1. 市场价格管理难度大 |
| 2. 有利于区域掌控 | 2. 客户服务存在差异 |
| 3. 有利于区域密集覆盖 | 3. 经销商的积极性不易提高 |
| 4. 有利于满足消费者的需求 | 4. 容易导致渠道冲突 |

### 3. 影响经销商密度的变量

（1）影响经销商密度的因素。

影响经销商密度的因素有 3 个，即产品因素、经销商因素和管理因素。如果产品的声誉比较低、经销商难以开发、更换经销商成本高、经销商服务客户成本高，以及厂家管理经销商的能力比较弱，则厂家最好采用独家经销商；反之，如果产品的声誉比较高、经销商容易开发、更换经销商成本低、经销商服务客户成本低，以及厂家管理经销商的能力比较强，则厂家最好采用非独家经销商。影响经销商密度的因素如表 3-4 所示。

表 3-4　影响经销商密度的因素

| 类别 | 项目 | 独家经销商 | 非独家经销商 |
|---|---|---|---|
| 产品因素 | 产品声誉 | 产品声誉低 | 产品声誉高 |
| 经销商因素 | 可获得性 | 经销商难以开发 | 经销商容易开发 |
|  | 更换成本 | 更换经销商成本高 | 更换经销商成本低 |
|  | 服务成本 | 经销商服务客户成本高 | 经销商服务客户成本低 |
| 管理因素 | 管理专长 | 厂家管理经销商的能力弱 | 厂家管理经销商的能力强 |

（2）购买者数量。

美国渠道管理专家巴克林开发了一个市场规模和渠道结构模型，如图 3-3 所示。横轴表示在某区域市场上的购买者数量 $U$，即区域消费者的数量。$C_d$ 是直接渠道成本（如业务员的费用），即厂家在某区域建立直销队伍的成本。$C_m$ 是使用渠道成员（经销商）的成本，它随购买者数量 $U$ 的增加而急剧下降。当购买者数量 $U$ 很少时，任何节约都不足以抵消使用渠道成员的高成本 $C_m$；当购买者数量 $U$ 增加时，使用渠道成员的成本 $C_m$ 可由大量的购买者来分担，使得成本下降。

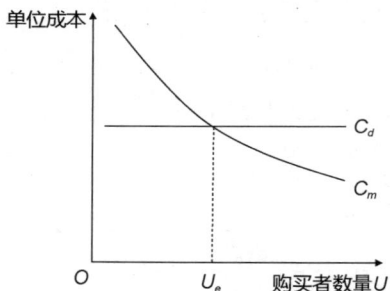

图 3-3　市场规模与渠道结构模型

这个模型告诉我们，当市场上购买者数量 $U$ 小于 $U_e$ 时，使用直销渠道比使用经销商渠道成本低，如济南邦德激光，市场上购买者数量少，就采用直销渠道开展业务；当市场上购买者数量 $U$ 大于 $U_e$ 时，如口香糖等快消品，市场上购买者数量多，使用经销商渠道比使用直销渠道成本低。

## ■ 案例　箭牌口香糖的经销商渠道

箭牌口香糖一直采用经销商渠道而不是直销渠道，因为箭牌口香糖的购买者数量多，采用经销商渠道成本低。

每天经销商都要运输口香糖给任何一个想得到该产品的零售网点，使消费者能够在任何想要的地方很方便地买到口香糖。箭牌口香糖营销结构中至关重要的一部分是建立了由独立经销商组成的广泛网络，这些经销商每个星期至少同箭牌口香糖的销售人员进行一次电话联系。

### 3.2.3　渠道成员类型

#### 1．经销商

经销商是指与厂家签订经营合同且以批发为主的商贸企业，如经销商、代理商、批发商等。

#### 2．零售商

零售商是指直接将产品销售给最终用户的零售企业，如便利店、专卖店、百货店、超市、建材店等。

#### 3．电商

电商是指以电子交易方式进行交易活动和相关服务活动的经营公司，如天猫、京东、淘宝、苏宁易购、当当等。

#### 4．社交电商

社交电商是指借助社交网站，通过社交互动来辅助产品购买和销售行为，如微博、有赞、小红书、社区拼团、拼多多、抖音、快手等。

## 3.3　营销渠道关系设计

营销渠道关系设计是指营销渠道上下游渠道成员之间的关系设计，包括厂家与销售分公司之间、销售分公司与经销商之间、厂家与经销商之间、经销商与零售商之间的关系。这里主要介绍厂家与经销商之间的 3 种关系，即股份关系、领导关系和博弈关系。

### 3.3.1　股份关系

→ **名词解释：股份关系**

股份关系也称所有权关系，是指厂家和经销商通过控股或参股的方式达到实际拥有或部分拥有对方目的的一种关系。

股份关系有多种入股类型，厂家可以入股经销商，经销商也可以入股厂家，厂家和经销商还可以相互入股。比如，厂家全资入股经销商，经销商就属于销售分公司。

**案例**　**格力的成功离不开营销渠道的股份关系**

格力的营销渠道模式被称为"工商股份合作制"，其营销渠道为：格力公司→

省格力合资销售公司→地区格力合资分公司。

省格力合资销售公司。格力总公司在每个省和当地的几个大经销商一起建立以格力为大股东的省格力合资销售公司，"以控价为主线，坚持区域自治原则，确保各级经销商得到合理利润"。省格力合资销售公司的董事长由格力方人员担任，总经理按照出资比例共同推举产生，各股东年底按照入股比例分红，入股经销商形成利益联盟。

地区格力合资分公司。省格力合资销售公司以地区格力合资分公司的形式管理各个地区市场。地区格力合资分公司由各个地区的经销商和省格力合资销售公司共同入股组建，负责向零售商供货。

### 3.3.2　领导关系

➡ **名词解释：领导关系**

领导关系也称管理关系，是指处于不同层次的企业自愿参与而构建的，在一家核心企业（厂家）的控制下运行的组织形式。

领导关系有多种类型，比如大品牌厂家与经销商之间的关系、大品牌零售商与厂家之间的关系、中小品牌厂家与专销商之间的关系，其营销渠道都可以发展成为领导关系。

**案例** 把立白看成"渠道领导"的专销商

立白是创立于 1994 年的一家民营企业，现在已发展成为中国洗涤用品领域的领导品牌，拥有全国销量领先的洗衣粉、洗洁精、洗衣皂、洗衣液和助洗类产品，并获得了多项品牌荣誉。

立白的成功在于营销渠道关系的设计。最初，立白的专销商由立白员工的亲戚朋友担任，且只经营立白产品，这种忠诚不是一般经销商可以比拟的。厂家获得了领导力，使整条营销渠道齐心协力地推销，目标一致，利益一致，立白才能在国际品牌夹缝中拥有一席之地，取得了今天的成功。

### 3.3.3　博弈关系

➡ **名词解释：博弈关系**

博弈关系也称零和博弈关系，是指各渠道成员在严格竞争下，一方的收益必然意味着另一方的损失，博弈各方的收益和损失相加总和永远为"零"，故各方不存在合作的可能。

营销渠道成员之间的股份关系和领导关系是一种共赢关系。但是，在很多情况下，厂家在设计营销渠道时，上下渠道成员之间既不是股份关系，也不是领导关系，厂家和经销商之间谁也领导不了谁。

从博弈的一方——厂家的角度来讲：经销商仅仅是被利用的工具，经销商的主要价值在于帮助厂家完成任务。至于经销商能否赚钱，经销商的毛利率是否具有竞争力，市场上的价格是否稳定，这些都不是厂家考虑的问题。

从博弈的另一方——经销商的角度来讲：厂家仅仅是用来帮助自己发财的工具，谁家有促销就拿谁家的货，至于厂家的销售任务、区域品牌建设、网点建设、资源投入等，经销商不会按照厂家的要求执行。

由此可以看出，营销渠道关系的设计涉及营销渠道的执行力和厂家的生命力。只有共赢关系才能实现厂商共赢、渠道共赢、基业长青。博弈关系的营销渠道一旦遇到行业的竞争，无论是厂家还是经销商都将被历史所淘汰。

**案例　28 年国民品牌汇源果汁负债 114 亿元黯然退市**

2007 年，汇源果汁在香港上市，创下当年港交所最大规模 IPO（Initial Public Offering，首次公开募股）的记录。上市即巅峰，随后汇源果汁开始走下坡路，到 2017 年，汇源果汁负债高达 114 亿元，2021 年 1 月 18 日，汇源果汁从香港联交所退市。

汇源果汁曾是中国家庭餐桌的"标配"，还是很多人的童年记忆。汇源果汁销量曾占国内市场的半壁江山，从上市到退市，短短 14 年时间，汇源果汁到底经历了什么？

原因是多方面的，其中一个重要原因是渠道关系出了问题，汇源果汁与经销商之间不是共赢关系，而是博弈关系。

曾担任汇源集团他加她饮品有限公司副总裁的肖竹青认为，由于高层不稳定，导致汇源果汁的公司制度持续性非常差。"新官不理旧政，上一任领导对经销商的承诺无法履行，使得经销商很受伤，每次领导更替都有一批经销商成为炮灰，公司白白耗费了精力和资金。"

## 3.4　选择最佳的营销渠道组合

若要选择最佳的营销渠道组合，厂家可以采用科特勒提出的权衡因素方法

（Weighted Factor Approach）。这种方法迫使厂家的渠道经理在选择方案的过程中，对其判断进行定量分析。该方法包括以下 5 个步骤：确定各种可能的营销渠道，确定选择渠道的影响因素，对每种可能的渠道进行评分，对各种可能渠道的得分进行排序，确定最优渠道组合。

### 3.4.1　确定各种可能的营销渠道

厂家在设计营销渠道时，渠道经理需要将能够想到的可选方案全部呈现出来，包括网上渠道、社交电商渠道，尤其需要参考竞争对手的营销渠道。

厂家的渠道经理需要与时俱进，及时了解新的营销渠道，将可能的、新的营销渠道整合到厂家营销渠道的组合中去。8 种可能的营销渠道如表 3-5 所示。

表 3-5　8 种可能的营销渠道

| 编号 | 营销渠道 | 渠道说明 | 渠道示例 |
| --- | --- | --- | --- |
| 1 | 选择现有经销商 | 通过现有的经销商营销 | 选择现有经销商 |
| 2 | 选择新的经销商 | 选择向目标客户销售产品的新经销商营销 | 开发新的经销商 |
| 3 | 选择收购 | 收购市场中的小公司并利用其经销商营销 | 收购小公司的经销商 |
| 4 | 选择销售分公司 | 在每个省设置销售分公司负责开发经销商 | 格力、海尔、白象 |
| 5 | 选择电商渠道 | 通过电商渠道直接销售给消费者或用户 | 京东、天猫、苏宁易购 |
| 6 | 选择社交电商 | 通过社交电商渠道直接销售给消费者 | 拼多多、抖音、小红书 |
| 7 | 选择直销渠道 | 通过厂家销售人员直接销售给消费者 | 邦德激光、雅芳 |
| 8 | 开发大客户渠道 | 设置专门部门管理大客户 | 宝洁、KA 渠道部 |

### 3.4.2　确定选择渠道的影响因素

开发一条营销渠道需要考虑很多因素，包括渠道物流、渠道投资额、厂家获利、经销商获利、开发难易度、渠道协同、渠道冲突等，选择渠道的影响因素如表 3-6 所示。

表 3-6　选择渠道的影响因素

| 编号 | 影响因素 | 说明 |
|---|---|---|
| 1 | 渠道物流 | 产品送达消费者的及时性 |
| 2 | 渠道投资额 | 开发该条营销渠道所花费的成本 |
| 3 | 厂家获利 | 厂家通过该条营销渠道所获得的利润 |
| 4 | 经销商获利 | 经销商通过该条营销渠道所获得的利润 |
| 5 | 开发难易度 | 厂家开发该条营销渠道的难易度 |
| 6 | 渠道协同 | 其他渠道是否因开发该条营销渠道获益 |
| 7 | 渠道冲突 | 该条营销渠道是否与其他渠道存在冲突 |

### 3.4.3　对每种可能的渠道进行评分

当确定了可能的营销渠道和选择渠道的影响因素后，接下来就可以对营销渠道进行评分。

首先，根据厂家的实际情况，对选择渠道的每个影响因素赋予不同的权重，因素越重要其权重越大。在表 3-7 中，对渠道物流赋予了 15% 的权重，对渠道投资额赋予了 15% 的权重。

其次，需要对营销渠道的每个影响因素进行评分。其中，渠道物流越快得分越高，渠道投资额越低得分越高，厂家和经销商获利越多得分越高，开发越容易得分越高，渠道越协同得分越高，渠道冲突越多得分越低。

最后，结合营销渠道每个影响因素的权重，给每个影响因素打分（见表 3-7）。渠道物流打分为 1.2 分，计算公式如下：

$$权重（A）× 评分（B）= 15\% × 8 = 1.2（分）$$

7 种影响因素评分的总分为 6.9 分，说明该条营销渠道的影响因素得分为 6.9 分。以此类推，对每条营销渠道的影响因素进行评分，就会得出每条营销渠道的得分。

表 3-7　营销渠道影响因素得分表示例

| 编号 | 因素 | 权重（A） | 评分（B）（分） | | | | | | | | | | | 打分（A×B）（分） |
|---|---|---|---|---|---|---|---|---|---|---|---|---|---|---|
| | | | 0 | 1 | 2 | 3 | 4 | 5 | 6 | 7 | 8 | 9 | 10 | |
| 1 | 渠道物流 | 15% | | | | | | | √ | | | | | 1.2 |
| 2 | 渠道投资额 | 15% | | | | | | √ | | | | | | 0.9 |
| 3 | 厂家获利 | 20% | | | | | | | | | √ | | | 1.6 |
| 4 | 经销商获利 | 20% | | | | | | | | | √ | | | 1.6 |

| 编号 | 因素 | 权重（A） | 评分（B）（分） | | | | | | | | | | | | 打分（A×B）（分） |
|---|---|---|---|---|---|---|---|---|---|---|---|---|---|---|---|
| | | | 0 | 1 | 2 | 3 | 4 | 5 | 6 | 7 | 8 | 9 | 10 | |
| 5 | 开发难易度 | 10% | | | | | √ | | | | | | | 0.4 |
| 6 | 渠道协同 | 10% | | | | | | | | √ | | | | 0.7 |
| 7 | 渠道冲突 | 10% | | | | | | √ | | | | | | 0.5 |
| | 合计 | 100% | | | | | | | | | | | | 6.9 |

### 3.4.4 对各种可能渠道的得分进行排序

对每条营销渠道的得分进行排序，渠道经理就可以得出营销渠道影响因素得分排行榜（见表3-8）。

表3-8 营销渠道影响因素得分排行榜

| 营销渠道名称 | 营销渠道影响因素 | 得分（分） | 排行榜 |
|---|---|---|---|
| 选择现有经销商 | 通过现有的经销商营销 | 9.3 | 1 |
| 选择社交电商 | 通过社交电商渠道直接销售给消费者 | 8.4 | 2 |
| 选择新的经销商 | 选择向目标客户销售产品的新经销商营销 | 7.9 | 3 |
| 开发大客户渠道 | 设置专门部门管理大客户 | 6.9 | 4 |
| 选择收购 | 收购市场中的小公司并利用其经销商营销 | 6.5 | 5 |
| 选择直销渠道 | 通过厂家销售人员直接销售给消费者 | 5.9 | 6 |
| 选择销售分公司 | 在每个省设置销售分公司负责开发经销商 | 5.0 | 7 |
| 选择电商渠道 | 通过电商渠道直接销售给消费者或用户 | 4.5 | 8 |

### 3.4.5 确定最优渠道组合

根据以上营销渠道影响因素得分排行榜，渠道经理结合目前厂家的实际情况，按照排行榜的先后顺序，选择得分超过一定分数的营销渠道组成厂家的最优渠道组合。

如果渠道经理决定选择得分超过7分的营销渠道作为厂家的最优渠道组合，则有3条营销渠道，分别为选择现有经销商、选择社交电商和选择新的经销商。

## 3.5 线上线下多渠道协同

### 3.5.1 消费者对营销渠道的新需求

随着竞争的加剧，渠道的权力会逐渐下移，最终会转移到消费者手里，所以一切要以消费者为中心，为消费者服务，"消费者为王"的时代已经来临。营销渠道需要为消费者提供良好的服务，提供更多的渠道选择，以及柔性、完美的购物体验。渠道权利的转移过程如图 3-4 所示。

图 3-4　渠道权利的转移过程

### 梅明平对渠道经理说

　　消费者对营销渠道的新需求，不是单一渠道能够满足的，厂家需要提供更多的细分渠道供消费者选择，不仅要提供可选择的线下实体渠道，还要提供可选择的线上虚拟渠道。这些渠道必须定位于客户细分市场，不断满足消费者对于产品或服务的新需求。

## 3.5.2　寻找线上线下多渠道组合

　　多渠道类型包括网上渠道、零售店、批发商、销售代表、电话销售、厂家推销员、自动售货机、厂家自有零售店、社区拼团等，但真正能够满足消费者需求的关键是渠道组合的质量而非数量。

　　针对不同的细分市场，厂家至少需要建立 5 条细分渠道，包括大零售店、中小零售店、自营网店、第三方网店和直销。其中，大零售店、中小零售店和直销 3 条渠道为实体渠道，自营网店和第三方网店为网上渠道。

　　大零售店如沃尔玛、山姆、武商量贩、家乐福、麦当劳等，这些国内外大型连锁零售店包括区域内知名的连锁零售店，其市场份额的占比越来越大，而在经销商很难满足这些大零售店需求的情况下，需要厂家直接提供服务。

　　中小零售店主要由当地的经销商提供服务，尤其是针对单价低、每个零售店销量有限的产品，如口香糖，需要经销商利用整合效应分销产品，以降低分销成本。

　　自营网店主要是指厂家的官网或官方 App。厂家通过官方商城将产品直接销售给消费者，如格力的官方商城、茅台的官方 App。

　　第三方网店主要通过第三方平台为厂家销售产品，包括京东、天猫、快手、抖音、有赞、拼多多、小红书等平台。

　　直销通过建立直销团队销售产品，如济南邦德激光股份有限公司在国内主要通过直销渠道销售产品，在国外主要通过代理商销售产品。新营销渠道细分情况如图 3-5 所示。

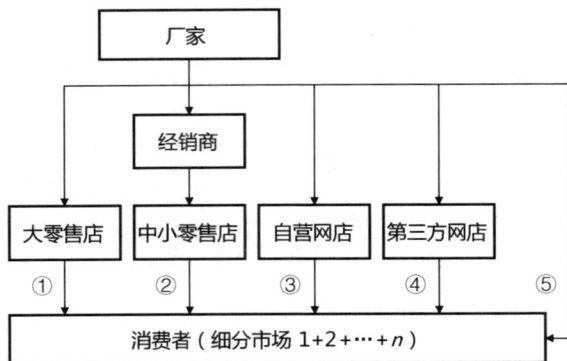

图 3-5　新营销渠道细分情况

### 3.5.3　创造多渠道协同

#### 1．建立各自独立的多渠道

各自独立的多渠道是指每条营销渠道都是独立的，各自完成整个销售过程，即每条营销渠道完成渠道的全部功能，包括了解、调查、购买和收货，渠道之间不协作。

例如，消费者在实体店购买产品，其购买过程包括了解产品、调查产品、购买产品和收到产品，都在实体店完成，实体店的渠道就是一条独立的营销渠道。独立的多渠道结构如图 3-6 所示。

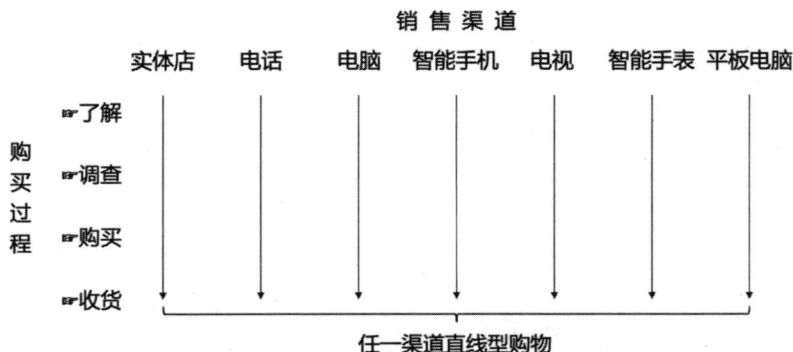

图 3-6　独立的多渠道结构

#### 2．多渠道协同

**➡ 名词解释：多渠道协同**

多渠道协同是指通过两条或者两条以上的不同渠道协同一致地完成分销目标，

且能够提升各条渠道的效能和效率。

多渠道协同结构如图 3-7 所示。

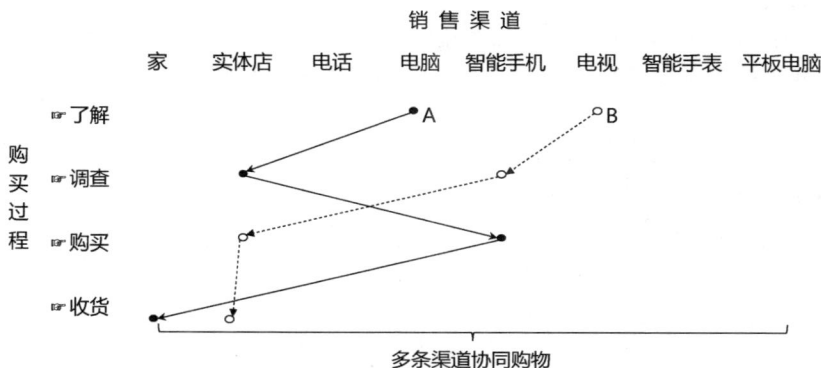

图 3-7　多渠道协同结构

当各条渠道（包括线上线下渠道）倾向于"互相帮助"时，多渠道协同就实现了，尽管每条渠道只完成渠道的部分功能，但这样的渠道能够为客户提供更好的服务。

**案例** 消费者 A 和消费者 B 的多渠道协同购物流程

消费者 A 通过电脑了解了相关产品信息，然后到实体店调查、触摸、查看，选择产品型号、颜色和规格后，拿出智能手机到京东 App 上下单付款，并留下收货地址，第二天，京东物流就把货送到了消费者 A 手中。

消费者 B 在电视里看到了产品广告，于是拿出智能手机查找相关产品的信息，确定产品的规格、型号、价格后，来到了实体店，在实体店完成付款，并取走了购买的产品。

通过以上案例可以看出，消费者 A 和消费者 B 在购物的过程中都是利用了多条渠道完成的购物过程。多渠道协同充分体现了渠道的多种选择性，还可以为消费者提供柔性且完美的购物体验。

清华大学经济管理学院市场营销系教学科研系列教授、博士生导师李飞在《营销定位》一书中提出了全渠道零售的概念，他认为："全渠道零售是指企业采取尽可能多的零售渠道进行组合和整合（跨渠道）销售行为，以满足客户购物、娱乐和社交的综合体验需求，这些渠道类型包括有形店铺（实体店铺）和无形店铺（上门直销、直邮和目录、电话购物、电视购物、网店、手机商店等），以及信息媒体（网站、呼叫中心、社交媒体、E-mail、微博、微信等）等。"

这里的"全渠道"不是指企业选择所有渠道进行销售的意思，而是指企业面临着更多渠道类型的选择、组合和整合。如果从另一个角度来看，全渠道零售实际上是客户的全渠道购物。图 3-8 所示为全渠道零售图解。

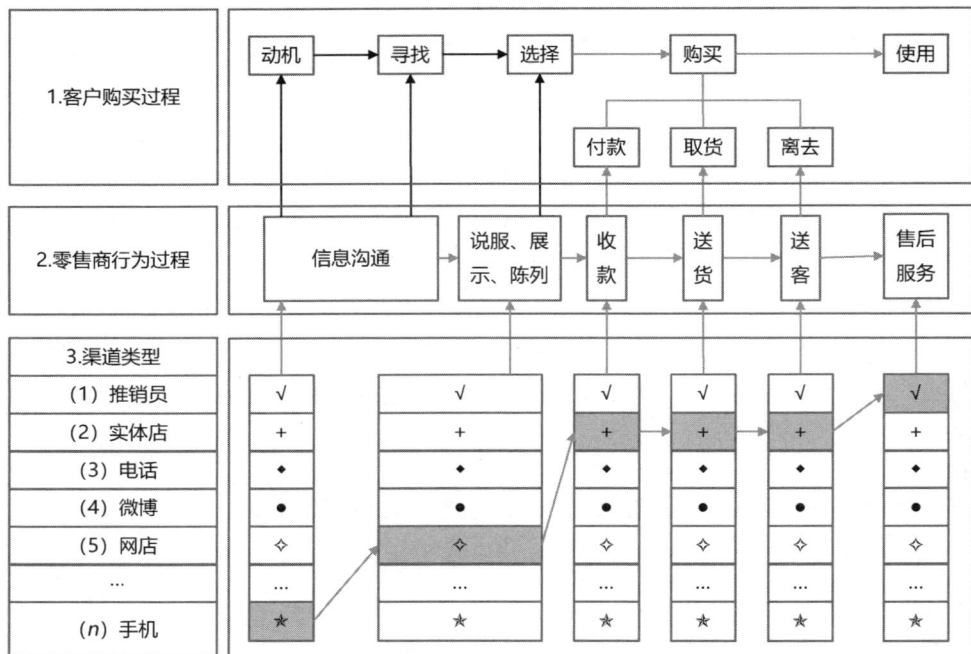

图 3-8　全渠道零售图解

## 案例　网上渠道帮助优衣库实体店完成销售

当零售店缺货时，客户能很方便地通过组合中的其他渠道得到产品，这样可以让客户产生更好的购物体验。

优衣库为日本迅销公司的核心品牌，建立于 1984 年，当年是一家销售西服的小服装店，现在已经是家喻户晓的品牌，最主要的营销渠道是自有的连锁零售店，最近几年还发展了网络营销渠道。如果零售店没有客户需要的产品，公司的网络营销渠道则会紧急补充，即直接帮零售店将所需产品免费送至客户家中，整个网上订购过程完全由零售店的销售人员操作完成。

### 3.5.4　避免多渠道冲突

如果没有建立多渠道协同，那么渠道之间很有可能出现零和博弈的情况，即一条渠道赢得客户，另一条渠道就会失去客户，从而造成某条渠道成员的经济损失，引发渠道冲突。例如，很多服装品牌的线下实体店成为消费者了解、调研服装的场所，这些实体店成为消费者的线下体验店，消费者享受了实体店提供的服务，但是实体店没有得到相应的销售利润，因为消费者会用手机在网上店铺下单购买，即所谓的"搭便车"行为。

**案例**　实体经销商与网上渠道形成冲突

当厂家想要增加两条渠道时——一条是网上渠道、另一条是直销渠道，毫无疑问，经销商会对这两条渠道进行排挤。

因此，多渠道营销战略对于厂家来说是一种能为客户提供更多选择和增加柔性的方式，但对于厂家的实体经销商来说是一种零和博弈。

渠道经理要充分了解渠道中的经济因素和行为因素，更好地设计营销渠道，尽量减少渠道之间的冲突，或者更有效地管理这种冲突。

## 3.6　实战案例

### 3.6.1　苹果的第一家体验店 Apple Store

2001 年 5 月 19 日，苹果的第一家体验店 Apple Store 在美国弗吉尼亚的高端购物中心泰森角开业。史蒂夫·乔布斯认为，没有什么事情能比让用户最直接地接触到苹果产品更重要了。2000 年，在史蒂夫·乔布斯的劝说下，曾在美国折扣零售巨头 Target 供职 15 年之久的罗恩·约翰逊（Ron Johnson）来到苹果，负责公司的零售业务。

经过大半年的准备，苹果的第一家体验店 Apple Store 终于开业了，亮白色的柜台、浅色的木地板，店内还悬挂着一张印有"非同凡响"的巨幅海报。

罗恩·约翰逊认为，人们来 Apple Store 是为了体验，而且人们愿意为此支付额外的金钱。这个所谓的"体验"不仅包括产品摆设、楼梯过道设计、天才吧员工，还包括从始至终的"服务"态度。苹果体验店不会给店员分配销售指标，因为客户更需要享受店里的服务。

### 3.6.2　五得利面粉的营销渠道能否用于销售天麦然挂面

天麦然面业有限公司是五得利面粉集团的全资子公司，而天麦然品牌是天麦然面业有限公司旗下的品牌。天麦然的定位是打造中国高端挂面领航品牌，做中国最好吃的挂面，并将挂面作为公司第二支柱产业。

由于五得利的产品以 25 千克面粉为主，五得利经销商的客户主要是食品厂、餐馆、早餐店、馒头坊、蛋糕店等，五得利面粉作为这些客户所生产产品的原料，经销商需要送货上门。但是，天麦然的产品主要是挂面，主要客户为家庭，经销商需要通过超市、食杂店等销售。然而，五得利的现有经销商大多没有开发超市的经验，所以五得利的经销商渠道不适合天麦然挂面的营销渠道，天麦然要发展必须设计新的营销渠道。

**【渠道经理工具箱】**

关于营销渠道设计的知识，渠道经理要掌握以下 24 大工具。

（1）营销渠道设计的 3 大原因。

（2）渠道长度的定义。

（3）零级渠道的定义。

（4）影响渠道长度的 3 大因素。

（5）产品标准化程度与渠道长度的关系。

（6）经销商密度的定义。

（7）独家经销的定义。

（8）独家经销商的 3 个类别。

（9）专销商、专营商和全销商的定义。

（10）非独家经销的定义。

（11）非独家经销的优点和缺点。

（12）影响经销商密度的 3 大因素。

（13）市场规模与渠道结构模型。

（14）渠道成员的类型。

（15）股份关系的定义。

（16）领导关系的定义。

（17）博弈关系的定义。

（18）8 种可能的营销渠道。

（19）确定选择渠道的影响因素。

（20）对可能的渠道评分的方法。

（21）确定最优渠道组合的方法。

（22）渠道权力的转移过程。

（23）多渠道协同的定义。

（24）全渠道零售图解。

# 第 4 章　线上线下融合

## 问题与后果

（1）实体店成为产品的展示厅，消费者在实体店选好产品后，转而到网店购买。网店使"搭便车"成为普遍现象，导致实体店无法继续生存下去，大规模关门。

（2）大部分厂家不能有效管理网络窜货，出现了渠道吞并现象，不仅导致了实体店的关店潮，还导致经销商的生存环境逐渐恶劣。问题在于，网络营销渠道的销量很难取代实体营销渠道的销量，厂家顾此失彼，万分焦虑。

（3）为了甩包袱，大部分厂家都委托第三方机构开发网络营销渠道，或者授权自己的经销商、零售商在网上开店，结果网络窜货非常猖獗，网上产品的价格越来越低，导致实体经销商、零售商无利可图、苦不堪言。

（4）大部分厂家不知道网店也属于营销渠道，往往将网络营销渠道交给电商部管理，而且电商部独立于实体渠道的销售总监之外。电商部销售总监和实体渠道销售总监各自为政，为了各自的销售业绩努力拼搏，人为导致两条渠道的冲突，无法发挥线上线下渠道的协同作用，最终导致了1+1<2 的结果。

（5）有些厂家很想开发网络营销渠道，但是渠道经理不知道如何开发，导致迟迟没有新增网店，逐渐失去竞争力。

（6）随着网络营销渠道的销量越来越高，对实体营销渠道的影响也越来越大，经销商对未来失去信心，销售积极性下降，严重影响了厂家的销量。

**梅明平对渠道经理说**

线上线下渠道冲突与融合是厂家的渠道经理必须解决的渠道问题，因为几乎所有的实体企业都要实现线上线下渠道并存。没有开发网络营销渠道的厂家，必须尽快开发；已经建立了网络营销渠道的厂家，必须有效解决线上线下渠道冲突与融合的问题。

## 4.1　线上线下渠道服务产出

### 4.1.1　渠道服务益处的定义

➜ **名词解释：渠道服务益处**

营销渠道可以降低终端用户的搜寻成本、缩短终端用户的等待时间、降低终端用户的仓储成本等，这些就是营销渠道对终端用户的益处。

例如，网络营销渠道可以大大降低消费者的搜寻成本；实体店消费者能够马上获得产品，大大缩短了等待产品的时间；便利店消费者可以就近、随时少量购买产品，大大降低了消费者的仓储成本。

### 4.1.2　渠道专家的观点

#### 1. 巴克林渠道服务产出

《流通渠道结构论》一书的作者——美国分销渠道管理专家巴克林认为，营销渠道包括 4 大服务产出，即批量拆分、空间便利、获取时间、产品种类。

我们把线下渠道称为实体营销渠道，把线上渠道称为网络营销渠道，对线下渠道和线上渠道按照巴克林的 4 大服务产出进行对比分析，每种服务产出得分按照 1~5 分进行评分。

批量拆分。很显然，线下渠道可以以最小单位的购买数量进行购买，而线上渠道则不行，一次购买的数量少了，要么网店不送货，要么需要额外支付运费。因此，关于批量拆分，我们可以给线下渠道打 5 分、线上渠道打 4 分。

空间便利。很显然，线下渠道没有线上渠道便利。线上渠道就在手机里，随手可达，而线下渠道需要下楼、走路、开车才能到达。因此，关于空间便利，我们可以给线下渠道打 3 分、线上渠道打 5 分。

获取时间。很显然，线下渠道付款后即可得到产品，而线上渠道下单后需要等待几个小时，甚至一两天（数字产品除外）。因此，关于获取时间，我们可以给线下渠道打 5 分、线上渠道打 3 分。

产品种类。很显然，线下渠道没有线上渠道的产品种类多。线上渠道的产品种类可以达到几十万甚至上百万种，而线下渠道的购物场所空间有限，陈列的产品种类有限。因此，关于产品种类，我们可以给线下渠道打 3 分、线上渠道打 5 分。

针对以上分析，我们用表格显示如下（见表 4-1）。

表 4-1　线下渠道和线上渠道针对巴克林渠道服务产出的评分表示例

| 序号 | 渠道服务产出 | 定义 | 线下渠道得分（分） | 线上渠道得分（分） |
|---|---|---|---|---|
| 1 | 批量拆分 | 最低销售单位 | 5 | 4 |
| 2 | 空间便利 | 到店铺的距离 | 3 | 5 |
| 3 | 获取时间 | 得到产品的时间 | 5 | 3 |
| 4 | 产品种类 | 产品范围和种类 | 3 | 5 |
| 合计 | | | 16 | 17 |

从以上表格得分可以看出，线上渠道在空间便利和产品种类方面有明显优势，得分为 17 分；线下渠道在批量拆分和获取时间方面有优势，得分为 16 分。

巴克林认为，在价格和实物属性不变的情况下，消费者更偏爱从一条能够提供更高服务产出水平的渠道购买产品。

### 2. 科兰渠道服务产出

在巴克林 4 大服务产出的基础上，《营销渠道》一书的作者——美国分销渠道管理专家安妮·T. 科兰增加了两种新的服务产出，即客户服务和信息提供。

同样，对线下渠道和线上渠道按照科兰增加的两种服务产出进行对比分析，每种服务产出得分按照 1~5 分进行评分。

客户服务是指能够方便客户在购买流程中与零售商（B2C）或厂家（B2B）之间的互动。很显然，无论是从购买流程还是与客户互动方面，线下渠道都比线上渠道好。因此，关于客户服务，我们可以给线下渠道打 5 分、线上渠道打 4 分。

信息提供是指对客户进行产品的属性、使用方法的讲解，以向其提供售前和售后服务。很显然，线下渠道比线上渠道好得多。因此，关于信息提供，我们可以给线下渠道打 5 分、线上渠道打 3 分。

针对以上分析，我们用表格显示如下（见表 4-2）。

表 4-2　线下渠道和线上渠道针对科兰渠道服务产出的评分表示例

| 序号 | 渠道服务产出 | 定义 | 线下渠道得分（分） | 线上渠道得分（分） |
|---|---|---|---|---|
| 5 | 客户服务 | 购买流程中的互动 | 5 | 4 |
| 6 | 信息提供 | 产品特性和使用方法 | 5 | 3 |
| 合计 | | | 10 | 7 |

从以上表格得分可以看出，线下渠道在客户服务和信息提供方面有明显优势，得分为 10 分；线上渠道在客户服务和信息提供方面没有明显优势，得分为 7 分。

## 4.1.3　线上线下渠道服务产出分析

为了进一步解释线下渠道和线上渠道对于服务产出的影响，作者制作了一个线下渠道和线上渠道服务产出分析模型，以便人们更好地了解线下渠道和线上渠道各自的特点（见表 4-3）。

表 4-3　线下渠道和线上渠道服务产出分析模型

| 渠道服务产出 | | | 定义 | 线下渠道得分（分） | 线上渠道得分（分） |
|---|---|---|---|---|---|
| 巴克林 | 1 | 批量拆分 | 最低销售单位 | 5 | 4 |
| | 2 | 空间便利 | 到店铺的距离 | 3 | 5 |
| | 3 | 获取时间 | 得到产品的时间 | 5 | 3 |
| | 4 | 产品种类 | 产品范围和种类 | 3 | 5 |
| | | 合计 | | 16 | 17 |
| 安妮·T. 科兰 | 5 | 客户服务 | 购买流程中的互动 | 5 | 4 |
| | 6 | 信息提供 | 产品特性和使用方法 | 5 | 3 |
| | | 合计 | | 10 | 7 |
| 得分 | | | | 26 | 24 |

以上 6 种渠道服务产出总体得分，线下渠道得分为 26 分，线上渠道得分为 24 分，说明线下渠道比线上渠道要好。然而，两条渠道的得分相差不大，说明线上线下渠道并存是未来的发展趋势。

## 4.2 线上线下渠道冲突的形态

### 4.2.1 搭便车

如果客户在较高的服务产出的线下渠道得到了安妮·T. 科兰所说的客户服务和信息提供，却转向较低的服务产出的线上渠道购买，客户就可以通过线上渠道获得更低价格的相同产品，由此就会出现消费者搭便车行为，从而伤害或吞并线下渠道。

#### 1．搭便车相关内容

➡ **名词解释：搭便车**

消费者在高服务产出的实体店获得服务，然后在低服务产出的网店购买，这就是搭便车行为，即获得了实体店的高水平服务，但不用向实体店付费。

在表4-4 中，消费者通过线下渠道选择了产品，获得了信息提供和客户服务的 10 分，转而在线上渠道购买得分为 17 分，这样搭便车渠道合计得分为 27 分（表中灰底色部分，即服务产出 1～4 消费者选择利用线上渠道得分为 17 分，服务产出 5～6 消费者选择利用线下渠道得分为 10 分，两者合计为 27 分），比线下渠道的 26 分多 1 分，比线上渠道 24 分多 3 分。因此，一般情况下，消费者会选择搭便车行为进行购物。

表 4-4　搭便车行为分析模型

| 渠道服务产出 | | | 定义 | 线下渠道得分（分） | 线上渠道得分（分） |
|---|---|---|---|---|---|
| 安妮·T. 科兰 | 5 | 客户服务 | 购买流程中的互动 | 5 | 4 |
| | 6 | 信息提供 | 产品特性和使用方法 | 5 | 3 |
| | | | 合计 | 10 | 7 |
| 巴克林 | 1 | 批量拆分 | 最低销售单位 | 5 | 4 |
| | 2 | 空间便利 | 到店铺的距离 | 3 | 5 |
| | 3 | 获取时间 | 得到产品的时间 | 5 | 3 |
| | 4 | 产品种类 | 产品范围和种类 | 3 | 5 |
| | | | 合计 | 16 | 17 |
| 得分 | | | | 26 | 24 |

例如，消费者在逛实体店的时候，通过观察、触摸、询问、体验等方式获得

了产品的相关信息，选定了希望购买的产品，然后在实体店拿出手机，打开京东、天猫、拼多多、小红书、有赞、抖音、快手等 App 网店，通过比价软件比价后，直接在 App 网店上购买，这些渠道就在搭便车。

搭便车行为虽然伤害或吞并了线下渠道，但并不能谴责消费者，因为消费者在实体店查看、触摸产品，是作为购买产品前的信息收集的过程。如果渠道的服务产出与产品购买是整合在一起的，或者不独立存在，搭便车行为就变得困难甚至不可能了。

随着网络营销渠道的进一步发展，视频直播、社交电商等渠道的服务产出越来越好，消费者利用线下渠道和线上渠道各自的优势进行购物的场景将越来越多，搭便车行为将变得非常流行，厂家线上线下渠道的融合将是大势所趋。

**案例　搭便车行为使许多茵曼女装专卖店关门**

茵曼女装专卖店不断遭遇线上活动的冲击。由于线上促销活动多，这对实体经销商而言是一种伤害，那些线上线下重叠的产品，常常会在线上打折。

客户到茵曼女装专卖店看好了服装的款式和型号，然后到网上进行比价，发现网店比实体店更便宜，最后都转向了网购。

茵曼女装专卖店给了客户很多购买信息，客户却带着信息充分的购买决策离开了，转身到别的商店或在网络上就他们刚才选定的女装款式和型号进行讨价还价，他们把茵曼女装专卖店的服务当作他们的购买决策参考，其他卖家能提供更低的价格，因为他们不必提供专卖店高水平的服务。这些网店就是在搭茵曼女装专卖店的便车：茵曼女装专卖店承担了成本，网店却获得了利润。

**2．实体经销商对搭便车行为的反应**

如果线下渠道与线上渠道没有很好地协同，那么，线下渠道的实体经销商不会长期忍受线上渠道的搭便车行为，他们会采取 5 种行为：抱怨、消极、停止、替代和放弃。

（1）抱怨。

抱怨但不采取抵制行为，这是经销商面对搭便车行为最低程度的反应，心生抱怨却无能为力，希望厂家能够尽快化解这种渠道冲突。

（2）消极。

如果搭便车行为持续下去，经销商就会变得消极，对于厂家的产品失去销售热情，使其处于自然销售状态。

（3）停止。

如果搭便车行为越来越严重，经销商就会停止销售厂家的产品，不再采取支持厂家产品的行动，厂家的销量会大幅下滑。

（4）替代。

如果厂家对于搭便车行为听之任之，经销商就会转向其他竞争产品，用竞争产品替代厂家原有的产品市场。

（5）放弃。

当经销商认为厂家无力且无意愿处理搭便车行为后，经销商会进入绝望状态，完全放弃厂家的产品。

**案例** **某高级音响公司新增网店对实体零售商的影响**

某高级音响公司新加盟了一家实体零售商，并奉行与品牌匹配的高质量战略。为实现高质量战略，实体零售商进行了大量的投资，并希望通过客户支付较高的价格来得到补偿。这些投资包括引进了该品牌的所有品种系列，保存了大量的存货，开设了代表品牌公司做广告的橱窗，聘请了一支庞大的、经过良好培训的销售队伍。

然而，没过多久，该高级音响公司为了拥抱互联网，新增了一个网店。

新加盟的实体零售商老板发现：销售人员花了大量的时间在那些"浏览者"身上，但"浏览者"转身到网店以低于实体店10%的价格购买他们刚才选择的产品。网店能提供更低的价格，因为它们不必提供实体店这么高水平的服务，前期也不必投资太多，这条线上渠道就是在搭便车，实体店承担了成本，网店却获得了利润。

新加盟的实体零售商老板陷入两难境地：一方面，如果不再销售产品成本会很高，因为库存无法全额退还（不能退货），员工掌握的品牌知识将变得毫无价值，代表品牌公司所做的广告浪费，为品牌公司所做的特别投资无法立即转移到其他品牌上；另一方面，如果继续销售产品，厂商关系会持续恶化，因为自己无法继续容忍线上渠道无休止的搭便车行为。

### 4.2.2　网络窜货

#### 1．网络窜货的相关内容

➜ **名词解释：网络窜货**
网络窜货是指货源通过线上渠道流入独家经销商的授权区域。

在电子商务环境下，网络的交互式、及时性、跨地域等特点，导致网络窜货问题越来越严重。

### 案例　某品牌床垫网络窜货

北京经销商王总是经营某品牌床垫的独家经销商，除了该品牌的床垫，没有经营其他品牌的产品。由于销售任务重，每个月完成厂家的销售任务都很困难，而完不成任务就得不到月度返利和年度返利。

为了提高销量，王总决定在淘宝上开一家网店，销售该品牌的床垫。由于经销商是 5 折从厂家进货，利润空间大，王总在网店的销售价格比实体店低 10%～20%。实体店卖 6000 元的床垫，在网店只卖 4800 元，相当于打了 8 折。网店销量不断攀升，王总心花怒放。然而，王总的做法坑害了武汉该品牌的实体专卖店，专卖店的导购给客户介绍了半小时，最后客户说"我到网上看看"，气得导购当天就辞职了。

王总的网店把货窜到了全国，线上渠道享受了搭便车的丰厚利润。

#### 2．网络窜货对实体经销商的影响

网络窜货对实体经销商的影响非常大，经销商的销量会持续下降，经销商的利润会持续下降，经销商的积极性会持续降低，经销商没有了安全感，最终经销商会转向销售其他品牌。

### 4.2.3　渠道吞并

#### 1．渠道吞并的定义

> ➡ 名词解释：渠道吞并
> 渠道吞并是指一条渠道消灭了另一条渠道。

### 案例　实体店的关店潮

自从网店流行以来，许许多多红红火火的实体店被迫关店，从几百家到几千家，这些实体店包括佐丹奴、波司登、百丽、麦当劳、沃尔玛、万达百货、李宁、真维斯……

#### 2．渠道吞并的后果

上千万名实体店员工下岗转行，门店空置率持续上升，厂家和经销商的利润都在下降，中国实体经济受到严重打击。

## 4.3　线上线下渠道融合方案

### 梅明平对渠道经理说

在互联网时代，来自 B2C 和 B2B 两个层面的消费者都对营销渠道提出了更高的要求，希望有更多的选择、柔性及完美的购物体验，这些要求不是单一的营销渠道所能够满足的。一系列的渠道，无论是线下渠道还是线上渠道，都应该被用于满足消费者日益增多的需求，所以厂家的线上线下渠道融合是大势所趋。

但是，在满足消费者的渠道服务产出需求的同时，厂家的渠道经理必须处理好各条渠道之间的冲突，尽量做到多渠道协同。因此，厂家必须做好以下工作：线上渠道全网直营，线上线下渠道融合，减少线上线下渠道冲突，线上线下渠道利益共享。

### 4.3.1　线上渠道全网直营

#### 1. 线上渠道分类

（1）综合类纯电商平台。

综合类纯电商平台类似于市场管理公司招商让商户入驻，以此实现销售。平台只负责营运和交易规则、信誉机制的建立，如淘宝店、天猫旗舰店等。

（2）综合类自营电商平台。

综合类自营电商平台本身是一个电商企业，只销售自营产品，如京东自营店。

（3）垂直电商平台。

垂直电商平台聚焦一个或几个品类产品的销售，专一和专业，如聚焦白酒的酒仙网、聚焦化妆品的阿芙精油、聚焦奢侈品特卖的唯品会等。

（4）社交网络电商。

社交网络电商是指将关注、分享、沟通、讨论、互动等社交化的元素应用于电子商务交易过程的电商，如有赞、拼多多、抖音、小红书等。

（5）企业商城。

企业商城是厂家自己建立的网上商城，通过个人网站直接向消费者销售产品，如小米商城、格力商城（格力董明珠店）、海尔商城等。

（6）企业微店。

企业微店是厂家自己建立的微商城，通过微信公众号或服务号的微商城或手机 App 直接向消费者销售产品。企业 App 有 i 茅台 App、海尔智家 App、米家 App 等。企业微店如小米商城、安吉尔服务等。

**2. 线上渠道管理**

（1）开发管理线上渠道。

由于线上渠道无区域划分，所以跨区域销售成为常态，从而导致了线上线下渠道的冲突。为此，厂家需要将所有线上渠道牢牢掌握在自己手中，并通过线上线下渠道分工协作达到渠道协同，这也成为厂家实现线上线下渠道融合的前提条件。

厂家需要新建线上渠道部或新成立电子商务公司，负责开发线上渠道，以满足日益增加的网购消费者的需求。厂家直营的线上渠道如图 4-1 所示。

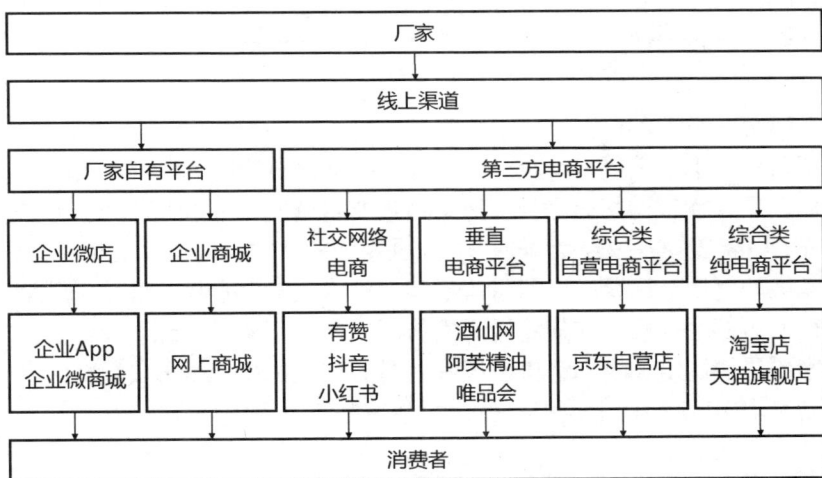

图 4-1　厂家直营的线上渠道

**案例　格力的线上渠道**

格力电子商务有限公司成立于 2019 年 11 月 5 日，注册资本为 1 亿元，由格力电器 100%控股、董明珠担任法人代表。公司自成立以来，致力于格力的数字零售，大力发展线上渠道。线上渠道全部由厂家掌控，截至 2022 年 6 月 6 日，格力自营的线上渠道（部分）如表 4-5 所示。

表4-5　格力自营的线上渠道（部分）

| 电商平台类型 | 线上渠道 |
|---|---|
| 综合类纯电商平台 | ·淘宝：格力官方旗舰店，粉丝数为425.4万人<br>·天猫：格力官方旗舰店，粉丝数为425.4万人<br>·京东：格力官方旗舰店，66.9万人关注 |
| 综合类自营电商平台 | ·京东：格力京东自营旗舰店，2331.8万人关注 |
| 社交网络电商 | ·小红书：明珠羽童精选旗舰店，小红书号为2600541372，粉丝数为1.2万人<br>·拼多多：格力官方旗舰店，1.12万人关注，总销量为6.2万件<br>·快手：格力董明珠店，用户ID为873382654，粉丝数为57.7万人<br>·抖音：明珠羽童精选，抖音号为1484140851，粉丝数为64.2万人 |
| 企业商城 | ·格力商城：格力董明珠店 |
| 企业微店 | ·格力App：格力董明珠店<br>·微信公众号：格力电子商务（董明珠的店） |

（2）清理非自营网店。

为了防止线上线下渠道冲突，确保线上线下渠道协同，厂家需要及时清理非自营网店，厂家授权的网店除外。厂家清理非自营网店一般采用以下步骤。

首先，厂家通知各级经销商，已经开设网店的要主动向厂家登记备案；其次，未登记备案的网店，厂家或厂家聘请第三方机构在网上查找；最后，厂家通知所有已开设网店的经销商，在规定时间内将网店产品下架、删除。

厂家要尽快制定《线上销售违规者处罚措施》并及时颁布实施，厂家或第三方机构要实现24小时网上监控，就像严格控制线下窜货一样。

## 案例　TY对违规网上销售经销商的处理措施

定义、解释及经销商资质要求第一条：未经甲方许可，就甲方品牌产品部分，乙方无权开发电子商务客户。若乙方未经甲方许可，对甲方品牌产品开发电子商务客户的，须向甲方支付违约金，违约金金额为乙方向电子商务客户供应的甲方品牌产品货值（依甲方给予乙方的供货价计）的30%。

定义、解释及经销商资质要求第三条：乙方现有的电子商务客户，且乙方向该电子商务客户供应甲方品牌产品的，乙方须将该电子商务客户的名称以书面形式告知甲方，经甲方审核确认，方可继续向该电子商务客户供应甲方品牌产品。

若甲方不同意乙方继续向该电子商务客户供应甲方品牌产品的，乙方须在收到甲方通知后 7 日内解除与该电子商务客户的与甲方品牌产品相关的购销合同。若乙方继续向该电子商务客户供应甲方品牌产品，须向甲方支付违约金，违约金金额为自甲方通知送达满 7 日起乙方向该电子商务客户供应的甲方品牌产品货值（依甲方给予乙方的供货价计）的 30%。

## 4.3.2　线上线下渠道融合

### 1. 确定销售部渠道融合架构

考虑到渠道协同，厂家需要将线下渠道部和线上渠道部统一在销售部下面。否则，如果线上线下两条渠道各自为政、无法协同，就会导致渠道冲突，厂家很难取得 1+1>2 的效果。

（1）消费品渠道融合架构。

消费品厂家的销售部需要下设大客户部、线下渠道部和线上渠道部，便于实现渠道之间的协同。线上渠道必须由厂家自营，防止窜货或乱价。厂家必须设立大客户部直接管理全国性大零售商，因为大零售商占比越来越大，美国 4% 的大零售商占 79.3% 的销售额。

线下渠道部必须下设销售分公司，且必须实现自主经营、独立核算，相当于厂家的一级代理商。区域性大零售商可以由销售分公司直接管理，也可以由经销商开发。经销商可以做物流商，为所有线上渠道、全国性或区域性大零售商提供配送服务。

厂家所在地有天时地利人和之利，如果条件允许厂家可以做直销，直接向零售商供货。

根据以上分析，消费品厂家的渠道融合架构如图 4-2 所示。

（2）工业品渠道融合架构。

工业品厂家的销售部需要下设大客户部、线下渠道部和线上渠道部，便于实现渠道协同。线上渠道必须由厂家自营，防止窜货或乱价。厂家必须设立大客户部直接管理全国性大客户，因为经销商开发大客户的难度相对较大。线下渠道部下必须设销售分公司，且必须实现自主经营、独立核算，相当于厂家的一级代理商。区域性大客户可以由销售分公司直接管理，也可以由代理商开发。

厂家所在地有天时地利人和的优势，如果条件允许厂家可以做直销，直接开发客户和服务客户。工业品厂家的渠道融合架构如图 4-3 所示。

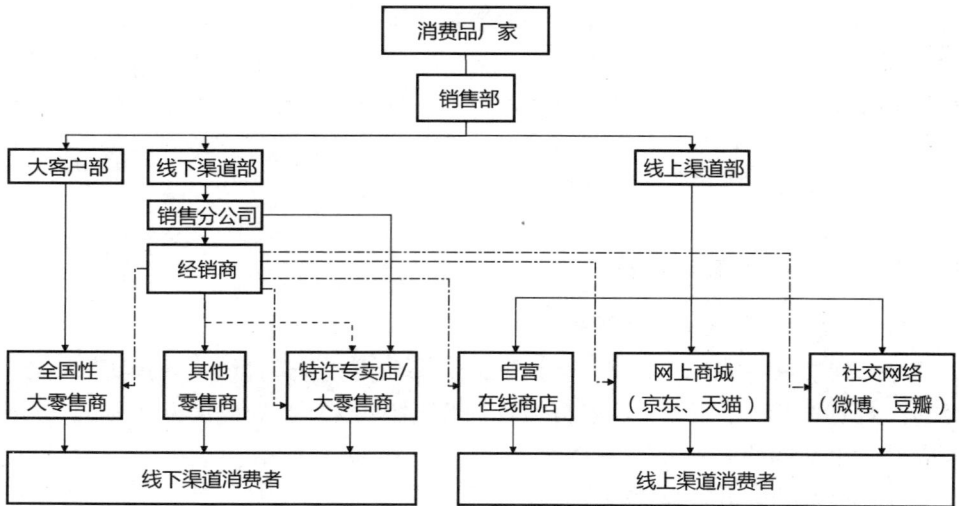

图 4-2　消费品厂家的渠道融合架构

（注：本图为武汉新蓝海营销管理咨询有限公司原创）

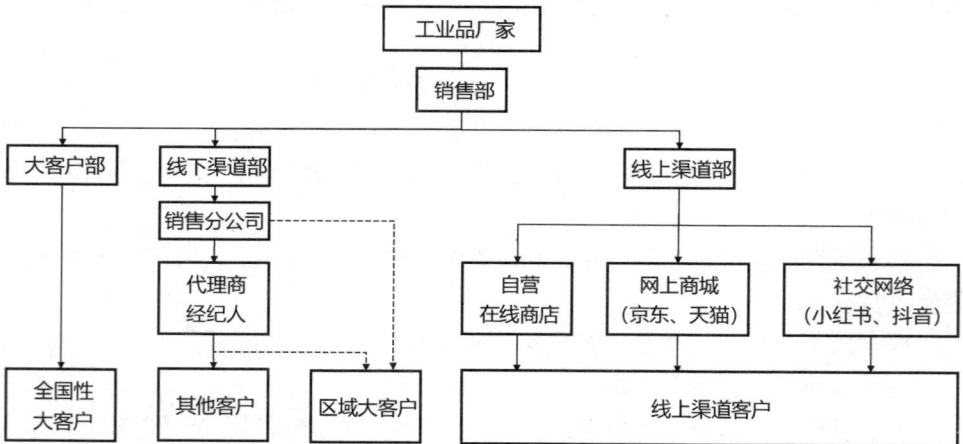

图 4-3　工业品厂家的渠道融合架构

（注：本图为武汉新蓝海营销管理咨询有限公司原创）

## 2. 线上线下渠道功能融合

零售商行为过程：与客户沟通；向客户展示、讲述产品，并说服客户购买；客户决定购买后，零售商收款，包装产品，送客户离去，提供售后服务。

如果厂家选择一条渠道完成零售过程的所有活动，叫作单渠道零售；如果厂家选择两条及两条以上渠道且每条渠道都各自完成零售过程的所有活动，叫作多渠道零售。无论是单渠道零售还是多渠道零售，都是在一条渠道上完成所有活动。

随着渠道的碎片化和消费者购物在线化的进一步发展，厂家需要将多条渠道进行融合，每条渠道完成部分零售活动，以满足消费者的购物需求。这样的渠道叫作跨渠道零售或全渠道零售。

厂家可以让线上渠道通过网店执行信息沟通、展示、陈列、说服和收款功能，让线下渠道如经销商、特许专卖店协助网店提供客户的送货、送客和售后服务。厂家线上线下渠道功能的深度融合、分解如表 4-6 所示。

表 4-6　厂家线上线下渠道功能的深度融合、分解

| 消费者购买过程 | | 动机 | 寻找 | 选择 | 购买 | | | 使用 |
| --- | --- | --- | --- | --- | --- | --- | --- | --- |
| | | | | | 付款 | 取货 | 离去 | |
| 零售商行为过程 | | 信息沟通 | | 展示、陈列、说服 | 收款 | 送货 | 送客 | 售后服务 |
| 线下渠道 | 经销商渠道 | √ | √ | √ | √ | √ | √ | √ |
| | 特许专卖店 | √ | √ | √ | √ | √ | √ | √ |
| | 零售商 | √ | √ | √ | √ | √ | √ | √ |
| 线上渠道 | 第三方电商　综合类纯电商平台 | √ | √ | √ | √ | | | |
| | 垂直电商平台 | √ | √ | √ | √ | | | |
| | 社交网络电商 | √ | √ | √ | √ | | | |
| | 自有电商　企业商城 | √ | √ | √ | | | | |
| | 企业微店 | √ | √ | √ | | | | |

**案例　渠道融合购物体验**

武汉一位消费者在海尔智家 App 上下了一个订单购买洗衣机，然后由离这位消费者最近的一家海尔专卖店直接送货上门。在这次购物中，海尔智家 App 扮演的是引导购物、结算支付的角色，而海尔专卖店扮演的是物流配送和售后服务的角色，两者互相补充，不产生冲突。这样，不但企业的物流配送成本降低了，而且消费者享受到了快速的物流服务。

这就是渠道融合产生的协同效应，极大地提高了厂家的渠道效率。

### 4.3.3　减少线上线下渠道冲突

渠道冲突对于引入线上渠道的厂家来说是一个必须解决的问题，线上渠道会

威胁到其他渠道的成员，因为消费者会在多条渠道中进行比较，选择最合适的。

厂家是否能减少线上线下渠道冲突呢？美国分销渠道管理专家安妮·T. 科兰归纳了以下做法。

① 不要在网络上提供比一般渠道成员更低的产品价格。

② 将网络上接到的订单转交一般渠道成员。

③ 仅在网站上提供产品信息和服务，而不提供产品。

④ 使用供应商网站为一般渠道成员促销。

⑤ 鼓励一般渠道成员利用其网站进行广告宣传。

⑥ 仅在网络中提供网络客户感兴趣的某几类产品，而非所有产品。

⑦ 为通过网络销售的产品创建一个新品牌。

⑧ 利用网络销售处于产品生命周期早期的产品，这样等到市场需求快速增长时，线上渠道不会大量蚕食一般渠道成员的利润。

⑨ 将厂家的分销策略对内、对外进行沟通，使一般渠道成员了解网站所起的作用。

⑩ 努力协调分销策略的各组成部分，包括支付渠道成员代理佣金、签订双方权责条款等。

⑪ 将电子渠道看作实现更高目标的手段，比如尽量多地满足消费者的需求。

价格是最敏感的因素，厂家管理不好就会导致渠道冲突。厂家对于线上渠道的价格管理，应该像线下渠道的价格管理一样，而且要确保线上线下渠道的价格一致。

**案例** MMP 有限公司的线上线下渠道融合策略

（1）线上渠道只是线下渠道的补充。

（2）线上渠道要为线下渠道服务。

（3）线上线下渠道要同款同价。

（4）线上线下渠道要促销同步。

（5）线上产品销售的利润与消费者所属区域的经销商共享。

（6）线上接单，线下经销商送货。

（7）MMP 有限公司是线上渠道的唯一销售者。

### 4.3.4 线上线下渠道利益共享

美国分销渠道管理专家安妮·T. 科兰认为，电子商务的增长将使搭便车行为变得非常流行，从而使建立一种补偿机制成为一个越来越迫切的问题。作为应对，供应商和下游渠道成员将被迫想出新的方法来运作业务，比如固定报酬的增加（相当于工资）；收取服务费用（相当于费用账目）；收取代理佣金，使得一个渠道成员将因另一个渠道成员的销售而自动获得补偿（相当于团体奖金）。

### 1．与实体经销商共享

对于没有投入专有零售设施的经销商，如快消品经销商，一旦消费者在厂家开发的网店上购买产品，厂家就将消费者的收货地址发送给经销商，由经销商完成产品的配送。厂家将线上销售的利润全部或部分分给经销商，实现线上渠道带来的利益与线下经销商共享。

**案例　格力的线上线下渠道整合策略**

董明珠在一次格力经销商大会上说："在互联网时代，我们在重新定位，不仅格力总部的网站，所有的网站卖出产品以后，均由我们当地的、我们在座的每一位商家履行完，那你们的收益和格力电器原来的结算没有任何变化，你们唯一的变化就是要把电脑打开，服务要跟上。如果我把电脑打开，接个单叫你去安装，而你还没搞明白，那就麻烦了。"

### 2．与特许专卖店共享

对于需要投入专有资产的线下渠道，如特许专卖店，经常会出现搭便车行为，即消费者在特许专卖店确定了想要购买的产品，转而到网上商店购买。因此，为了确保特许专卖店的利益，线上渠道销售利益需要与特许专卖店共享。

与特许专卖店共享网店的利益，需要与经销商，特许专卖店老板、店长和导购一起共享。因为经销商与厂家签订了有销售任务的协议，经销商需要完成任务；特许专卖店老板投资了店面的专有资产，为消费者提供了产品触摸、展示、了解和品牌形象推广的服务，承担了成本；店长承担管理和培训导购员的责任，同时承担销售任务；导购员为消费者提供了产品介绍的服务，还要承担销售任务。

在互联网时代，特许专卖店需要更多地承担"方案零售"的工作职责。方案零售是指为了让消费者快速了解刚刚投放市场的新产品、新技术，在零售的现场，厂家和零售商共同承担通过专用的设备、人员、场地等对消费者提供信息的责任。因此，厂家在进行市场布局时，特许专卖店不需要遍地开花，根据每个城市的大小，只需要开设 1～6 家，但面积要大、装修要好，像高端专卖店一样。

在互联网时代，特许专卖店除了需要承担"方案零售"的工作职责，还需要承担仓储、物流的工作职责，帮助厂家完成网店消费者所购买产品的配送工作。

**案例** 乐友孕婴童网的利益分配方式

乐友成立于 1999 年，是安全健康母婴用品的全渠道零售商，首创"App/小程序+连锁店+主流电商旗舰店"全渠道经营模式，为消费者提供全方位、一站式专业服务。乐友利益分配方式更具有创新性。

（1）导购利益分配。

- 会员关系终身制。谁引入会员，谁就享受今后这个会员带来的一切消费业绩。
- 通过 App 招会员。为了增加消费者在门店非营业时间的购买次数，导购会主动邀请消费者下载乐友 App，并且参与互动。

（2）乐友与加盟商的利益分配。

- 线上下单，线上送货。如果线上接到来自门店客户的订单，线上与线下则实行分账（鼓励线下导购介绍会员加入网店）。
- 线上下单，线下送货。如果线上订单需要门店送货，也进行利益分配，鼓励实体店送货。

## 4.4 实战案例

### 4.4.1 MMP 公司线上线下渠道融合策略

#### 1. 线上渠道的类型

结合经销商和员工对电商平台的描述，目前适合产品销售的线上渠道有：天猫、京东、淘宝、美菜、快驴、拼多多、社区团购平台、机关团购平台、厂家 App、本地电商平台等。

#### 2. 线上渠道的作用

线上渠道是所有渠道中的一种形态，必须纳入销售部统一管理，以便统一市场价格，从"所有人都可以销售"变为"MMP 公司是线上渠道的唯一销售者"。

### 4.4.2 DQ 公司线上线下渠道融合策略

#### 1. 线上渠道的主体

DQ 公司线上渠道，DQ 公司电商部是唯一授权销售者。

### 2．线上线下渠道融合的原则

线上渠道是线下渠道的补充；线上渠道要为线下渠道服务；线上线下渠道要同款同价；线上产品销售的利润与消费者所属区域的经销商共享；线上接单，线下经销商送货。

### 3．清理步骤

对于已经在网上销售 DQ 产品的经销商或零售商，或者将来在网上销售 DQ 产品的经销商或零售商，清理的步骤如下。

第一，DQ 公司通知各级经销商或零售商，已经"触网"的主动向公司备案登记。

第二，对于未备案的网店，DQ 公司或 DQ 公司聘请第三方机构在网上查找。

第三，通知所有"触网"的签约经销商或向网上零售商供货的签约经销商，在规定时间内将网上产品下架、删除。

第四，DQ 公司制定《线上销售违规处罚措施》并颁布实施。

第五，DQ 公司或第三方机构实现 24 小时网上监控。

### 4．线上销售违规处罚措施

为了保证线上线下渠道融合策略的实施，DQ 公司制定了《线上销售违规处罚措施》，具体内容如表 4-7 所示。

表 4-7　线上销售违规处罚措施

| 违规主体 | 违规描述 | | 处罚措施 | |
| --- | --- | --- | --- | --- |
| 直接在网上销售的签约经销商 | 第一次 | 全国通告 | 罚金为线上交易额的30% | 停止发货直至产品下架、删除 |
| | 第二次 | 全国通告 | 罚金为线上交易额的50% | 停止发货直至产品下架、删除 |
| | 第三次 | 全国通告 | 停止发货并于当月解除经销合同 | |
| 向网上零售商供货的签约经销商 | 第一次 | 全国通告 | 罚金为供货额的30% | 停止发货直至产品下架、删除 |
| | 第二次 | 全国通告 | 罚金为供货额的50% | 停止发货直至产品下架、删除 |
| | 第三次 | 全国通告 | 停止发货并于当月解除经销合同 | |

**【渠道经理工具箱】**

关于线上线下渠道融合的知识，渠道经理要掌握以下 15 大工具。

（1）渠道服务益处的定义。

（2）巴克林的 4 大渠道服务产出。

（3）安妮·T. 科兰的两大渠道服务产出。

（4）搭便车的定义。

（5）搭便车行为分析模型。

（6）实体经销商对搭便车行为的 5 种反应。

（7）网络窜货的定义。

（8）渠道吞并的定义。

（9）线上渠道的 6 种分类。

（10）线上渠道管理的两大内容。

（11）消费品渠道融合架构。

（12）工业品渠道融合架构。

（13）线上线下渠道功能融合。

（14）减少线上线下渠道冲突的方法。

（15）线上线下渠道利益共享的两种方法。

# 第 2 部分　营销渠道管理

# 第 5 章　确定渠道目标

## 问题与后果

（1）很多厂家推出新产品后，寄希望于经销商的推广，结果发现不尽如人意。殊不知，经销商天然会销售畅销品，而不会销售新产品，导致很多厂家的新产品胎死腹中。这都是渠道经理没有重视方案零售惹的祸。

（2）大部分厂家一味强调销售目标，而忽视了批量拆分、空间便利、获取时间、产品种类、客户服务、信息提供等渠道服务目标，致使渠道服务产出水平不高，消费者的渠道满意度越来越低，厂家销量无法快速增长。

（3）很多厂家没有把销售任务进一步分解到每条渠道，致使很多新渠道的销量一直处于停滞状态，新渠道发展缓慢。

（4）很多厂家没有明确的销售策略，在市场渗透策略、市场开发策略、产品开发策略和多元化策略之间没有明确的重点，导致渠道经理无法制定渠道建设目标。

### 梅明平对渠道经理说

在大多数情况下，厂家缺乏完整的、系统的、明确的渠道目标。一方面，渠道目标不完整，厂家往往只有渠道任务目标，而缺乏渠道建设目标和渠道服务目标；另一方面，厂家对渠道目标不重视，尤其是对渠道服务目标不重视。渠道目标是渠道战略的具体落实，也是渠道经理的工作目标。

## 5.1　渠道服务目标

### 5.1.1　渠道服务产出

经销商（渠道成员）的需求仅仅是消费者（终端用户）的需求的传递，为了设计出一条能够满足或超越消费者需求的运作良好的渠道，渠道经理必须理解这些需求的本质所在。

客户无论是购买老产品还是购买新产品，厂家都需要通过产品、价格、渠道和促销 4 种营销组合要素来提升客户价值。厂家提升客户价值有两种方法：一种是增加客户利益，另一种是降低客户成本。

在产品、价格和促销不变的情况下，消费者更偏爱同能够提供更高服务产出水平的营销渠道打交道，即营销渠道要么能增加客户利益，要么能降低客户成本，甚至两者都能够满足。由此可以看出，营销渠道的服务产出水平主要体现在增加客户利益和降低客户成本两个维度上。

《流通渠道结构论》的作者——美国分销渠道管理专家巴克林提出了营销渠道的 4 大服务产出：批量拆分，空间便利，获取时间，产品种类。在此基础上，《营销渠道》的作者——美国分销渠道管理专家安妮·T. 科兰增加了两种新的服务产出，即客户服务和信息提供。这 6 种服务产出就是渠道的服务目标，包括消费者利用不同渠道的主要需求类型。

#### 1．批量拆分

> ➡ **名词解释：批量拆分**
>
> 批量拆分是指尽管某种产品是大量成批制造的,但对于这种产品消费者仍然可以购买他们想要的数目。

当营销渠道允许消费者小批量购买时，购买就可以更快地转化为消费，从而满足消费者必要的存货需求。如果消费者大量购买就会承担看护和存储产品的成本。因此，渠道的批量拆分水平越高，消费者一次性购买量就越少，承担的看护和存储产品的成本就越低。

从渠道经理的角度来看，如果消费者需要很小的购买批量，那么将会有许多中间商在大批量生产的厂家和小批量需求的消费者之间从事批量拆分工作，即消费者承担的看护和存储产品的成本越低，中间商承担的拆分成本就越高，渠道的服务产出水平也越高。

### 2．空间便利

➡ **名词解释：空间便利**

空间便利是由批发和零售市场的分散带来的，可以通过降低消费者的交通要求和搜寻成本来提高他们的满意度。

送货上门、便利店、加油站、自动售货机等，都是用来满足消费者对于空间便利需求的渠道例子。因此，渠道的空间便利水平越高，消费者购买就越方便，他们承担的搜寻成本和交通成本就越低。

从渠道经理的角度来看，如果消费者购买越便利，厂家就越需要增加中间商的数量，以扩大覆盖面，实现密集分销，这样消费者承担的搜寻成本和交通成本越低，中间商承担的配送到各零售网点的成本就越高，渠道的服务产出水平也越高。

### 3．获取时间

➡ **名词解释：获取时间**

获取时间是指消费者在订购产品到收到产品的过程中必须等待的时间。

获取时间越长，消费者越不方便，比如网购渠道，消费者非常早就需要开始计划和预测消费。因此，消费者的获取时间越短，消费者越快得到产品，购买就可以更快地转化为消费，从而降低消费者的资金占用成本。

从渠道经理的角度来看，消费者的获取时间越短，消费者的资金占用成本就越低，中间商就需要更多的仓库存储消费者所需要的产品，中间商承担的仓库建设成本就越高，渠道的服务产出水平也越高。

### 4．产品种类

➡ **名词解释：产品种类**

产品种类是指产品的范围（宽度）和产品的品种（深度）。

消费者可选的产品种类越多，渠道的产品库存就越多，消费者不需要继续搜寻就能够快速地找到所需要的产品，所承担的搜寻成本和交通成本就越低。

从渠道经理的角度来看，渠道的产品库存越多，虽然降低了消费者所承担的搜寻成本和交通成本，但中间商需要承担更多的库存成本和资金占用成本，相应的渠道的服务产出水平就越高。

### 5. 客户服务

➡ **名词解释：客户服务**
客户服务能够方便消费者在购买过程中与零售商（B2C）或厂家（B2B）之间的互动。

例如，走道和货架的科学布局可以让消费者更快地找到产品；更多的结算柜台（如增设自助结账设施）可以节省消费者的付款时间；免费的较大的停车场，既可以方便消费者停车，也可以降低消费者的购买成本。

从渠道经理的角度来看，消费者购物流程越简单，中间商越需要增加服务设施，由此导致中间商的成本增加，相应的渠道的服务产出水平就越高。

### 6. 信息提供

➡ **名词解释：信息提供**
信息提供是指对消费者进行产品的属性、使用方法的讲解，以及向其提供售前服务和售后服务。

例如，消费者需要购买哪种产品，怎么组合产品，如何使用和保养产品等。当产品在使用过程中出现问题时，消费者也需要售后服务信息。

➡ **名词解释：方案零售**
方案零售是指为了让消费者快速了解刚刚投放市场的新产品、新技术，在零售的现场，厂家和零售商共同承担通过专用的设备、人员、场地等对消费者提供信息的责任。

方案零售是厂家和零售商获得新产品、新技术、提高销售额和增加现有销量的短期策略。其中，零售信息服务的费用由厂家而不是零售商承担。这种做法在短期内很重要，但是从长期来看则显得多余，因为相关产品信息最终会自发地在广大消费者群体中传播，除非不断有新产品、新技术。

例如，家居装潢企业为产品提供"DIY（Do It Yourself，自己动手制作）"课程；计算机和软件公司在零售店建立"体验中心"促进复杂产品的销售；第三方服务机构负责在零售店举办小型的讲座并进行产品展示等。据参与方案零售的惠普公司统计，参加了产品展示的消费者，其购买倾向要高出 15%。

从渠道经理的角度来看，中间商向消费者提供的信息越多，需要投入的人力、物力、财力也就越多，虽然降低了消费者的购物成本，但增加了中间商的成本，相应的渠道服务产出水平较高。

**梅明平对渠道经理说**

以上所介绍的营销渠道的 6 大服务产出，不仅是中间商针对消费者（客户、终端客户），还包括零售商针对消费者、经销商针对零售商，以及厂家针对经销商。从渠道经理的角度来看，厂家不仅要考虑针对经销商的 6 大服务产出需求，还要考虑针对零售商和消费者的 6 大服务产出需求，从而设计一条能够满足针对各方服务产出需求的营销渠道。

### 5.1.2  渠道服务产出组合策略

通过以上分析得知，每条营销渠道厂家和中间商投入的成本不同，其服务产出水平也不同。渠道服务产出由 6 大因素构成，每个因素的变化都将导致服务产出水平的变化。渠道服务产出水平可以用以下函数表示。

$$渠道服务产出水平=f（批量拆分，空间便利，获取时间，$$
$$产品种类，客户服务，信息提供）$$

渠道成员的高成本活动创造了服务产出，服务产出的增加必然带来成本的增加，并最终体现为产品售价的增加。

消费者可以选择低服务产出、低价格的渠道，也可以选择高服务产出、高价格的渠道。

## 5.2  渠道任务目标

➡ **名词解释：渠道任务目标**
渠道任务目标主要是厂家的年度销售额目标在各条渠道中的分解。

假设某厂家有线上线下两大营销渠道，其中线下渠道包括经销商渠道、KA（Key Account，大型连锁或重要客户）渠道和直销渠道，线上渠道包括天猫、京东、快手、抖音、拼多多、小红书等，其渠道任务目标如表 5-1 所示。

表 5-1  某厂家的渠道任务目标 　　　　　　　　　　单位：亿元

| 厂家总目标 | | 渠道任务目标 | | | |
|---|---|---|---|---|---|
| 核算单位 | 销售额目标 | 渠道类型 | 核算单位 | 渠道目标 | 合计 |
| 厂家 | 38 | 线下渠道 | 经销商渠道 | 20 | 30 |
| | | | KA 渠道 | 8 | |
| | | | 直销渠道 | 2 | |

续表

| 厂家总目标 | | 渠道任务目标 | | | |
|---|---|---|---|---|---|
| 核算单位 | 销售额目标 | 渠道类型 | 核算单位 | 渠道目标 | 合计 |
| 厂家 | 38 | 线上渠道 | 天猫 | 2 | 8 |
| | | | 京东 | 2 | |
| | | | 快手 | 1 | |
| | | | 抖音 | 1 | |
| | | | 拼多多 | 1 | |
| | | | 小红书 | 1 | |

## 5.3　渠道建设目标

➜ **名词解释：渠道建设目标**

渠道建设目标主要是根据渠道服务目标和渠道任务目标确定的市场覆盖、市场渗透、经销商发展及渠道发展等目标。

在确定渠道建设目标时，厂家可以参考策略管理之父安索夫矩阵（见表 5-2）。该矩阵于 1957 年由安索夫提出，将产品和市场作为两大基本方向，提出了 4 种产品/市场组合和相对应的营销策略，是应用最广泛的营销分析工具之一，也是确定渠道建设目标的工具。

表 5-2　安索夫矩阵

| 市场 | 产品 | |
|---|---|---|
| | 老产品 | 新产品 |
| 老市场 | 市场渗透策略：增加现有渠道的销售网点 | 产品开发策略：沿用老渠道 |
| 新市场 | 市场开发策略：为现有产品寻找新的目标市场 | 多元化策略：为新产品开发新市场，需要建设新渠道 |

通过安索夫矩阵可以看出，厂家通过老产品提高销售额有两种渠道建设方法：一种是在老市场通过增加销售网店提高产品渗透率；另一种是开发新市场扩展销售区域。厂家通过新产品提高销售额也有两种渠道建设方法：一种是沿用老渠道的产品开发策略，即通过增加老渠道成员的 SKU（Stock Keeping Unit，存货单位）提高客单价；另一种是采取多元化策略，即为新产品开发新市场、建设新渠道。

## 5.4 实战案例

### 5.4.1 某厂家的渠道服务目标

表 5-3 所示为某厂家制定的渠道服务目标，根据此表，我们可以看到在实战中，该厂家是如何按照渠道服务产出要求制定自己的渠道服务目标的。厂家制定清晰、具体的渠道服务目标，有助于明确渠道定位，帮助渠道取得良好的绩效。渠道服务目标要紧紧贴合渠道服务产出的要求，这样实现整体的渠道服务产出目标就不是难题。

表 5-3 某厂家制定的渠道服务目标

| 编号 | 渠道服务产出 | 渠道服务目标 |
| --- | --- | --- |
| 1 | 批量拆分 | 半年内，为经销商提供混合包装箱，方便零售商多品种、少量进货 |
| 2 | 空间便利 | 一年内，保证让 80% 城市居民驱车 20 分钟就能购买到其产品 |
| 3 | 获取时间 | 半年内，厂家网上交付订单的时间从 10 小时缩短到 8 小时 |
| 4 | 产品种类 | 一年内，将产品线从现有的 20 个品种增加到 38 个品种 |
| 5 | 客户服务 | 半年内，提供 App 以方便经销商在网上订货 |
| 6 | 信息提供 | 两年内，将在全国与零售商合作建立 20 家体验店 |

### 5.4.2 某厂家的渠道建设目标

某厂家为了进一步提高渠道服务产出水平，保证完成各渠道的销售任务，特制定以下渠道建设目标。

① 市场覆盖目标。未来 3 年，厂家的产品要从现有覆盖的一、二级市场扩展到三、四级市场，从现有覆盖的 10 个省扩展到 18 个省。

② 市场渗透目标。未来 3 年，厂家在一级市场的平均售点从现有的 1000 家增加到 2000 家，二级市场的平均售点从 600 家增加到 1000 家。

③ 经销商发展目标。截至 2022 年年底，经销商数量从现有的 200 家增加到 300 家，二级批发商数量从现有的 2000 家增加到 3000 家，与厂家签订合同的 KA 数量从现有的 300 家增加到 500 家。

④ 渠道发展目标。两年内，除了天猫、京东等网络营销渠道，额外增加拼多多、抖音、小红书等至少 3 条社交电商渠道。

**【渠道经理工具箱】**

关于确定渠道目标的知识，渠道经理要掌握以下 11 大工具。

（1）渠道的 6 大服务产出。

（2）批量拆分的定义。

（3）空间便利的定义。

（4）获取时间的定义。

（5）产品种类的定义。

（6）客户服务的定义。

（7）信息提供的定义。

（8）渠道服务产出水平函数。

（9）渠道任务目标的定义。

（10）渠道建设目标的定义。

（11）安索夫矩阵。

# 第6章　选择渠道成员

## 问题与后果

（1）大部分厂家在开发经销商时，没有明确厂商之间的渠道分工，导致经销商对厂家形成依赖，事事都希望厂家帮它做，"等靠要"成为经销商的常态。

（2）虽然厂家选择经销商的标准很多、很杂，但许多厂家没有一套简单可行的选择标准，导致销售人员在开发经销商时，经销商的素质参差不齐、凑数者多，非常不利于厂家的后续发展。

（3）知彼知己，才能百战不殆。但很少厂家研究经销商选择厂家的标准，厂家失去了自我改变的动机，导致了经销商对厂家的不满。

（4）在空白市场招商前，厂家应该先了解空白市场的信息。然而，每个销售人员了解信息的方法不一样，甚至在根本没有了解空白市场信息的情况下匆匆忙忙招商，导致招商质量很差。

（5）销售人员在没有做充分准备的情况下，慌慌张张与准经销商进行招商谈判，没有资料、没有方案、没有话术，简直在浪费准经销商的时间，无法获得准经销商的认同，无法打动准经销商，导致招不到优质的经销商。

（6）销售人员在收集准经销商信息时，由于没有通过更多的渠道收集更多的准经销商信息，导致一些优秀的准经销商成为漏网之鱼，大大降低了招商质量。

（7）招商谈判，无论是对厂家还是对经销商都是非常重要的事情，所以应该选择恰当的时间和地点。但大多数厂家的销售人员为了方便，经常选择在经销商的办公室，甚至选择在经销商的仓库进行招商谈判，太轻率了。

### 梅明平对渠道经理说

渠道经理完成渠道设计后，就需要选择与渠道设计要求相匹配的渠道成员。这些成员能否承担渠道设计的分销职责？这些成员的忠诚度高不高？这些成员能不能与厂家实现渠道共赢？既要考虑厂家选择经销商的标准，也要考虑经销商如何选择厂家。

渠道经理选择渠道成员，首先要明确招商原则，其次要确定招商路径和招商方法，再次要明确选择经销商的标准，最后要了解经销商选择厂家的标准。

### 案例　固特异拥有全球范围内优秀的经销商网络

对于厂家来说，渠道成员的选择是至关重要的，固特异公司就非常重视挑选渠道成员。固特异选择渠道成员的哲学非常简单、有理，固特异表示：我们只有和赢家在一起才能赢，我们与杰出的经销商结盟，并集中精力帮助其做好生意，而不只是销售我们的轮胎。目前，我们拥有全球范围内非常优秀的经销商网络。

## 6.1　渠道成员职责

为了更好地选择渠道成员，厂家的渠道经理需要进一步了解渠道成员职责，以便招到称职的渠道成员。

渠道成员职责又称营销渠道工作、营销渠道功能、营销渠道中的营销流，无论采用何种称呼，其含义都是指8大渠道流，即实物流、所有权流、促销流、谈判流、财务流、风险流、订单流和支付流。

营销渠道由渠道成员构成，这8大渠道流在各渠道成员之间流动。我们可以消除或替代某个渠道成员，但不能消除8大渠道流的职责。当某个渠道成员从渠道中消失时，比如厂家取消了经销商渠道，直接与零售商合作，此时经销商作为渠道成员就消失了，经销商所承担的渠道职责就需要在渠道中向上或向下转移，即向厂家或零售商转移。

本书用渠道成员职责来代替渠道流的表述，以便人们更好地理解每个渠道成员应承担的职责，因为厂商之间的分工主要是在 8 大渠道流中进行的。

另外，有些渠道研究者认为，网上渠道不包括实物流。如果仅仅从互联网的角度来说，除了电子产品，互联网是无法传递实体产品的。但是，经销商无论是从网络平台上下订单，还是通过电话、短信、微信等工具下订单，厂家都需要将实物产品送到经销商的仓库，所以作者认为，无论是实体营销渠道还是网络营销渠道，其渠道成员都必须承担 8 大渠道流的职责，或者参与到 8 大渠道流中。

## 6.1.1 实物拥有

**➡ 名词解释：实物拥有**
实物拥有就是指物流，即产品的运输、储存过程。

为了拥有实物，渠道成员就需要采购、运输、储存等，所产生的成本主要指存储成本和运输成本。

**案例** 安徽正宇面粉经销商实物拥有成本高

安徽正宇面粉有限公司主销 25 千克面粉，由于厂家的毛利率低，从厂家到经销商的仓库的运输费用由经销商承担，厂家不负责送货。那么，正宇的经销商就需要自己安排运输车辆到厂家采购，然后储存在自己的仓库。经销商既需要承担从厂家到仓库的运输费，也需要承担仓储成本，还需要承担到客户的配送费用。这样，经销商拥有实物的成本就比较高。

在以上案例中，如果安徽正宇面粉有限公司在每个省设立分仓或开设分厂，各省经销商只需要到分仓或分厂采购，就会大大降低经销商的实物拥有成本，但会增加厂家的实物拥有成本。这就关系到厂商之间的分工问题，从而影响到厂商之间的利益分配。

## 6.1.2 所有权

**➡ 名词解释：所有权**
所有权是指渠道成员依法对自己拥有的产品享有的占有、使用、收益和处分的权利，它是最重要的物权形式。

所有权既是交易发生的前提，也是交易追求的结果。所有权所产生的成本主要指存货持有成本。

例如，经常出现这样的情况，厂家为了快速开发经销商，会给经销商一定数量的铺货产品，经销商不需要支付货款。在这种情况下，铺货产品的所有权就是厂家的而不是经销商的，厂家承担了铺货产品的持有成本，同时承担了铺货产品的风险。

更多的情况是，经销商全款支付货款后，厂家才发货。从支付全款开始，经销商就拥有了全款产品的所有权，也承担了产品的持有成本，但产品没有到达经销商的仓库。

### 梅明平对渠道经理说

厂家要及时转移产品的所有权！厂家将产品交给经销商，同时希望实现产品所有权的转移。因为产品所有权的转移就代表产品的资金转移、销售压力的转移和销售风险的转移，而代销、赊销、铺底的产品就不能实现产品所有权的转移。例如，一旦出现经销商的仓库被当地法院封存的现象，厂家就无法追回经销商仓库里未销售出去的产品。因为从法院的角度来讲，这些产品是属于经销商的，除非厂家与经销商签订合作协议时注明这一条："由于采用的是代销模式，经销商仓库库存的产品的所有权为厂家所有。"

## 6.1.3　促销

➡ **名词解释：促销**

促销就是渠道成员为了提高销售额，需要进行广告、人员推销、销售促进和公共关系等形式的说服沟通工作。

促销流从厂家流向中间商被称为渠道促销，直接流向最终用户被称为终端促销。所有的渠道成员都有对客户促销的职责，既可以采用广告、销售促进和公共关系等针对大群体的促销方法，也可以采用人员推销针对个人的促销方法。促销发生的成本主要是指广告、人员推销、销售促进和公共关系成本。

**案例　某计算机经销商在促销方面的投入**

（1）配备懂计算机技术的专业销售人员，客户可以与销售人员交谈，讨论计算机技术需求、系统配置、售后服务等各种问题。

（2）销售人员通常需要接受 6 个星期的基础培训和 6 个月的在职培训，然后是为期 1 年的月培训课程。

（3）新招募的销售人员被分配到小量订单的业务中，拥有更多的实际接触销售的机会。

（4）由于成本太高，销售人员不直接拜访客户，而是通过电话和电子邮件进行业务联系。

（5）经销商比竞争对手拥有更多长期就职的销售人员。

（6）经销商在当地报纸上每个月做一次产品广告宣传。

## 6.1.4　谈判

➡ **名词解释：谈判**

谈判是渠道成员之间为实现产品所有权的转移，就渠道策略、价格、运输、付款及有关交易条件进行协商的活动，谈判发生的成本主要是指谈判时间和谈判相关法律咨询的成本。

**案例**　**某快消品进入超市在谈判方面的投入**

某快消品经销商要进入超市，就供货价格、送货与补货、货款支付、货架大小、陈列位、卖场促销条款等问题与超市进行谈判，以获取超市好的货架位、优惠的折扣、更短的结款周期、更多的促销档期等。

## 6.1.5　财务

➡ **名词解释：财务**

财务是指渠道成员之间伴随所有权的转移所形成的信用条款、销售条款和其他条件。

账务的具体内容，比如账期、铺底资金、预付款、结算期等。

## 6.1.6　风险

➡ **名词解释：风险**

风险是指产品在流通过程中，随着产品所有权的转移，市场风险在渠道成员之间转换和分担。

风险包括产品过时、报废，以及失火、洪水、季节性灾害、经济不景气、竞争加剧、需求萎缩、产品认同率下降及返修率过高等因素造成的风险。风险所承担的成本主要是指价格保证、质量保证、保险和售后服务成本。

**案例**　广州市荣钢钢管有限公司的锁价制度

经销商订货，支付 50%的定金，锁定当天的价格，剩余货款 7 天内结清，货物在 10 天内提完。

（1）7 天内未结清剩余货款者：锁价无效，按市价结算。

（2）"谁订单，谁负责"，一次取消订单者，在合同期内将不再享受"50%定金锁货制度"，将来只能全款锁货。

（3）支付 50%的定金后，取消订单者：定金不再退回，且只能按市价充当货款。

广州市荣钢钢管有限公司的锁价制度主要是针对钢管的市场价格波动频繁，甚至一天之内都有多次波动的情况，导致经销商无法正常进货及担心价格波动的风险。该公司为了降低经销商的进货价格风险，特推出锁价制度，锁价制度推出后，公司承担了价格波动的风险，降低了经销商的风险，很受经销商的欢迎。

## 6.1.7　订货

➜ **名词解释：订货**
订货是指下游渠道成员向上游渠道成员发出订单的过程。

订货的成本主要是指订单处理成本。现在很多厂家开发了网上订货系统，方便经销商 24 小时在网上下单订货。然而，购买网上订货系统就涉及订货成本，往往由厂家承担。

## 6.1.8　支付

➜ **名词解释：支付**
支付是指下游渠道成员向上游渠道成员支付货款，货款的支付涉及支付工具、付款时间、付款地点及支付方式等，交易双方应在合同中对此做出明确的规定。

支付成本主要是指收账成本和坏账成本。

**案例**　年销售额为 100 亿元的厂家将向订货软件的第三方支付平台支付 6000 万元费用

现在厂家和经销商用的订货软件采用的大多是第三方支付，但是这些平台是要收取费用的。例如，某订货软件收取费用的标准为：微信官方支付费率为 0.6%、支付宝官方支付费率为 0.6%、聚合支付费率为 0.32%、共享平台支付费率为 0.6%、京东支付费率为 0.32%。

假设某厂家年销售额为 100 亿元，使用的订货软件采用的是微信、支付宝或共享平台，其支付费率均为 0.6%，那么，该厂家一年就要向支付平台支付 6000 万元的费用。

这就是为什么很多厂家不愿意使用第三方支付平台支付的真正原因，支付费率太高，向支付平台支付的费用吞噬掉的全部是厂商的利润，而通过银行转账支付货款的手续费很低，甚至免费。

## 6.2　厂家选择经销商的标准

厂家选择经销商有很多标准，这里主要介绍 5 个关键标准，包括经营理念、经营实力、市场表现、管理能力和合作意愿。

**案例**　苹果公司对严格选择的中间商进行大量投资

虽然苹果公司在选择中间商时很谨慎、很严格，但一旦被苹果公司选中，苹果公司会对其进行大量的投资，以提升渠道成员的销售能力和服务能力。

苹果公司会派销售咨询员进驻到渠道成员的商店中，为其提供确保店面客户拥有高质量服务体验等方面的经验。不仅如此，苹果公司还会为选定的优质中间商提供各种培训和支持。

### 6.2.1　经营理念

➜　**名词解释：经营理念**

经营理念是管理者追求企业绩效的系统的、根本的指导思想，是客户、竞争者及员工价值观与正确经营行为的确认，以及在此基础上形成的企业优势、发展方向、共同信念和企业追求的经营目标。

管理者的管理活动要有一个根本原则，一切的管理都需要围绕一个根本的核心思想进行。销售人员应选择与厂家经营理念相近的经销商，销售人员想要了解经销商的经营思路，应该先了解经销商赚钱的方向——是"向市场要利润"还是"找厂家要利润"。

### 1．向市场要利润

经销商向市场要利润，是"主动做市场"的经营理念，也是实现厂商统一行动的基础。销售人员了解经销商经营思路最简单的方法就是，了解经销商的过去、现在和未来。

（1）了解经销商的过去。

通过了解经销商的过去，销售人员能够很清楚地知道经销商是一个什么样的人，比如经销商是不是一个能吃苦的人，有没有毅力、眼光和经营方法。

（2）了解经销商的现在。

通过了解经销商的现在，包括经营情况、经营品牌、员工人数、年销售额等，销售人员就能很清楚地知道经销商的经营理念有没有为其创造价值。

（3）了解经销商的未来。

通过了解经销商的未来即远景规划，销售人员可以发现经销商有没有明确的、远大的发展目标，是不是一个有抱负的人，是不是一个目标远大的人。

### 2．找厂家要利润

有些经销商严重依赖厂家，"等靠要"是他们的常态。他们不愿意投资市场，不愿意主动设置网点，而是一味地找厂家要打折、要返利、要授信等。

"向市场要利润"和"找厂家要利润"体现了经销商的两种极端经营理念。厂家在选择渠道成员时，一定要睁大眼睛，选择主动开发市场、"向市场要利润"的经销商。

## 6.2.2　经营实力

➡ **名词解释：经营实力**

经营实力是指经销商的实际力量，包括经销商的经营硬实力和经营软实力。经销商的经营硬实力包括资金规模、员工人数、网点数量、仓储物流配置等看得见、摸得着的物质力量。经销商的经营软实力包括当地口碑、亲和力、感召力等释放出来的无形影响力。

经销商的经营实力并不是越强越好，而是符合实际情况最好。厂家了解经销商的经营实力，最重要的是确定与厂家的产品是否匹配，比如产品线是否互补，销售网络是否相同，有没有资金经营厂家的产品，员工配备是否与厂家的产品一致。下面从经销商的资金实力、产品线、销售人员数量和仓储物流设施 4 个维度进行判断。

## 1. 资金实力

资金实力是厂家选择经销商的首要条件。厂家应选择资金雄厚、财务状况良好的经销商，因为这样的经销商能够保证及时回款，还可以在财务上向厂家提供一些帮助，比如分担一些销售费用、提供部分应付款、向下线客户提供赊销等，从而有助于厂家扩大产品销路。

**案例** 经销商以年度销售额的 10%为保证金助力娃哈哈快速发展

1994 年年初，在全国经销商大会上，娃哈哈提出了保证金制度，要求所有经销商必须将年度销售额的 10%作为保证金一次性打入娃哈哈账户，在经营过程中进货一次结算一次。娃哈哈给出了相应的回报，承诺给予更多的优惠，并按高于同期银行的利率对经销商的保证金支付利息。

根据交易成本理论，一家企业要与其他企业保持持续的交换关系，获取更高的渠道效率，则必须投入一定的交易专有资产。从上述案例中可以看出，娃哈哈经销商交纳的保证金，其实就是经销商投入的交易专有资产。娃哈哈保证金制度的运行，减少了经销商的投机行为，加强了娃哈哈对经销商的控制，从而确保了娃哈哈的快速发展。

可以想象，如果娃哈哈的经销商没有资金实力，就不能提前支付年度销售额 10%的保证金，或者更依赖娃哈哈给予其铺底赊销，与没有资金实力的经销商合作，娃哈哈怎么能够快速发展呢？

## 2. 产品线

产品线是否匹配是厂家选择经销商的一个重要因素。产品线越匹配，厂商越容易合作，同时说明经销商的实力越雄厚。厂家要从以下两个方面考虑经销商现有的产品线。

（1）竞争产品。

如果厂家的产品线与经销商正在经营的竞争对手的产品线相同，则要慎重考虑、区别对待。如果厂家的品牌知名度或者经营毛利率高于竞争对手，则可以考虑与竞品的经销商合作；如果厂家的品牌知名度或者经营毛利率低于竞争对手，则不能与竞品的经销商合作。

（2）互补性产品。

互补是指补足或补充，即互相补充。互补性产品是指两种不同产品能够互相补足或补充。厂家可以选择与价格互补性经销商合作，如高价格与低价格互补；

也可以选择与品牌知名度互补性经销商合作，如高知名度与低知名度互补；还可以选择与产地互补性经销商合作，如国产品牌与进口品牌互补。

### 3．销售人员数量

经销商的经营规模与经销商的团队人数有直接关系，尤其是销售人员的数量。销售人员越多，经销商的销售额就越大，实力就越雄厚。例如，经营米、面、油的经销商，一般情况下，一位销售人员一年平均可以完成 400 万～600 万元的销售额，如果经销商一年要完成 4 亿～6 亿元的销售额，就需要 100 位销售人员。其他行业经销商的销售规模也一样，与销售人员的数量挂钩，唯一的差别就是平均每位销售人员完成的销售额不一样。

如果一家生产米、面、油的厂家要在一个区域选择经销商，只需要简单核算一下经销商的年度销售任务，就可以知道经销商需要配置多少位销售人员了。如果该经销商的年度销售任务为 4000 万元，则经销商需要配置 7～10 位销售人员才能满足要求。

### 4．仓储物流设施

仓储设施是指仓库面积、叉车、托盘、货架、三防设施等。物流设施包括大大小小的各种运输工具，如三轮车、面包车、卡车等。仓库面积越大，运输车辆越多，说明经销商的实力越雄厚。

## 6.2.3　市场表现

➡ **名词解释：市场表现**

经销商的市场表现主要体现在两个方面：一方面是经销商为厂家提供的服务，另一方面是经销商为客户提供的服务。

### 1．经销商服务厂家的质量

经销商为厂家提供的服务包括市场覆盖、销售接触、管理库存、订单处理、信息收集和客户支持。经销商服务厂家的内容明细如表 6-1 所示。

表 6-1　经销商服务厂家的内容明细

| 编号 | 服务内容 | 服务描述 |
|---|---|---|
| 1 | 市场覆盖 | 产品市场由遍布各地的客户构成，厂家必须依赖经销商占有较广的市场覆盖面 |
| 2 | 销售接触 | 让经销商去满足分布广泛的客户需求，厂家可大幅度降低外部销售接触成本 |

续表

| 编号 | 服务内容 | 服务描述 |
| --- | --- | --- |
| 3 | 管理库存 | 通过经销商仓储，厂家可大大降低财务负担，降低拥有大量库存的风险 |
| 4 | 订单处理 | 由经销商处理大量客户的小额订单，可降低厂家订单处理费用、提高效率 |
| 5 | 信息收集 | 经销商将客户对产品和服务需求的信息传递给厂家，可降低厂家的市场调研成本 |
| 6 | 客户支持 | 经销商向客户提供退换货、维修、安装和技术服务，可降低厂家的服务成本 |

**2．经销商服务客户的质量**

经销商为客户提供的服务包括产品可获得性、客户服务、信用支持、集采、分货和销售建议。经销商服务客户的内容明细如表 6-2 所示。

表 6-2　经销商服务客户的内容明细

| 编号 | 服务内容 | 服务描述 |
| --- | --- | --- |
| 1 | 产品可获得性 | 由于经销商接近零售商，可以满足零售商的及时获得性 |
| 2 | 客户服务 | 通过提供配送、维修和保修服务，可为客户节省大量精力和费用 |
| 3 | 信用支持 | 为客户提供赊销服务 |
| 4 | 集采 | 经销商从许多厂家采购产品汇聚起来分类管理，可方便客户集中订货 |
| 5 | 分货 | 很多客户不需要大量产品，经销商可满足客户并不经济的小额订单需求 |
| 6 | 销售建议 | 经销商通过训练有素的销售人员可向客户提供技术支持和销售建议 |

经销商为厂家提供的服务质量及经销商为客户提供的服务质量越高，说明经销商的经营实力越雄厚，反之说明经销商的实力比较弱。

## 6.2.4　管理能力

➡ **名词解释：管理能力**

管理能力也称组织管理能力，是指管理者为了有效地实现目标，灵活地运用各种方法把各种力量合理地组织和有效地协调起来的能力，包括协调关系的能力和善于用人的能力等。

经销商的管理能力，即管理人、财、物的能力，是厂家销量持续提升的保证，具体表现为经销商所使用的管理方法和管理工具是否先进，仓储物流管理、资金管理和人员管理是否有效率。

### 1．仓储物流管理

仓储物流管理包括仓库管理规划、配送线路规划、客户信息、产品信息、业绩统计等内容。厂家还可以从以下几个方面进一步了解经销商的仓储物流管理情况：有没有库管员？有没有仓库管理制度？有没有出入库管理手续？有没有库存周报表、报损表？有没有断货、破损、丢货现象？

### 2．资金管理

资金管理主要包括运营资本、运营利润和财务报表，厂家具体可以从以下几个方面进一步了解：有没有财务管理制度？有没有专职会计、出纳？有没有做现金账？有没有销售报表？是否执行收支两条线？

### 3．人员管理

人员管理包括人员的选用育留。厂家要进一步了解经销商的人员管理情况，主要了解以下几个方面：有多少销售人员？销售人员中亲戚所占比例是多少？有没有员工管理制度？销售人员是否服从管理？有没有清晰的岗位职责？销售人员工作状态如何？

## 6.2.5　合作意愿

➡ **名词解释：合作意愿**

意就是心意、心的方向，愿就是愿望、动力。意愿就是想要达到某个特定的目标，然后用尽自己的能力去达成那个目标。合作意愿是指合作双方均有或只是其中一方用尽自己的能力想要与对方合作的打算。

合作意愿是双方合作的先决条件，即使双方条件都很合适，但重要的是双方都要有合作的意愿。在经销商表示"一定要合作"与"无所谓合不合作"之间有很大差别。经销商的合作意愿表现在以下 3 个方面。

### 1．看重产品

经销商看重产品才能对产品充满期待和信心，也是产品拥有良好市场表现的前提条件。销售人员可以通过直接询问来了解经销商是否对产品有认同感。例如，销售人员询问经销商如何看待产品的市场潜力？预估该产品会有多少销量？

### 2．充满热情

非常希望与厂家合作的经销商会表现出极大的热情，包括会仔细地了解厂家的情况、其他区域经销商的销售情况，也会热情地接待销售人员，并直接表达希望尽快与厂家合作的意愿等。

### 3．非我莫属

除了上面所说的看重产品和充满热情，有强烈合作意愿的经销商对于经销权还会表达出一种非我莫属的决心和勇气。一旦出现竞争对手与之竞争经销权，经销商就会全力以赴，不达目的决不罢休。

### 案例　选择未来渠道成员的主要问题

为了制定一套详细的选择经销商的标准，布伦德尔设计了一份工业公司选择未来渠道成员的 20 个主要问题清单，其中大部分问题对于消费品公司也适用。布伦德尔的选择标准已成为营销渠道中的重要标准，这 20 个问题如下所述。

（1）经销商真正需要我们的产品吗？或者他们对该产品的需求仅仅因为当前缺货？

（2）他们的完善程度如何？

（3）在消费者心中，他们的声誉如何？

（4）在厂家心中，他们的声誉如何？

（5）他们是积极进取的吗？

（6）他们经营哪些其他联营产品？

（7）他们的财务状态如何？

（8）他们有能力票据贴现吗？

（9）他们的工厂（设备）规模如何？

（10）他们能保持合适的库存以保证服务质量吗？

（11）他们将产品出售给哪些重要程度的客户？

（12）他们不会向哪些人出售产品？

（13）他们能够维持稳定的价格吗？

（14）他们能够通过过去 3 年的销售数据考核吗？

（15）他们能将产品推广到哪些地方？

（16）他们的销售人员受过培训吗？

（17）他们拥有多少销售人员？

（18）他们拥有多少内部员工？

（19）他们相信积极合作、销售、培训和促销吗？

（20）他们开展这些活动需要哪些设备？

## 6.3　经销商选择厂家的标准

### 梅明平对渠道经理说

在选择渠道成员时，渠道经理往往只考虑了厂家选择经销商的标准，而忽视了经销商选择厂家的标准，只有"知彼知己，才能百战不殆"。经销商主要从产品线、广告促销、管理支持和厂商关系 4 个方面选择厂家。

### 6.3.1　产品线

大牌靠名，小牌靠利。厂家能吸引经销商的关键是，拥有一条销售和利润兼具的好产品线。如果厂家的产品好，厂家则无须提供多少其他条件就能赢得经销商的心，很明显名牌产品具有更大的优势。对于知名度低的产品，厂家需要让渠道成员明白将会获得更大的利益，做到这一点也能吸引经销商。

### 6.3.2　广告促销

大牌靠广告，小牌靠促销。消费品市场上强有力的全国性广告计划，产业市场上强有力的文字广告，可以获得未来渠道成员对产品线销售潜力的信任，因为广告可以吸引消费者购买，产生强大的渠道拉力。

进货折扣、区域合作广告、产品陈列、产品展厅、消费者促销等可以作为使未来渠道成员进入渠道的有效诱因，因为促销可以产生渠道推力。

### 6.3.3　管理支持

大牌动嘴，小牌动手。厂家提供管理支持对于渠道成员做好管理工作很有吸引力。管理支持包括培训计划、财务分析和计划、市场分析、存货控制程序、促销方法及其他一些方面。对于知名度高的品牌，厂家可以为渠道成员提供管理支持的培训课程；而对于知名度低的小品牌，厂家需要亲自参与到经销商具体的管理支持项目中，如安排驻地销售人员帮助经销商开发客户、推销产品等。

### 6.3.4 厂商关系

营销渠道关系不仅是一种业务关系，还是一种人际关系，即建立一条不仅仅是以金钱关系为基础的营销渠道。研究表明，良好的人际关系、真诚的合作都是形成有竞争力的产品、价格，以及在支持计划过程中所不能取代的因素。

## 6.4 招商4部曲

选择渠道成员是实现厂商共赢战略最重要的工作，不仅对厂家重要，对经销商同样重要。厂家选对了经销商，经销商都很优秀，厂家发展也非常迅速。经销商选对了厂家，经销商就能赚得盆满钵满。比如格力郑州经销商郭书战，1999年加入格力，2012年年销售额就达到100亿元，占格力当年销售额1000亿元的10%，如果按1%的利润来算，郭书战仅2012年就赚了1亿元。

一个科学的、完整的、高效的招商动作包括4部曲，即收集空白市场信息，准备招商谈判资料，确定谈判对象、时间和地点，商务洽谈与合同签订。

厂家选择渠道成员需要分区域进行，不同区域的渠道成员选择标准可以略有差别，所以招商4部曲也按照不同区域进行。

### 6.4.1 收集空白市场信息

《孙子兵法·谋攻篇》中说：知彼知己，百战不殆；不知彼而知己，一胜一负；不知彼不知己，每战必殆。

没有调查就没有发言权。销售人员到了一个陌生的区域市场，在没有充分了解市场信息的情况下，就匆匆忙忙与经销商沟通谈判，不是招不到商，就是招不到"好商"。因此，围绕着区域市场招商、开发区域经销商等内容，销售人员先要摸清市场情况、收集市场信息，以便匹配适合厂家在该区域市场的经销商人选，并制订适合市场特征的区域市场运作方案。

#### 1. 产品信息

产品是根本！销售人员要确定在不同渠道应主打哪些产品，明确当地不同渠道畅销的产品是什么。销售人员可以从厂家品牌和竞争品牌的前3名产品中了解，这样就可以确定进入空白市场不同渠道的拳头产品。销售人员还要了解不同渠道的品牌、包装形式、规格等。

## 2．价格信息

价格是灵魂！销售人员要确定不同渠道的终端价格，以及经销商和零售商的毛利空间，要明确当地消费者喜欢什么价位的产品，经销商和零售商希望拥有多大的毛利空间。销售人员可以从厂家品牌和竞争品牌的前 3 名产品的价位中了解，这样就可以确定进入空白市场的拳头产品的零售价格，以及经销商和零售商的毛利空间。

## 3．渠道信息

渠道是搬运工！销售人员要确定应该选择几个经销商、在哪些渠道销售、给经销商配置多少名业务代表，先要明确当地哪些零售商、哪些渠道有自然销售，为向新经销商铺货做准备。还要了解当地竞争对手品牌的经销商情况，包括选择了几个经销商，经销商分了哪几条渠道，每条渠道的经销商配置了多少名业务代表。

## 4．促销信息

促销是调味品！销售人员要确定进入市场后，在不同的渠道应开展什么促销活动最有效。有两种促销，一种是针对经销商和零售商的促销，另一种是针对消费者的促销。例如，竞争对手品牌针对其经销商的长期促销是买 30 箱送 1 箱方便面，针对零售商的促销是买 1 箱送 1 袋方便面，针对消费者的促销是买 1 箱送 1 个玻璃碗。

❖ **工具**：空白市场信息收集表

为了方便厂家的销售人员快速地、高效地收集空白市场信息，作者制作了空白的市场信息收集明细示例供销售人员参考使用，如表 6-3 所示。

表 6-3　空白的市场信息收集明细示例

| 4P 要素 | 品牌 | 空白市场信息 |
| --- | --- | --- |
| 产品 | 我方品牌 | 我方在当地有哪些产品自然销售 |
|  |  | 我方在当地自然销售前 3 名的产品是什么 |
|  | 竞争品牌 | 竞方在当地有哪些产品销售 |
|  |  | 竞方在当地自然销售前 3 名的产品是什么 |
| 价格 | 我方品牌 | 我方在每条渠道的终端价格是多少 |
|  |  | 我方在每条渠道的毛利率各是多少 |
|  | 竞争品牌 | 竞方在每条渠道的终端价格是多少 |
|  |  | 竞方在每条渠道的毛利率各是多少 |

续表

| 4P 要素 | 品牌 | 空白市场信息 |
|---|---|---|
| 渠道 | 我方品牌 | 哪家客户从外地购进我方产品进行销售 |
| | | 我方在当地哪些渠道有自然销售 |
| | 竞争品牌 | 竞方在当地有没有经销商 |
| | | 竞方在当地哪些渠道有自然销售 |
| | | 竞方在当地配置了多少名业务代表 |
| 促销 | 我方品牌 | 我方产品在当地有什么促销活动 |
| | 竞争品牌 | 竞方产品在当地有什么促销活动 |
| | | 竞方产品在当地推广的形式有哪些 |

### 6.4.2 准备招商谈判资料

《孙子兵法·始计篇》中说：夫未战而庙算胜者，得算多也；未战而庙算不胜者，得算少也；多算胜少算，而况于无算乎？

不打无准备之仗。在很多情况下，厂家销售人员匆匆忙忙来到一个陌生市场，急着招商，其效果不佳，还费时费力。销售人员做好谈判前的准备工作，可以极大地提高招商谈判效率。销售人员需要准备的资料包括厂家资料、合作方案、异议解答、准客户信息、经销合同等。

#### 1．厂家资料

厂家资料主要是在进行合作谈判时，展示给准经销商的资料。厂家资料一般包括厂家介绍、产品体系、销售渠道、销售支持、合作模式和厂家文化。

#### 2．合作方案

（1）当地市场运作规划。

当地市场运作规划主要是厂家的销售人员根据空白市场调研的结论进行的市场规划：如果空白市场有我方自然销售的产品，则既可以参考我方产品，也可以参考竞争对手的产品规划空白市场；如果空白市场没有我方自然销售的产品，则只能参考竞争对手的产品规划空白市场。

❖ **工具：当地市场运作方案规划表**

当地市场运作方案规划表如表 6-4 所示。

表 6-4 当地市场运作方案规划表

| 编号 | 调研结论 | 运作规划 |
| --- | --- | --- |
| 1 | 我方或竞方在当地有哪些产品自然销售 | 首批进货选择这些产品 |
| 2 | 我方或竞方在当地自然销售前 3 名的产品是什么 | 把前 3 名的产品作为最先铺市的产品 |
| 3 | 我方或竞方在每条渠道的终端价格是多少 | 每个产品经销商、零售商、消费者的价格 |
| 4 | 我方或竞方在每条渠道的毛利率各是多少 | 经销商、零售商的毛利率 |
| 5 | 哪家客户从外地购进我方产品销售 | 确定为优先铺货的零售商名单 |
| 6 | 我方产品在当地哪些渠道有自然销售 | 这条渠道一直有自然销售，未来可期 |
| 7 | 我方或竞方产品在当地有什么促销活动 | 制定经销商、零售商、消费者促销策略 |

❖ **工具：某 SKU 渠道成员价格体系表**

某 SKU 渠道成员价格体系表如表 6-5 所示。

表 6-5 某 SKU 渠道成员价格体系表

| 渠道 | 价格 | | | | | |
| --- | --- | --- | --- | --- | --- | --- |
| | 经销商 | | | 零售商 | | |
| | 进货价 | 批发价 | 毛利率 | 进货价 | 零售价 | 毛利率 |
| 现代渠道 | | | | | | |
| 传统渠道 | | | | | | |
| 批发渠道 | | | | | | |
| 特通渠道 | | | | | | |
| 网上渠道 | | | | | | |

（2）首批产品铺市方案。

与经销商合作后，先要开展的工作就是首批产品铺市。因此，厂家的销售人员要做好产品铺市的准备工作，制订首批产品铺市方案，以便与准经销商合作谈判时，给准经销商信心。

首批产品铺市方案包括 4 项内容，即渠道及客户分类、产品铺市规划、员工铺市奖励计划和零售商进货奖励计划。

**案例** 某饮料经销商的渠道及客户分类

某饮料经销商的渠道及客户分类如表6-6所示。

表6-6 某饮料经销商的渠道及客户分类

| 编号 | 渠道 | 编号 | 描述 | 编号 | 描述 |
|---|---|---|---|---|---|
| 壹 | 现代渠道 | 一 | 特大卖场 | 1 | 特大卖场 |
| | | 二 | 超级市场 | 2 | 大型独立超市 |
| | | | | 3 | 小型独立超市 |
| | | | | 4 | 连锁超级市场 |
| | | 三 | 便利店 | 5 | 连锁便利店 |
| | | | | 6 | 独立便利店 |
| 贰 | 传统渠道 | 四 | 加油站 | 7 | 加油站、高速服务站 |
| | | 五 | 食品店 | 8 | 面包店、蛋糕店 |
| | | | | 9 | 其他食品店、冰摊 |
| | | 六 | 传统杂货店 | 10 | 大传统杂货店 |
| | | | | 11 | 小传统杂货店 |
| | | 七 | 一般商店 | 12 | 一般小型商店 |
| | | | | 13 | 一般商店、百货公司 |
| | | 八 | 烟酒店 | 14 | 烟酒店 |
| | | 九 | 流通 | 15 | 批发市场 |
| 叁 | 餐饮渠道 | 十 | 饮用 | 16 | 酒吧 |
| | | | | 17 | 茶室、咖啡室 |
| | | 十一 | 快餐店 | 18 | 中式快餐店 |
| | | | | 19 | 非中式快餐店 |
| | | 十二 | 餐馆 | 20 | 餐厅 |
| | | | | 21 | 夜店 |
| 肆 | 网上渠道 | 十三 | 新零售渠道 | 22 | 抖音、快手等直播平台 |
| | | | | 23 | 社区团购渠道 |
| | | | | 24 | 小红书等社交网上渠道 |
| | | | | 25 | 京东等网上渠道 |

续表

| 编号 | 渠道 | 编号 | 描述 | 编号 | 描述 |
|---|---|---|---|---|---|
| 伍 | 娱乐渠道 | 十四 | 旅游、休闲 | 26 | 公园、寺庙、休闲、旅游景点 |
| | | 十五 | 电影院 | 27 | 电影院 |
| | | 十六 | 运动场所 | 28 | 运动场所、健身房 |
| | | 十七 | 娱乐 | 29 | 游泳馆、浴室、按摩 |
| | | | | 30 | 游戏机、麻将馆、休闲会所 |
| | | 十八 | 网吧 | 31 | 网吧 |
| 陆 | 交通渠道 | 十九 | 住宿 | 32 | 酒店、宾馆、度假村 |
| | | | | 33 | 小旅馆、招待所 |
| | | 二十 | 运输 | 34 | 运输供应者（高铁、飞机、轮船） |
| | | | | 35 | 运输地点（航站楼、车站、码头） |
| 柒 | 学校渠道 | 二十一 | 小学、中学 | 36 | 小学 |
| | | | | 37 | 中学 |
| | | 二十二 | 学院、大学 | 38 | 大学饭堂、餐馆 |
| | | | | 39 | 大学超市 |
| | | | | 40 | 大学宿舍 |
| | | | | 41 | 大学传统食杂店、小卖亭 |
| 捌 | 特通渠道 | 二十三 | 工作场所 | 42 | 工地、工厂、公用 |
| | | | | 43 | 军事、部队 |
| | | | | 44 | 商业办公室、专业事务所 |
| | | | | 45 | 美容院、医院 |

## 案例　某食品经销商的铺市规划

第一步：确定经销商铺市目标客户。

（1）5 月：每个业务员找准销量排行前 20%的客户目标，达到 20%的铺市率。

（2）6 月：每个业务员找准销量排行前 30%的客户目标，达到 50%的铺市率。

（3）7 月：每个业务员找准销量排行前 50%的客户目标，达到 100%的铺市率。

第二步：文员制作业务员铺市日报表（见表6-7）。

表6-7 业务员铺市日报表

| 渠道 | 业务员 | 25日 | | | 26日 | | | …… |
| --- | --- | --- | --- | --- | --- | --- | --- | --- |
| | | 计划铺市（家） | 实际铺市（家） | 完成率（%） | 计划铺市 | 实际铺市 | 完成率 | |
| 传统渠道 | 陈×× | 10 | 12 | 120 | | | | |
| | 李×× | 20 | 18 | 90 | | | | |
| | 王×× | 15 | 12 | 80 | | | | |
| | 王×× | 22 | 25 | 113.6 | | | | |
| | 马×× | 16 | 20 | 125 | | | | |
| | 黄×× | 8 | 10 | 125 | | | | |
| 合计 | | 91 | 97 | 106.6 | | | | |

第三步：老板、操盘手监督。

（1）文员每天将铺市日报表发到公司群。

（2）老板、操盘手及时监督铺市情况。

（3）督促业务员充分利用厂家的铺市支持制度提升销量。

第四步：客户活跃度分析及对策。

（1）铺市率：2000家客户，前两个月铺市1000家，铺市率达到50%。

（2）活跃度：铺市的1000家中有80家没有活跃度，需要换货，活跃度为92%。

（3）对策：没有活跃度的零售商对策。

① 更换我方的其他产品。

② 更换经销商的其他畅销品。

**案例** 某经销商产品铺市奖励计划

某经销商计划每箱拿出2元奖励铺市人员，铺市前3个月内有效。根据奖励权重得出每个铺市人员奖励的金额。铺市人员完不成任务要受到处罚，处罚只能针对经销商的员工，不能处罚零售商及其营业员。某经销商产品铺市奖惩明细如表6-8所示。

表6-8　某经销商产品铺市奖惩明细

| 渠道 | 奖惩 | 经销商员工 | | 零售商员工 | | 合计 |
|------|------|------|------|------|------|------|
| | | 操盘手 | 业务员 | 店老板 | 营业员 | |
| 传统渠道店 | 奖励权重（%） | 5 | 15 | 30 | 50 | 100 |
| | 奖励（元/箱） | 0.1 | 0.3 | 0.6 | 1.0 | 2 |
| | 处罚（元/箱） | 0.2 | 0.6 | — | — | 0.8 |

■ **案例**　零售商进货奖励方案

针对铺市产品，经销商制订了零售商进货奖励计划，奖励给零售商的产品是经销商目前代理的且是当地的硬通货。零售商的进货数量，根据大、中、小传统零售商平时的进货量确定。零售商一次性进货越多，奖励比重越高；第二次复购继续奖励，而且比首次购货奖励要多一点，以吸引零售商尽快销售，使销售进入良性循环。零售商进货奖励方案如表6-9所示。

表6-9　零售商进货奖励方案

| 激励对象 | 首次进货 | | 第二次复购 | |
|------|------|------|------|------|
| | 进货数量（箱） | 奖励硬通货 | 第二次复购（箱） | 奖励硬通货 |
| 传统渠道零售商 | 2 | 4瓶300ml可口可乐 | 2 | 5瓶300ml可口可乐 |
| | 4 | 10瓶300ml可口可乐 | 4 | 12瓶300ml可口可乐 |
| | 6 | 18瓶300ml可口可乐 | 6 | 24瓶300ml可口可乐 |

### 3. 异议解答

（1）价格太高了。

价格高，但卖得好！目前，很多地方包括网上都卖断货。如果价格低的话，单件产品利润空间变小，经销商就赚得少。

（2）毛利率太低了。

毛利率不等于利润！赚钱主要看销售业绩：业绩高，再低的毛利率也能赚钱；业绩低，再高的毛利率也赚不到钱。

（3）厂家支持太少了。

品牌知名度高，可以减轻经销商大量的市场推广工作，这就是最大的支持；品牌知名度低，经销商与厂家签约后，厂家会提供很多支持。

（4）产品不好卖。

产品现在每年以×%的速度增长，而且很多地方断货。

（5）窜货多。

厂家有严格的窜货管理制度，最高的处罚是终止合作，而且到目前为止，很少经销商投诉窜货。

（6）没有铺底支持。

铺底货款最终也是需要支付的，有没有铺底不重要，重要的是产品好不好卖。

（7）市场价格乱。

厂家市场价格一直很稳定，窜货管理也很严格。

（8）经常涨价。

厂家会以通知形式调整相关产品的价格，保证经销商第一时间收到价格调整信息，会对所有经销商一视同仁。

### 4．准客户信息

准客户信息收集的范围直接影响招商的质量。销售人员要很好地完成招商工作，需要全方位、多角度地收集准客户信息，表 6-10 所示为消费品厂家准客户信息收集渠道汇总。

表 6-10　消费品厂家准客户信息收集渠道汇总

| 编号 | 渠道名称 | 信息准确性 | 渠道说明 | 收集方法 |
|---|---|---|---|---|
| 1 | 终端渠道 | ☆☆☆☆☆ | 拜访便利店、超市、批发市场等销售渠道 | 询问竞品或关联产品供应商的信息 |
| 2 | 区域展会 | ☆ | 以区域（省城、地级市）为单位参加行业展会等 | 在展区与经销商交换名片，还可以设展会收集名片 |
| 3 | 行业协会 | ☆ | 拜访行业协会、行业商会等半官方机构 | 与协会、商会沟通，希望其提供经销商信息 |
| 4 | 手机淘宝 | ☆☆☆ | 搜索竞品或关联产品的关键词，并筛选发货地为需要开发的空白区域，联系淘宝店铺客服人员 | 与本地淘宝店店主联系，了解进货渠道 |
| 5 | App 查询 | ☆☆☆ | 在启信宝、天眼查、企查查、红盾、爱企查、企查猫等搜索关键词"区域、商贸企业/批发部/经营部"查询 | 下载 App，收集空白区域商贸企业名单和负责人信息 |

续表

| 编号 | 渠道名称 | 信息准确性 | 渠道说明 | 收集方法 |
|---|---|---|---|---|
| 6 | 宣传广告 | ☆☆☆☆ | 观察批发市场的路牌广告、墙体广告、车身广告，留意经销商的联系电话 | 收集经销商宣传广告上的信息 |
| 7 | 当地黄页 | ☆ | 购买每个城市的企业电话号码簿，查找商贸企业信息 | 从电话号码簿上收集信息 |
| 8 | 新零售渠道 | ☆☆ | 加入快手、抖音、小红书、社区团购、自媒体、哗网等新零售渠道 | 从这些新零售渠道寻找准客户信息 |
| 9 | 高德地图 | ☆☆☆☆☆ | 搜索"经销商、代理商、批发、商贸公司"等关键词 | 查找商贸公司名称，通过公司网站查询联系方式 |
| 10 | 春糖会 | ☆☆☆ | 春季全国糖酒商品交易会，每年在成都召开 | 公司布展收集名片，安排员工参展，并与经销商交换名片 |
| 11 | 秋糖会 | ☆ | 秋季全国糖酒商品交易会，每年在成都以外省城召开 | 公司布展收集名片，安排员工参展，并与经销商交换名片 |
| 12 | 老经销商推荐 | ☆☆☆☆ | 在公司层面制定老经销商推荐新经销商激励措施，快速开发经销商 | 由公司统一收集跨区老经销商推荐的信息 |
| 13 | 批发市场 | ☆☆☆☆☆ | 走访本区域的行业批发市场 | 通过批发市场商户收集手机号码、交换名片 |
| 14 | 行业招商网 | ☆☆☆ | 申请成为行业招商网的会员，购买经销商信息 | 从招商网上收集经销商信息 |
| 15 | 百度 | ☆☆☆ | 搜索"地区、经销商、代理商、批发、商贸公司"等关键词 | 查找本地商贸公司名称，通过公司网站查询联系方式 |

**5. 经销合同**

准备一份厂家的纸质版空白合同，方便向经销商逐条介绍合同的内容，并可随时随地与经销商签订纸质版的经销合同，也可以签订电子版的合同。

厂家可以通过电子签约平台，如"上上签"完成合同及其附件等文件的签署、变更、解除及终止等程序。

117

**案例** 某公司的经销合同附件

附件1：经销商资质文件（授权委托书）

附件2：经销商资质要求

附件3：经销授权书

附件4：销售目标

附件5：经销商提供仓库

附件6：经销商终端网点管理要求

附件7：经销商仓储及物流质量要求

附件8：进、销、存管理责任

附件9：货龄管理责任

附件10：经销商奖惩公约

附件11：窜货行为公约

附件12：廉洁协议

## 6.4.3 确定谈判对象、时间和地点

在招商谈判过程中，销售人员一般是，谁愿意合作就和谁谈，谁看着顺眼就和谁谈，根本不了解市场，也不了解经销商的实际情况，更不了解谁更适合厂家的需求，所以招商质量不理想。很多销售人员在招商谈判时，往往选择在经销商办公室进行谈判，出现谈判期间经常被打扰的情况，导致谈判双方心烦意乱，难以静下心来好好沟通。为了选择合适的渠道成员，销售人员需要从科学的角度出发，在充分了解经销商经营状况的基础上，选择适合的谈判对象、时间和地点进行洽谈。

### 1. 选择测评对象和测评数量

（1）选择测评对象。

测评对象的选择至关重要，涉及销售人员能否选到合适的经销商。一般情况下，销售人员需要从现有区域市场每条渠道的竞品和关联产品的经销商中进行选择。例如，在区域市场，给超市供货的竞品和关联产品的经销商是谁？给特殊渠道供货的竞品和关联产品的经销商是谁？给二级批发商供货的竞品和关联产品的经销商是谁？这些向不同渠道供货的经销商就是销售人员的测评对象。

（2）选择测评数量。

测评的经销商数量也需要确定。针对每条销售渠道，销售人员一般选择 3 ~ 6 个测评对象就可以了。如果一个经销商做多条销售渠道，则只需要测评一次。

## 2. 测评 5 句话

厂家的销售人员对当地的经销商进行测评，方法很多，问题也很多，每位销售人员的产品内容都不一样。为了提高产品效率，简化产品过程，作者制定了测评问题清单及每个问题的评分标准，如表 6-11 和表 6-12 所示。

表 6-11　测评问题清单

| 5 句话 | 测评维度 | 具体问题 |
|---|---|---|
| 第一句 | 经营理念 | ×总，如果我们合作，您希望获得什么支持 |
| 第二句 | 经营实力 | ×总，您目前直接签约的有哪些品牌 |
| 第三句 | 市场表现 | ×总，您目前有多少家客户或终端网点 |
| 第四句 | 管理能力 | ×总，您目前用了哪些管理方法和管理软件 |
| 第五句 | 合作意愿 | ×总，如果有人跟您竞争经销权，您准备如何应对 |

销售人员在询问测评经销商 5 句话后，要认真倾听经销商的回答，根据经销商回答的内容抓住关键词，并按照以下标准逐项进行评分。

表 6-12　测评目的及评分标准

| 测评维度 | 测评目的 | 回答 | 评分（分） |
|---|---|---|---|
| 经营理念 | 是"等靠要"，还是"主动做市场"的经营理念，这是实现厂商统一行动的基础 | 希望获得更多的费用支持，如打折、返利、授信等，属于"等靠要"型经销商 | 1 ~ 6 |
| | | 希望获得更多的终端支持，如安排业务员铺货、进场费、陈列费支持等，属于"主动做市场"型经销商 | 14 ~ 20 |
| | | 希望给予费用支持和终端支持，介于两者之间 | 7 ~ 13 |
| 经营实力 | 通过现有合作品牌知名度可以判断经销商的资质，如资金、人员、车辆、仓库面积等 | 目前没有与一家大品牌直接签约，说明这家经销商的市场表现一般 | 1 ~ 6 |
| | | 目前直接签约的大品牌有一个或一个以上，属于市场表现好的经销商 | 14 ~ 20 |
| | | 目前与二、三线品牌合作，或者与区域品牌有直接签约，说明是介于两者之间的经销商 | 7 ~ 13 |

续表

| 测评维度 | 测评目的 | 回答 | 评分（分） |
|---|---|---|---|
| 市场表现 | 市场表现具体为铺市率、客情关系、产品陈列、销售额、促销能力等 | 回答不出具体网点数量，或者具体网点数量低于30%，属于市场表现不好的经销商 | 1~6 |
| | | 如果铺市网点数量超过本区域市场70%以上，属于市场表现好的经销商 | 14~20 |
| | | 不知道铺市率，也不知道有多少个零售网点，也没有业务员或只有一两个业务员，以批发为主 | 7~13 |
| 管理能力 | 判断经销商管理人、财、物的能力，具体表现为管理方法和管理工具是否先进，也说明经销商是否有强烈的意愿做强、做大 | 说不出用什么新的管理方法，软件也只用了"管家婆"，属于管理能力弱的经销商 | 1~6 |
| | | 用了阿米巴、合伙人、股份制、增值分红等其中一个或一个以上管理方法，管理软件用了订货、外勤、财税、车辆等3个以上，属于管理能力强的经销商 | 14~20 |
| | | 管理软件用了一两个，管理方法在摸索中，经常外出自费学习，属于有管理潜能的经销商 | 7~13 |
| 合作意愿 | 合作意愿是双方合作的先决条件，在"一定要合作"与"无所谓合不合作"之间有很大差别 | 对于是否能够合作采取无所谓的态度，或者厂家的支持多就合作、支持少就不合作，属于合作意愿低的经销商 | 1~6 |
| | | 有决心一定要打败对手取得经销权，属于合作意愿强的经销商 | 14~20 |
| | | 有合作的决心，但不强烈，手中也有一两个大品牌，希望尽量合作，是介于两者之间的经销商 | 7~13 |

### 3．测评一张表

销售人员在对每个经销商测评时，每问完一个问题就要在表格上打分，最后得出一个总分，这就是该经销商的测评得分。通过同样的方法，对所有测评的经销商一一打分，并记录在表6-13中。

表6-13  经销商测评得分                                        单位：分

| 测评对象 | 测评5句话 | | | | | 总分 |
|---|---|---|---|---|---|---|
| | 经营理念 | 经营实力 | 市场表现 | 管理能力 | 合作意愿 | |
| 久发商贸 | 16 | 17 | 18 | 15 | 16 | 82 |
| …… | …… | …… | …… | …… | …… | …… |

#### 4．确定谈判对象

完成对每个经销商测评后，销售人员按照得分高低对准经销商进行综合排序，并按照得分高低的先后顺序开展招商谈判工作。某市 KA 渠道招商谈判顺序如表 6-14 所示。

表 6-14　某市 KA 渠道招商谈判顺序

| 得分排名 | 公司名称 | 得分（分） | 招商谈判顺序 |
| --- | --- | --- | --- |
| 第一名 | 发财商贸 | 96 | 1 |
| 第二名 | 玲玲商贸 | 88 | 2 |
| 第三名 | 久发商贸 | 82 | 3 |
| 第四名 | 恒发商贸 | 76 | 4 |
| 第五名 | 王伟商贸 | 70 | 5 |
| 第六名 | 俊俊商贸 | 60 | 6 |

#### 5．预约谈判时间

确定谈判时间的原则为对方不忙的时候，比如下午、晚上或休息日，同时要电话或当面告知经销商具体谈判时间，如 15:00—17:00。为了防止出现经销商忘了预约时间的情况，销售人员要电话、微信提醒至少 3 次，谈判前一天、谈判当天上午和谈判前一两个小时各通知一次。

#### 6．确定谈判地点

确定谈判地点的原则为安静的商务谈判场所，比如咖啡厅、茶吧等，同时要电话或当面告知经销商具体谈判地点，如民权路 88 号名典咖啡，并通过微信发送谈判地址。为了防止出现经销商忘了谈判地址的情况，销售人员要像通知时间一样，至少提醒 3 次。

### 6.4.4　商务洽谈与合同签订

商务洽谈是双方能否成功合作的关键。不仅要让经销商看到厂家和产品的优势，更要让经销商看到双方合作的前景，感觉到"有利可图"，这样经销商才愿意投入市场资源。签订合同前，销售人员要与经销商充分沟通，对厂家实施的各项管理制度向经销商进行解释，对经销商的人、财、物配置要求一一说明。

#### 1．厂家信息展示

（1）《招商手册》文本展示。

销售人员准备 1~3 本《招商手册》，参与谈判的人各有 1 本，按照手册顺序，一项一项介绍。

（2）厂家信息视频展示。

销售人员准备一台个人计算机或 iPad，向对方详细讲解厂家信息。

### 2．产品信息展示

销售人员展示我方产品与竞品的实物样品，方便经销商查看、触摸、感知我方产品与竞品，如果方便现场体验，如方便面、薯片、坚果等食品可以现场试吃，饮料、啤酒等可以现场试喝，电子产品可以现场试用等。需要特别注意的是，最好与竞品同时现场体验。

### 3．成功案例分享

成功的案例最能打动人心，销售人员要事先准备好可以分享给经销商的成功案例。案例最好是最近发生的，与经销商经营规模相似的、可信的。分享案例的时候，最好有案例当事人的录音、视频、联系方式等，以增加可信度。

**案例** **经销商章老板 10 年前一个决定成就了今天的辉煌**

某经销商章老板，10 年前从农村到城市打工，当时身无分文，后来找亲戚朋友借了 4 万元开始创业，做我方的经销商。经过近 10 年的发展，现在已是当地数一数二的富翁，在城市买了 4 套房，价值 1200 多万元，每天开着 120 多万元的奔驰上班。每次回到农村，很多人都很羡慕他。

### 4．合作蓝图展现

合作蓝图主要是指经销商的盈利能力。最重要的是确定 3 个指标，即年度销售额、毛利率和毛利润。

尤其重要的是，年度销售额是根据经销商的合作时间逐年提高的，所以要确定至少 3 个销售额的档次和毛利率，并计算在不同销售额情况下的毛利润。

**案例** **经销商的年度回报**

经销商年度回报明细如表 6-15 所示。

表 6-15　经销商年度回报明细

| 年度任务（万元） | 1000 | 3000 | 5000 | 8000 |
|---|---|---|---|---|
| 毛利率（%） | 5 | 6 | 7 | 8 |
| 年度毛利总额（万元） | 50 | 180 | 350 | 640 |

5．确定合作资质

（1）确定经销商的资源配置。

经销商的资源配置要事先确认好，否则，一旦签订合同，厂家再要求经销商配置资源就比较被动。经销商的资源配置一般包括资金、销售人员、车辆、仓库面积、终端网点和其他约定。

**案例**　某经销商的资源配置要求

某经销商的资源配置要求如表 6-16 所示。

表 6-16　某经销商的资源配置要求

| 编号 | 主要资源 | 项目 | 资源配置量说明（参考） |
|---|---|---|---|
| 1 | 资金 | 投入厂家经销业务的资金（万元） | 1 万～50 万元 |
| 2 | 销售人员 | 投入厂家业务的销售人员数量 | 2～10 人 |
| 3 | 车辆 | 投入厂家业务的送货车辆数量 | 2～6 辆 |
| 4 | 仓库面积 | 投入厂家业务的仓库面积（平方米） | 200～800 平方米 |
| 5 | 终端网点 | 所有业务所覆盖的终端网点数量 | 传统渠道 2000 家以上，现代渠道实际数量，特通渠道 1000 家以上 |
| 6 | 其他 | 其他约定 | 其他资质的约定 |

（2）确定厂商双方的职责。

为了让经销商进一步明确合作后的职责，销售人员要对合作后经销商的职责一一进行说明，同时要让经销商了解厂家应承担的职责。

经销商应承担的职责主要是指渠道成员应履行的职责，具体可分为经销商服务厂家的内容，如市场覆盖、销售接触、管理库存、订单处理、信息收集、客户支持等，以及经销商服务客户的内容，如产品可获得性、客户服务、信用支持、集采、分货、销售建议等。

厂家应承担的职责可细分为产品生产、新产品研发、全国性促销活动策略、进场费和陈列费有条件支持、产品送到经销商仓库、经销商培训、全国性产品广告等。

（3）区域市场规划标准。

厂家的销售人员要与经销商一起制定区域市场规划标准，包括客户配置标准、每个业务员管理客户标准、每个业务员每天拜访客户数标准和每个业务员月销量标准。

**案例** 某经销商区域市场规划标准

某经销商区域市场规划标准如表 6-17 所示。

表 6-17 某经销商区域市场规划标准

| 规划项目 | 传统渠道 | 现代渠道 | | | 特通渠道 |
|---|---|---|---|---|---|
| | | 卖场 | 超市 | 便利店 | |
| 客户（网点）配置标准 | 1 个/千人口 | 实际数量 | 实际数量 | 实际数量 | 0.5 个/千人口 |
| 每个业务员管理客户标准（家） | 240 | 8 | 30 | 80 | 120 |
| 每个业务员每天拜访客户数（家） | 20 | 1 | 3 | 8 | 12 |

### 6．销售策略宣讲

销售策略宣讲是商务谈判的一项主要内容，销售人员不仅要自己充分理解厂家的销售策略，还要让经销商充分理解厂家的销售策略，并对厂家的销售支持充满信心。

销售策略包括新客户开发支持策略、进场费支持策略、陈列费支持策略、广告费支持策略、促销物料支持策略、窜货管理策略、仓储物流策略、临期品策略、退换货策略、返利激励策略及其他支持策略。

### 7．合同沟通要点

在签订合同时，销售人员需要就以下 6 个要素进行重点沟通，包括授权区域、授权产品线、合同有效期、首批进货量、销售任务和首批款付款日期。

授权区域。授权区域一定要明确，最好是附上当地的地图，并在地图上清楚地标识授权的区域。如果需要进一步划分到授权的销售渠道，则要在合同上注明。

授权产品线。如果厂家的产品线比较长，且销售渠道有差别，根据行业的实际情况需要进一步划分产品线的最好划分，以避免授权经销商无经验销售某部分授权的产品线。

合同有效期。一般合同有效期为 1 年，但是对于新开发的经销商会统一规定合同的截止日期，不管是什么时间签订的合同，合同的截止日期统一为当年的

12 月 31 日或者其他时间。

首批进货量。这是开始合作的重要一步，结合市场调查的数据，选择最先铺市的产品，以便经销商快速消化首批进货产品，给经销商以信心。

销售任务。销售任务最好与返利制度结合在一起与经销商沟通，包括月度、季度或年度销售任务。将销售任务划分到每个月，带给经销商的压力最大。

首批款付款日期。厂商签订合同后，一定要约定一个首批款付款日期，避免签订合同后经销商不支付货款导致市场无法启动的情况。一般会约定签订合同 10 天内支付首批货款，否则合同会失去法律效力，厂家有权重新在该区域开发经销商。

## 6.5　实战案例

### 6.5.1　ABC 公司地市级经销商招商标准与分销职责

#### 1．招商标准

表 6-18 所示为 ABC 公司地市级经销商招商标准，各省区分公司总经理可以根据自身的情况，针对不同区域的经济水平、人口情况进行调整。

表 6-18　ABC 公司地市级经销商招商标准

| 项目 | 标准 |
| --- | --- |
| 经营资金 | ≥200 万元 |
| 现有年销售额 | ≥1000 万元 |
| 员工人数 | ≥6 人（老板、老板娘、至少两个司机、至少两个卸货员） |
| 配送业务员 | ≥4 人（司机、卸货员） |
| 仓库面积 | ≥500 平方米 |
| 6 吨以上送货车 | ≥1 辆 |
| 2~5 吨送货车 | ≥1 辆 |
| 三轮送货车 | ≥两辆 |
| 首批进货量 | ≥1 车（约 33 吨） |
| 标准年销量 | 区域人口人均 3 千克 |
| 标准年销售额 | 区域人口人均 9.2 元 |
| 行业经验 | 两年以上 |
| 年龄 | 30 岁以上 |
| 招商途径 | 在市区粮油批发市场寻找，最好与大型粮油店老板合作 |

#### 2．分销职责

表 6-19 所示为 ABC 公司地市级经销商分销职责，各省区分公司总经理可以

根据自身的情况，针对不同区域的经济水平、人口情况进行调整。

表 6-19　ABC 公司地市级经销商分销职责

| 渠道类型 | 渠道细分 | 开发数量标准 | 说明 |
|---|---|---|---|
| 传统渠道 | 粮油店、副食店、粮杂店等 | ≥20 家 | |
| 菜场渠道 | 水面店、饺皮店、切面、干挂面等 | 每个农贸市场 1 家 | |
| 工厂渠道 | 食品厂、馒头坊、酥饼店等 | ≥20 家 | |
| 封闭渠道 | 学校、酒店、单位食堂、单位福利等 | ≥100 家 | |
| 餐饮渠道 | 包子店、大馍店、拉面馆、蛋糕店、面包店等 | ≥500 家 | |
| 电商渠道 | 社区拼团等 | 无要求 | |

## 6.5.2　GD 公司地区经销商开发标准、分销职责与经营回报

### 1. 开发标准、分销职责与经营回报

表 6-20 所示为 GD 公司地区经销商开发标准、分销职责与经营回报明细，供读者参考。

表 6-20　GD 公司地区经销商开发标准、分销职责与经营回报明细

| 类别 | 项目 | 标准 | 说明 |
|---|---|---|---|
| 招商标准 | 资金 | 150 万～200 万元 | 根据区域经济情况确定 |
| | 自营专卖店 | 1 家 | 自己投资，面积 30～50 平方米，标配 |
| | 销售员工 | 6 人 | 4 人负责市区、两人管理县城 |
| | 仓库面积 | 200～400 平方米 | 根据销量大小确定 |
| | 运输工具 | 面包车两辆、电动车两辆 | 逐渐增加车辆 |
| | 首批进货量 | 20 万～50 万元 | 根据区域大小确定 |
| | 年销售任务 | 150 万～200 万元 | 根据区域大小确定 |
| | 产品线 | X、Y、Z | 必须全品类进货 |
| | 行业经验 | 有批发配送经验两年以上 | 这项可以灵活处理 |
| | 年龄 | 30～50 岁 | 这项可以灵活处理 |
| 分销职责 | 标准销售额 | 1000 万～3000 万元 | 在正常营运情况下的销售额 |
| | 专卖店 | 3～5 家（地级市区） | 面积 30～50 平方米，逐年增加 |
| | 专区 | 10～15 家（地级市区） | 平面面积 15～30 平方米 |
| | 专墙 | 10～15 家（地级市区） | 墙面面积 15～30 平方米 |
| | 挂网 | 200～500 家（地级市区） | 超市、五金店和日杂店密集型分销 |
| | 展板 | 40～100 家（地级市区） | 灯具店、五金店和日杂店选择性分销 |
| | 展架 | 40～100 家（地级市区） | 五金店、日杂店选择性分销 |

| 类别 | 项目 | 标准 | 说明 |
|------|------|------|------|
| 经营报酬 | 进货价格 | 公司出厂价 | 从公司进货 |
| | 目标年利润 | 100 万～300 万元 | 达到标准销售额 1000 万～3000 万元净利润 |
| 招商途径 | 在市区五金电料和灯具批发市场寻找，尤其是目前没有代理名牌产品的客户。一定要注意，是批发市场而不是零售市场 | | |

### 2．执行要求

公司制定地区经销商开发标准，便于大区经理、销售主管快速开发地区经销商。在开发时，相关人员要严格审核招商标准，并明确告诉地区经销商应该承担的分销职责。

### 【渠道经理工具箱】

关于选择渠道成员的知识，渠道经理要掌握以下 33 大工具。

（1）渠道成员的 8 大职责。

（2）实物拥有的定义。

（3）所有权的定义。

（4）促销的定义。

（5）谈判的定义。

（6）财务的定义。

（7）风险的定义。

（8）订货的定义。

（9）支付的定义。

（10）厂家选择经销商的 5 大标准。

（11）经营理念的定义。

（12）经营实力的定义。

（13）市场表现的定义。

（14）管理能力的定义。

（15）合作意愿的定义。

（16）选择未来渠道成员的 20 个问题。

（17）经销商选择厂家的 4 大标准。

（18）招商的 4 个步骤。

（19）空白市场信息收集表。

（20）当地市场运作规划的内容。

（21）某 SKU 渠道成员价格体系表。

（22）首批产品铺市方案的 4 项内容。

（23）某饮料经销商的渠道及客户分类。

（24）某经销商产品铺市奖惩明细。

（25）零售商进货奖励方案。

（26）异议解答的内容。

（27）消费品厂家准客户信息收集的 15 种途径。

（28）某公司经销合同的 12 个附件。

（29）测评经销商的 5 句话。

（30）经销商评分标准。

（31）预约谈判时间的方法。

（32）预约谈判地点的方法。

（33）商务洽谈与合同签订的 7 大内容。

# 第7章 激励渠道成员

## 问题与后果

（1）大部分厂家认为，给予经销商较低的批发价就是在激励经销商，这是大错特错的想法。厂家会发现，不久后经销商渐渐失去销售热情，销量难以持续增长。

（2）长久以来，很多厂家对经销商的激励就是返利，结果发现，经销商对于返利的感觉越来越迟钝，失去了往日的热情，厂家还不知道哪里出了问题。

（3）部分厂家成立了厂商共赢委员会或经销商顾问委员会，开了几次会以后，发现作用不大就取消了，又回到厂家"一言堂"的过去，导致厂商关系无法有效改善。

（4）一直以来，厂家对经销商的支持就是折扣和促销，没有新意，导致经销商的氛围死气沉沉，销量增长缓慢。

（5）经销商虽然有返利，但返利已经对经销商没有任何吸引力，因为返利比率与竞争对手的差不多。单一品牌经销商与多品牌经销商相比，返利制度一样；违规经销商与守法经销商相比，返利制度一样；新产品和老产品相比，返利制度一样。

（6）虽然对经销商开展了销售竞赛活动，但对经销商没有吸引力：奖品没有吸引力，旅游地点没有吸引力，颁奖大会也没有吸引力。

### 梅明平对渠道经理说

激励渠道成员是实现厂商共赢的核心。厂家不仅要了解激励理论，还要找出渠道成员的问题与需求，在此基础上制定渠道成员支持策略。另外，制定一个好的返利制度，设计一个有激情的销售竞赛，也能带给渠道成员很大的激励。

### 案例　独一无二的返利制度助力一家空调企业成为行业领头羊

某空调企业制定了如下经销商返利制度：第一季度完成任务，返利 4%；第二季度完成任务，第二季度返利 4%，同时给完成任务的第一季度追加 4%的返利。当然，即使第二季度完成任务，但如果第一季度没有完成任务，也不能给第一季度追加 4%的返利。以此类推，这种返利制度就给了经销商无限大的压力，促使经销商必须每个季度都完成任务！

这种独一无二的返利制度激励每个经销商每个季度都能且必须完成任务，这家空调企业很快就成了行业的领头羊。该企业制定的完成季度任务追加返利制度如表 7-1 所示。

表 7-1　完成季度任务追加返利制度

| 完成计划情况 | 时间 | | | |
| --- | --- | --- | --- | --- |
| | 第一季度 | 第二季度 | 第三季度 | 第四季度 |
| 完成第一季度任务（%） | 4 | — | — | — |
| 完成第二季度任务（%） | 4 | 4 | — | — |
| 完成第三季度任务（%） | 4 | 4 | 4 | — |
| 完成第四季度任务（%） | 4 | 4 | 4 | 4 |

### ◉ 名人名言

合同关系仅仅能使人的潜力发挥 20%～30%，而如果受到充分激励，其潜力可发挥至 80%～90%，这是激励可以调动人的积极性的缘故。

——美国哈佛大学心理学家威廉·詹姆士

在激励经销商的过程中，厂家往往出现两种偏激的做法：一种是以厂家为主，在不了解经销商需求的情况下，厂家凭自己的想象实施激励的决策；另一种是以经销商为主，经销商要什么就给什么。这两种决策过程都非科学化，难以取得理想的激励效果。

> ➡ **名词解释：渠道成员激励**
> 激励是指激发人的动机，使其产生内在动力，朝着所期望的目标前进的活动过程，目的是调动人的积极性。渠道成员激励是指为完成分销目标，厂家所采取的促使渠道成员高度合作的措施。

## 7.1　渠道成员的激励理论

### 7.1.1　马斯洛需求层次理论

著名的马斯洛需求层次理论认为，人们普遍的 5 种需求是生理需求、安全需求、社交需求、尊重需求和自我实现的需求。马斯洛认为，这 5 个层次的需求是逐级上升的，尊重与自我实现均属于高层次的需求，而其他需求则在低层次范围内。当最基本的需求得到满足之后，人们就会寄更多希望于高层次的需求，这就是"马斯洛理论效应"。

### 7.1.2　渠道成员的 5 大需求

在渠道成员激励方面，可以与马斯洛需求层次理论联系到一起，因为它强调了很重要的一点，那就是已经被满足的需求不能激励渠道成员的任何行为。例如，只是简单地对渠道成员进行返利，那么并不会刺激渠道成员进行更多的产品销售行为。厂家需要对渠道成员的需求进行准确的判断和评估，才能有效激励渠道成员。

厂家满足渠道成员的 5 大需求，将会给渠道成员很大的激励。下面，结合马斯洛的 5 大需求，厂家分别采取对应的措施。

#### 1．生理需求

马斯洛认为，只有最基本的生理需求满足到维持生存所必需的程度后，其他的需求才能成为新的激励因素，而此时这些已相对满足的需求也就不再是激励因素了。

对渠道成员而言，生理需求就相当于渠道成员的生存需求。厂家为了确保渠道成员的生存需求，需要确保渠道成员有一定的利润维持生计。

为了满足渠道成员的生理需求，厂家需要给渠道成员提供：合理的返利比例，合理的产品毛利率，长期对渠道成员提供产品知识和销售技巧的培训，提供区域市场品牌形象广告费用支持，提供产品促销支持，提供适销对路的产品，提供驻地销售人员支持，提供进场费支持，提供产品陈列支持……

当以上第一层次的生理需求得到满足后，这些因素就不再是激励因素了，渠道成员的需求就往更高一级的安全需求发展，这就是厂家仅仅依靠返利不能持续激励渠道成员的原因。

### 2．安全需求

马斯洛认为，整个有机体是一个追求安全的机制，甚至可以把科学观和人生观都看成是满足安全需求的一部分。这种安全需求一旦得到满足，这些安全因素就不再是激励因素了。

对渠道成员而言，在与厂家的合作过程中，同样有安全需求。渠道成员希望能够与厂家长期合作，希望对市场的投资能够有所回报。

为了满足渠道成员的安全需求，厂家需要给渠道成员提供：质量安全可靠的产品，合法的经销合同，明确的、受保护的产品销售区域，更长时间的合作期限，比较合理的销售指标，一定额度的授信或铺底，稳定的货源供应以确保不缺货，严密的防窜货制度并承诺严格执行，严格的控价政策并确保市场价格稳定，线上线下价格统一以减少消费者搭便车行为，线上销量和利润与渠道成员共享，渠道成员优先享受续签合同的权力，明确的绩效考评和优胜劣汰制度……

当以上第二层次的安全需求得到满足后，这些因素就不再是激励渠道成员的因素了，渠道成员需要往更高一级的社交需求发展。

### 3．社交需求

马斯洛认为，这个层次的需求包括两个方面的内容。一是友爱的需要，即人人都需要伙伴之间、同事之间关系融洽或保持友谊和忠诚；人人都希望得到爱，希望爱别人，也渴望别人的爱。二是归属的需要，即人人都有一种归属于一个群体的需要，希望成为群体中的一员，并相互关心和照顾。社交需求比生理上的需求更细致，它和一个人的生理特性、经历、教育、宗教信仰都有关系。

对渠道成员而言，在与厂家的合作过程中，同样有社交需求。渠道成员希望与厂家和其他渠道成员保持友谊、相互支持、相互照顾。

为了满足渠道成员的社交需求，厂家需要给渠道成员提供：让渠道成员有被尊重的感觉，把渠道成员当成厂家的资产，以渠道成员为中心开展销售工作，经常组织渠道成员旅游，邀请渠道成员的家人、孩子、员工参观工厂，召开年度渠道成员会议，开展区域交流会，给渠道成员寄生日贺卡和生日蛋糕，帮助渠道成员体检，在风景名胜或国外开销售会议，协助渠道成员组建区域销售团队，不轻易取消渠道成员的合作资格，及时向渠道成员分享厂家的经营信息……

当以上社交需求得到满足后，这些因素就不再是激励因素了，渠道成员需要往更高一级的尊重需求发展。

### 4．尊重需求

马斯洛认为，尊重需求又可分为内部尊重和外部尊重：内部尊重是指一个人希望在各种不同情境中有实力、能胜任、充满信心、独立自主；外部尊重是指一个人希望有地位、有威信，受到别人的尊重、信赖和高度评价。尊重需求得到满足能使人对自己充满信心、对社会满腔热情，体验到自己活着的用处和价值。

对渠道成员而言，在与厂家的合作过程中，同样有尊重需求。渠道成员希望自己能够胜任厂家的分销工作以获得满足，同时希望自己的经营能力和经营成果能够获得厂家和其他渠道成员的尊重。

为了满足渠道成员的尊重需求，厂家需要给渠道成员提供：区域独家经销权，特殊待遇如被评为 VIP 客户，高层领导如董事长或总经理亲自拜访，受邀分享自己的成功经验，在年会上获奖……

当以上尊重需求得到满足后，这些因素就不再是激励因素了，渠道成员需要往更高一级的自我实现的需求发展。

### 5．自我实现的需求

马斯洛认为，自我实现是最高层次的需求，是指实现个人理想、抱负，发挥个人的能力到最大程度，完成与自己的能力相称的一切事情的需求。但为了满足自我实现的需求所采取的途径是因人而异的。自我实现的需求是在努力挖掘自己的潜力，使自己成为自己所期望的人物。

对渠道成员而言，在与厂家的合作过程中，同样需要自我实现。渠道成员希望自己能够完成厂家的任务成为称职的渠道成员，同时希望参与厂家更多的决策。

为了帮助渠道成员自我实现，厂家需要给渠道成员提供：合理的销售任务以确保渠道成员有完成任务的成就感，邀请渠道成员参加厂商共赢委员会并参与决策，开展销售竞赛活动，经常征求渠道成员的意见，带领渠道成员实现财富目标……

## 7.2 找出渠道成员的需求和问题

### 7.2.1 麦克维伊的观点

**梅明平对渠道经理说**

在激励渠道成员之前，厂家必须尽可能了解渠道成员在经营过程中存在的问题和需求，通过解决渠道成员存在的问题，或者通过满足渠道成员的需求，达到激励渠道成员的目的。

由于渠道成员的需求与所面临的问题可能与厂家所想的完全不同，如何才能找出渠道成员真正的需求和问题呢？这里我们可以参考麦克维伊的观点。

麦克维伊认为，渠道成员并不认为他们是"厂家铸造的链条上雇用的链节"，他们先是客户的代理，然后才是厂家的代理，其兴趣在于销售客户希望从他们那儿购买的产品。渠道成员并非为得到单个产品的订单，而是为了获得整体产品的订单。除非得到足够的激励，否则渠道成员一般不会保留按照产品所做的销售记录。那些对厂家的产品开发、定价、组合或促销计划有用的信息通常"埋葬"在渠道成员的记录里，渠道成员有时甚至故意不提供给厂家。

通过麦克维伊的观点可以看出，渠道成员与厂家所面临的问题和需求有时是不一致的。

### 7.2.2 厂商共赢委员会

在发展的过程中，没有厂家不会出现问题，关键是要能及时发展问题并解决问题。这些问题包括产品质量问题、价格问题、促销问题、广告问题等。其实，厂家出现问题并不可怕，可怕的是不知道出现了问题。市场上的问题往往会第一时间被渠道成员发现。

厂家识别渠道成员问题和需求的一种有效方法就是成立厂商共赢委员会，还可以把厂商共赢委员会称为经销商咨询理事会、厂商合作委员会等。

> ➜ **名词解释：厂商共赢委员会**
>
> 厂商共赢委员会是指厂家和处于不同层次的渠道成员，为了共同及各自的目标而自愿采取共同行动成立的组织。

厂家成立厂商共赢委员会必须围绕以下几个关键点：必须以厂家的经销商为主体，必须建立在自愿的基础上，必须以谋取和增进厂商共赢为宗旨。

### 1．组织架构

厂商共赢委员会由厂家和经销商两方面的人员组成。厂商共赢委员会需要设立两位主席，一位由经销商选举产生，另一位由厂家董事长、总经理或销售部门的高层管理人员担任。厂商共赢委员会的组织架构如图 7-1 所示。

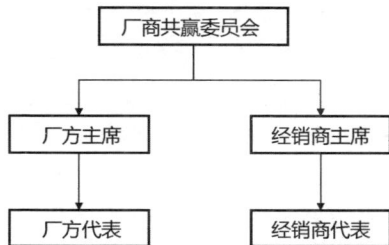

图 7-1　厂商共赢委员会的组织架构

### 2．成员组成

厂家的主要成员包括销售部、市场部、财务部、研发部、客户服务部、物流部等各部门管理者，人数控制在 6～8 人。

经销商方面，应选择具有代表性的经销商参与，如按销售规模、区域、合作时间、渠道等进行选择。在选择时，应选择在经销商中有影响力，或者善于发表建议的经销商参与，人数控制在 8～10 人。

当厂家刚成立厂商共赢委员会时，第一届经销商主席和经销商代表可以由经销商个人申请，并经厂家确认后担任。以后各届的经销商主席和经销商代表，可以由全体经销商选举产生。

### 3．委员会的职责

（1）定期召开会议。

为便于厂商建立互信机制，厂商共赢委员会应定期举行会议，讨论最近一段时间的市场情况，确定接下来的市场工作重点。

（2）审议经销商管理制度。

厂家制定的经销商管理制度，由所有参与讨论的委员以少数服从多数的方式投票表决，以使厂家的制度更加符合经销商的需求。

（3）审议厂家营销策略。

审议新产品开发计划，包括产品外观、功能、定价、上市时间等；审议各季度广告宣传计划；审议厂家长期发展战略规划等。

（4）制定厂商共赢委员会章程。

制定入会申请和退会申请程序，制定委员的责任、委员的义务等。

（5）其他事项。

与厂商共赢委员会相关的其他事项。

> **案例** 厂商共赢委员会的运作让卡特彼勒成为百年企业

美国卡特彼勒公司成立于 1925 年，经过近百年的发展，已经成为全球工业用推土机行业的"领头羊"。卡特彼勒厂商共赢委员会为人们提供了厂家通过厂商共赢委员会找到经销商需求和问题的一个成功案例，也帮助卡特彼勒渡过了一个个难关，助其成为百年企业。

例如，在一次厂商共赢委员会会议上，卡特彼勒找到了平地机的设计缺陷，该平地机的一个盖子放置得太低，经常撞到客户的头。很快，卡特彼勒让设计师改进了平地机的设计，撞到客户头的事故再也没有发生过。

**4．委员会的好处**

（1）提供了渠道成员对厂家的认同。

当渠道成员认为自己参与了厂家的决策时，他们更能理解和支持厂家的销售策略。这种方式给渠道成员一种"始终了解"的感觉，增加了他们的安全感，促使他们对厂家的利益产生更大的认同感。

（2）提供了一个沟通的媒介。

厂商共赢委员会为厂家和渠道成员提供了一个确定和讨论各自需求与问题的媒介，加强了双方之间的沟通。

（3）能够促进整个渠道的交流。

厂商共赢委员会既有助于厂家更好地理解渠道成员的需求与问题，也有助于渠道成员对厂家的理解。

## 7.3  对渠道成员提供支持

厂家对渠道成员提供支持，内容比较多，这里主要介绍驻地业务员、渠道成员培训、进货折扣、产品展示、区域广告 5 个方面的内容。

### 7.3.1  驻地业务员

➡ **名词解释：驻地业务员**

驻地业务员又称使命业务员，是厂家派到渠道成员那里帮助其完成销售任务的销售人员，这些销售人员由厂家提供基本工资，渠道成员提供奖金或销售提成。

### 1．消费品驻地业务员

消费品驻地业务员要了解渠道成员每月的销售计划，检查渠道成员的存货水平，拜访零售商并向其展示产品，了解厂家不时推出的促销方案，协助渠道成员采购并确保完成厂家每月的销售计划，做好区域销售网点的建设、品种分销和产品陈列工作，维护区域市场秩序和产品批发、零售价格，做好宣传品的粘贴和布置工作，培训渠道成员，维护客情关系，做好批发商、零售商和 KA 卖场的拜访工作，及时填写各种销售报表，同时还要接受厂家销售主管或城市经理的管理与监督。

### 2．工业品驻地业务员

工业品驻地业务员要检查渠道成员的存货水平，拜访零售商并向其展示产品，帮助准备橱窗和店内展示，回答渠道成员的问题，推销好的创意，接订单，培训经销商销售人员，根据经销商销售人员的请求协助其开展各种活动，从最终客户那里接新产品的原始订单，通过技术支持帮助经销商销售人员完成交易。

驻地业务员总体来说是一把双刃剑。有利的是，当渠道成员缺乏厂家所指派任务所需的能力，或者渠道成员渴望这种类型的帮助时，厂家派遣驻地业务员是一种有效的促销手段，可提高 20%～40%的销售额。不利的是，厂家需要承担高昂的驻地业务员费用，尤其是需要工程师之类的 B2B 市场；当渠道成员认为厂家想越过他们时，容易引起厂商冲突；当厂家销量占渠道成员总销量的比例很低时，驻地业务员可能会占用渠道成员销售人员的太多时间，导致渠道成员的不满。

尽管如此，很多消费品企业如元气森林，还是采用了驻地业务员帮助当地经销商开展业务，并取得了巨大的成功。

## 7.3.2　渠道成员培训

### 梅明平对渠道经理说

没有经过培训的渠道成员不会有凝聚力、战斗力和竞争力，厂商共赢就是一句空话！未来，4P 的竞争会逐渐聚焦于渠道成员的竞争，美国分销渠道管理专家伯特·罗森布洛姆说，营销渠道是获取持久竞争优势的重要因素。而培训是提高渠道成员销售能力的最好方法。

### 1. 渠道成员培训的层次

渠道成员的培训主要分为3个层次，即基础培训、技能培训和战略培训，通过培训使渠道成员与厂家一起奋斗，心连心、肩并肩，最终实现厂商共赢。渠道成员培训方向、目的和内容如表7-2所示。

表7-2　渠道成员培训方向、目的和内容

| 培训方向 | 培训目的 | 培训内容 |
|---|---|---|
| 基础培训 | 主要是让渠道成员对厂家有较深刻的了解，并通过了解增强对厂家的认识，使渠道成员下定从一而终的决心 | 通过厂家介绍使渠道成员认同厂家的文化，通过产品介绍使渠道成员了解产品在市场上的竞争优势和发展前景，通过销售策略介绍使渠道成员了解渠道管理知识，增强渠道成员经营产品的信心 |
| 技能培训 | 通过技能培训让渠道成员快速掌握经营管理技能，提升销售额 | 包括销售技巧、员工管理、业务知识（库存、报表、仓储、财务、信息）、谈判技巧、终端管理、公司化运作、管理软件介绍等 |
| 战略培训 | 与厂家建立长久合作的共赢关系，打造渠道竞争优势 | 通过引导渠道成员进行合理的经营定位，让渠道成员心无旁骛、一心一意地成为厂家的专销商；通过引导渠道成员确定自己的愿景，让渠道成员带着激情从事营销工作 |

### 2. 渠道成员培训的形式

根据渠道成员分布广、日常工作忙、素质参差不齐、年龄大小不一、规模有大有小的特点，渠道成员培训形式应多种多样、相互结合，以取得理想的培训效果。

（1）集中培训。

集中培训主要是在厂家年会、订货会上对渠道成员进行全方位的培训，也可以分区域、巡回对渠道成员进行培训。

（2）在线培训。

在线培训是利用腾讯会议等互联网工具，对渠道成员进行培训。培训内容包括产品信息、技术知识、销售方案、常见问题等。在线培训可以节约时间、降低培训成本，但是效果不如现场培训好，并且不适合技术含量高、操作比较复杂和较为专业的新产品。

（3）上门培训。

厂家的技术人员、区域经理等上门对渠道成员进行技术培训、市场营销方法培训，有的厂家会定期到渠道成员处进行上门培训。

（4）出国深造。

厂家对核心的渠道成员提供深度培训，以打造厂家的核心竞争优势，如选取渠道成员到国外读 MBA（Master of Business Administration，工商管理硕士）。

（5）经验交流会。

厂家组织渠道成员以经验交流的方式进行培训，如厂家邀请优秀经销商到一些风景名胜地旅游，同时开展经验交流会。

（6）样板市场参观。

厂家组织渠道成员到优秀的市场参观学习，听取优秀渠道成员及其员工的经验介绍，让其起到带头作用，如某厂家组织经销商到河南郑州参观样板专卖店。

（7）资料培训。

厂家要编制《市场工作指南》《商贸企业经营管理手册》等资料，通过邮寄或现场分发的方式让经销商自学。

（8）讲师培训。

厂家聘请相关领域的专家或讲师对渠道成员进行培训，如元气森林、益海嘉里、格力、美的、青岛啤酒等上千家企业邀请作者对其经销商进行培训。

## 7.3.3　进货折扣

进货折扣是厂家为了鼓励渠道成员进货，给予渠道成员的一种销售奖赏，也是为激励渠道成员采取的一种让利手段。

折扣的本质是渠道成员承担营销职责而获得的一种报酬。严格地讲，渠道成员经营产品靠价差来获取利润，不需要额外的折扣。但是，厂家会充分利用进货折扣的激励性，引导、激励渠道成员多销售自己的产品。

进货折扣的形式有多种，如现款折扣、专销折扣、市场秩序折扣等。

### 1．现款折扣

现款折扣是对利用现金结算的渠道成员的奖励，一般按付款现金一定的百分比（如 1%）给予折扣优惠。现款折扣对所有渠道成员是一样的。

### 2．专销折扣

如果厂家希望与渠道成员签订排他性协议，使渠道成员成为厂家的专销商，一心一意经营厂家的产品，厂家所给予的折扣被称为专销折扣。

例如，某厂家给予其专销商 2% 的额外折扣，以鼓励所有与之合作的渠道成员成为专销商，加快厂家的发展。

### 3．市场秩序折扣

为了有效控制市场上出现的窜货、低价情况，厂家给予渠道成员维护市场秩序的奖励。如果渠道成员未发生窜货、低价行为，则给予1%的额外折扣奖励，这个奖励被称为市场秩序折扣。

## 7.3.4　产品展示

厂家帮助渠道成员在终端卖场进行产品展示和陈列，以提升产品的曝光度。产品展示包括形象陈列、堆头围画及陈列、端架陈列、宣传套件，专门设计的或大或小的店铺陈列，互动式电子设备，以便产品与进店客户进行互动。真正的人员促销在店内逐渐消失，产品展示得到了快速发展。

## 7.3.5　区域广告

区域广告包括卖场广告、路牌广告、墙体广告、灯箱广告、报纸广告等，可以快速提升厂家品牌在区域的知名度，能有效帮助渠道成员提升业绩。但需要统一广告格式，包括平面广告图片、视频广告内容等。

区域广告费用可以采取由厂家与渠道成员共同承担的方式，如各承担50%。渠道成员支付的广告费可以在进货时予以冲减，如花费了4万元广告费，厂商各承担50%，则经销商需要承担2万元的广告费。厂家规定，经销商进货时，每次奖励进货金额的2%作为经销商的广告费用，则经销商进货100万元，即可获得2万元的广告费，正好可以支付其需要承担的2万元的广告费。

## 7.4　返利激励

> ◉ **名人名言**
>
> 　　商业合作必须有3大前提：一是双方必须有可以合作的利益；二是双方必须有可以合作的意愿；三是双方必须有共享共荣的打算。此三者缺一不可。
>
> 　　　　　　　　　　　　　　　　　　　　　　　　　　——李嘉诚

## 7.4.1　返利目的与返利形式

> ➡ **名词解释：返利**
>
> 　　返利是厂家对渠道成员的一种激励方式，是渠道成员在一定市场、一定时间内符合厂家的要求所给予的奖励，常常以销售额的百分比计算，并以现金或实物的形式兑现。

厂家可以通过返利比率高低和返利形式的调节鼓励或抑制渠道成员的行为。表 7-3 所示为返利目的与返利形式的具体内容，也是厂家制定返利制度的核心指导思想。

表 7-3　返利目的与返利形式

| 编号 | 返利目的 | 返利形式 |
|---|---|---|
| 1 | 提升渠道成员的销售额 | 销售额越高，返利比率越高 |
| 2 | 鼓励渠道成员完成销售任务 | 完成任务比例越高，返利比率越高 |
| 3 | 加速渠道成员的回款 | 现款现货有返利，账期款无返利 |
| 4 | 提升淡季销售额 | 淡季销量额外奖励返利 |
| 5 | 提升滞销品销售额 | 滞销品返利比率比畅销品高 |
| 6 | 鼓励渠道成员打压竞争对手 | 返利比率比竞争对手高 |
| 7 | 提高新产品的销量 | 新产品返利比率比老产品高 |
| 8 | 鼓励渠道成员控制窜货 | 无窜货奖励返利 |
| 9 | 鼓励渠道成员控制市场价格 | 无低价或高价销售奖励返利 |
| 10 | 鼓励渠道成员开展区域广告宣传 | 用于广告宣传的奖励返利 |
| 11 | 鼓励渠道成员完成月度销售任务 | 完成月度销售任务给予月度返利 |
| 12 | 鼓励渠道成员开发销售网点 | 完成网点建设目标奖励返利 |
| 13 | 控制渠道成员将返利打入价格的行为 | 采用暗返利形式 |
| 14 | 鼓励渠道成员成为专销商 | 给予专销商额外返利 |
| 15 | 鼓励渠道成员对于季节性产品尽早囤货 | 进货越早返利越高 |

## 7.4.2　不同产品生命周期的返利制度

产品的生命周期分为投入期、成长期、成熟期和衰退期，不同的产品生命周期返利侧重点不同。在产品投入期，消费末端拉力不足，产品需要渠道成员的努力方可进入市场。此时需要提高返利额度，鼓励市场铺货率、占有率、生动化等指标的完善和提货量的完成。成长期重在打击竞品，要提高专销、配送、促销执行效果等项目的返利比例，同时辅以一定的销量奖励。到了成熟期，末端拉力强劲，产品销量较为稳定，就应重视通路秩序的维护，返利应以打击窜货、严控价格体系为主，销量奖励起到辅助作用。此时，厂家的精力应放在培养自己的销售队伍去提高铺货率、生动化、渗透率及开发周边外围空白区域等工作上。表 7-4 所示为不同产品生命周期的返利侧重点。

表7-4  不同产品生命周期的返利侧重点

| 产品生命周期 | 返利侧重点 |
| --- | --- |
| 投入期 | 提高新产品返利比率，完善市场铺货率、占有率、生动化等指标 |
| 成长期 | 设置返利比率比竞品高以打击竞品，增加专销商返利项目鼓励专销，增加区域广告宣传返利项目提升品牌知名度，增加促销返利项目促进终端销售 |
| 成熟期 | 增加无窜货、无低价返利以维护市场秩序和市场价格，增加陈列排面、生动化、渗透率返利项目以扩大陈列面，增加区域网点开发返利项目以鼓励开发周边外围空白区域 |
| 衰退期 | 如果厂家急于清仓则提高产品的返利比率，如果顺其自然销售则不需要突出返利比率 |

## 7.5　销售竞赛

> ◉ 名人名言
>
> 人生的每一天都在胜负中度过，一切都以竞争形式出现。每一天都为在竞争中取胜，或者至少不败给对方而进行奋斗。因此，若有一天懈怠，便要落后、要失败。人生就是这样严峻。
>
> ——日本原女排教练大松博文

➜ **名词解释：销售竞赛**

销售竞赛是指采用现金、实物或旅游奖励等形式，刺激渠道成员在一定时间内完成销售目标，加快产品到达消费者手中的速度，达到扩大出货量的目的。

返利是对渠道成员的长期激励，而销售竞赛是对渠道成员的短期激励。由厂家发起的销售竞赛往往会取得意想不到的效果。销售竞赛能够激发渠道成员的销售热情，增强渠道成员的归属感，让渠道成员聚焦于竞赛目标，便于厂家提升品牌竞争力。

一个完整的销售竞赛活动包括以下6个步骤，即确定竞赛目标、确定竞赛奖品、确定竞赛规则、确定竞赛主题、确定竞赛费用和召开竞赛会议。

### 7.5.1　确定竞赛目标

除了将完成销售额作为长期目标，厂家总有一些希望短期内达到的目标，并且希望渠道成员以"超乎寻常"的努力协助其实现这些短期目标。

厂家设置销售竞赛的目标：提升销售额、提升淡季销售额、促进滞销品的销售、促进全品项的销售、促进新产品的销售、获得更多的订单、增加销售订单数量、增加客户数量、促进展示或拜访、强化培训、鼓励经销商配合等。

## 7.5.2　确定竞赛奖品

竞赛奖品有没有吸引力决定了销售竞赛活动的效果，厂家选择具有激励作用的奖品往往能够让获奖者十分兴奋。奖品要确保是高质量、无法取代的，而且是渠道成员一直梦想得到但又无能力得到的，同时奖品要依据获胜者不同的成就有所区别。奖品分为两类，即物质奖品和精神奖品。

### 1．物质奖品

（1）产品。

有一定品牌知名度的产品，对获胜者有吸引力。例如，名牌手表、小汽车、皮包、皮衣等，它们可以引人注目并能被浪漫化，即便参赛者有能力购买这些产品，但是每个人都乐意获得奖励。

**案例**　荣钢小汽车奖励计划

年销量第一名且无窜货处罚记录的经销商，奖励价值为 32 万元的小汽车 1 辆。
年销量第二名且无窜货处罚记录的经销商，奖励价值为 22 万元的小汽车 1 辆。
年销量第三名且无窜货处罚记录的经销商，奖励价值为 12 万元的小汽车 1 辆。

（2）现金。

对于收入不多的渠道成员来说，现金尤其受欢迎。但是，现金不具有持久价值，给人的想象空间也很小，没有任何炫耀价值。

### 2．精神奖品

（1）奖状。

虽然奖状不需要花多少钱，但使用得当给人的影响可能是一辈子。例如，勋章经过雕刻成为代表最高荣誉的奖品，能够激励参赛者付出巨大的努力。

（2）旅游。

在美国，《激励》杂志调查，29% 的公司将旅游作为一种竞赛激励奖。许多公司发现，激励性旅游的无形报酬具有特别的激励作用，而到异国旅游更是经销商的一种梦想。从某种意义上讲，这是从枯燥的工作中摆脱的最佳方式。旅游包括海外游、国内游、省内游、市内游。厂家可根据经济实力和竞赛所具有的价值确定旅游形式。

**案例** 沙巴哇经销商旅游奖励计划

- 奖励目的：使经销商有机会感觉到他们是沙巴哇公司中最优秀的一员，调动经销商的积极性，鼓励他们提高销量。
- 奖励对象：所有与沙巴哇签订《产品经销合同》的经销商，且合同期限在8个月以上，享受这种待遇时仍然是与公司签约的经销商，即第二年度又与公司续签了新的合同。
- 奖励内容：销售额前6名的经销商将被评为沙巴哇顶级经销商，且在合作年度没有被公司出具审货和低价处理的记录。
- 奖励方案：获胜者将被邀请参加印尼巴厘岛旅游，前3名可额外携带1名成年客人一同前往。

### 7.5.3 确定竞赛规则

公平性能够激发竞赛参与者的兴趣和激情。为了持续保持渠道成员的兴趣和激情，厂家必须让每位渠道成员相信"没有暗箱操作"，任何人都有机会获得奖品。

竞赛规则包括竞赛的起止日期，参赛对象、资格或条件，奖励标准，汇报和证实销售业绩的流程，颁发奖品的时间和地点，旅游的时间和地点等。

### 7.5.4 确定竞赛主题

竞赛主题决定了竞赛的氛围。竞赛主题就是竞赛的标题，而标题是由文字构成的，具有良好竞赛氛围的文字应让渠道成员具有以下感觉：充满向往之情、能激发想象力、具有挑战性、富有戏剧性、能吸引注意力，且是轻松活泼的。

例如，罗马假日具有轻松活泼、激发想象力、向往之情的氛围；挑战100天意味着具有挑战性，能够激发经销商的挑战欲望，在群体的挑战中获胜更有刺激性；红色宝马意味着能带来奢侈品的奖励，并充满期待和形象；合家欢乐意味着轻松活泼、富有戏剧性、能吸引注意力等。

### 7.5.5 确定竞赛费用

竞赛费用包括奖品费用、旅游费用、会议费用、宣传费用、竞赛过程的管理费用等。竞赛费用的标准要按照以下步骤确定。

首先，确定此次销售竞赛额外增加的销售额。例如，如果没有销售竞赛，销售额预计为 1 亿元，开展了这次销售竞赛，销售额预计为 1.1 亿元，也就是说，这次销售竞赛预计额外增加 1000 万元的销售额。其次，计算销售竞赛额外增加的销售额给厂家带来的毛利额。假如按照 20%的毛利率计算，则厂家额外增加了 200 万元的毛利额。再次，确定将毛利额的多少用于此次销售竞赛。假如将毛利额的 30%作为此次销售竞赛的费用预算，则此次销售竞赛的费用预算为 60 万元。最后，按照 60 万元的标准将销售竞赛的费用分解到各个项目。比如奖品费用为 5 万元、旅游费用为 25 万元、会议费用为 20 万元、宣传费用为 3 万元、竞赛过程的管理费用为 7 万元。

### 7.5.6　召开竞赛会议

#### 1．销售竞赛动员大会

为了取得满意的效果，销售竞赛正式开始前，厂家需要召开渠道成员的动员大会，告诉渠道成员此次销售竞赛的目标、主题、参赛资格、起止时间、获胜者奖励等。

为了使此次销售竞赛能够获得渠道成员家属的大力支持，最好邀请渠道成员的家属参加，向他们介绍如何能帮助渠道成员完成目标。

#### 2．销售竞赛颁奖大会

销售竞赛结束后，厂家应按照计划的时间召开颁奖大会，宣布销售竞赛结束，并颁发奖品。如有旅行，还应安排集体送行。

为了使颁奖大会看起来热烈隆重，颁奖大会应做好会场布置，包括镁光灯、鲜花、表演、晚宴、抽奖等。

## 7.6　实战案例

### 7.6.1　CGL 公司的厂商共赢委员会制度

#### 1．组织架构

CGL 公司的厂商共赢委员会组织架构包含厂方（厂方主席、厂方代表）和经销商（经销商主席、经销商代表）。

#### 2．厂家成员

厂方主席：公司总经理担任。

其他成员：销售部、财务部、研发部、客服部、物流部、生产部等人员。

成员来源：各部门管理者担任。

资格证书：CGL 公司颁发由总经理签字的资格证书。

厂方人数：8～10 人。

### 3. 经销商成员

经销商主席：首届由 CGL 公司指定，第二届由经销商代表选举产生，每届任期为 1 年，最多可以连任 3 年。

其他成员：省会城市经销商代表为 2 人，地市级经销商代表为 3 人，县或县级市经销商代表为 5 人，共 10 人。

成员来源：经销商代表需提出申请，经厂方主席批准，成员每年更换一次，在年度经销商大会上选举。

资格证书：CGL 公司颁发由总经理签字的资格证书。

资格回报：任职期满奖励 2 万元或等值旅游。

### 4. 委员会工作职责

① 现场办公。经销商代表反馈的问题，厂方代表要尽量当场给予满意的答复。

② 征求意见。厂方提出来的年度销售计划、新产品开发计划、广告宣传计划、促销计划等，当场征求经销商的意见并修正。

③ 厂商沟通。厂商代表经常沟通，畅通厂商沟通管道，减少厂商冲突。

④ 制定厂商共赢委员会章程，包括制定入会申请和退会申请程序，确定委员的责任、委员的义务等。

⑤ 其他事项。

### 5. 决策会议安排

① 每年召开 1～4 次。成立初期，每个季度召开一次，待运转成熟后，每年开会次数逐渐减少。

② 每次会议至少为 3 天。会议不要流于形式，要能够充分沟通，由厂方代表各部门负责人决定会议需要讨论的事项。

③ 选择区域。会议在风景名胜、样板市场、公司总部等地召开。

④ 参会礼物。每次参会后，公司要给经销商代表赠送礼物。

### 6. 经销商代表资格认证

① 签约经销商在当地口碑良好，愿意友好合作。

② 递交《厂商共赢委员会申请书》。

③ 符合公司要求的经销商类型属性。

④ 经公司高层审议，获得任职资格。

⑤ 签订任职协议。

⑥ 公司颁发由董事长签字的资格证书。

⑦ 经销商任职期满，给予物质或旅游奖励。

⑧ 任职期满身份取消，可通过选举连任。

## 7.6.2　AH 公司经销商月度返利制度

AH 公司经销商月度返利制度如表 7-5 所示。

表 7-5　AH 公司经销商月度返利制度

| | | | 月度区域人口人均销量排行榜 | | |
| --- | --- | --- | --- | --- | --- |
| | | | 排行榜 60%～100% | 排行榜 30%～60% | 排行榜前 30% |
| 返利项目 | 市场秩序 | 无窜货 | 每件 0.5 元 | 每件 0.75 元 | 每件 1 元 |
| | | 无低价 | 每件 0.5 元 | 每件 0.75 元 | 每件 1 元 |
| | 经销商类型 | 家人型 | 每件 2 元 | 每件 2 元 | 每件 2 元 |
| | | 朋友型 | 每件 1.5 元 | 每件 1.5 元 | 每件 1.5 元 |
| | | 老乡型 | 每件 1 元 | 每件 1 元 | 每件 1 元 |
| 返利区间 | | | 每件 2～3 元 | 每件 2.5～3.5 元 | 每件 3～4 元 |
| 适用产品 | | | AH 公司的所有产品 | | |
| 特别说明 | | | 1. 所有返利以产品形式兑现，且不计入销量<br>2. 采用月结季兑制，即每个月结算费用补贴，一个季度兑现一次<br>3. 与 AH 合作 10 年以上的经销商，等同家人型待遇；5 年以上，等同朋友型待遇 | | |

## 7.6.3　FS 公司经销商激励措施

### 1. 年度奖励计划

公司年销量第一名且无窜货处罚记录的经销商，奖励价值为 32 万元的小汽车 1 辆。

公司年销量第二名且无窜货处罚记录的经销商，奖励价值为 22 万元的小汽车 1 辆。

公司年销量第三名且无窜货处罚记录的经销商，奖励价值为 12 万元的小汽车 1 辆。

## 2．年度旅游奖励

（1）资格。

年销量排行榜前 10 名且无窜货处罚记录的经销商，可以携带 1 名优秀销售员工和 1 名优秀经销商旅游，不允许带小孩。

（2）旅游时间与地点。

第二年的 5～6 月份，印尼巴厘岛。

**【渠道经理工具箱】**

关于激励渠道成员的知识，渠道经理要掌握以下 23 大工具。

（1）渠道成员的 5 大需求。

（2）渠道成员的生理需求内容。

（3）渠道成员的安全需求内容。

（4）渠道成员的社交需求内容。

（5）渠道成员的尊重需求内容。

（6）渠道成员的自我实现的需求内容。

（7）麦克维伊的观点。

（8）厂商共赢委员会的定义。

（9）厂商共赢委员会的组织架构。

（10）厂商共赢委员会的成员组成。

（11）厂商共赢委员会的职责。

（12）厂商共赢委员会的好处。

（13）厂家对渠道成员的 5 大支持。

（14）驻地业务员的定义。

（15）渠道成员培训的层次。

（16）渠道成员培训的形式。

（17）进货折扣的形式。

（18）返利的定义。

（19）返利目的与返利形式。

（20）不同产品生命周期的返利制度。

（21）销售竞赛的定义。

（22）销售竞赛的 6 个步骤。

（23）确定竞赛费用的技巧。

# 第 8 章　渠道窜货管理

（1）很对厂家的管理者认为，窜货不影响厂家的整体销量，利润只是从这个经销商的荷包转移到了那个经销商的荷包，导致窜货愈演愈烈。

（2）大部分厂家都是让销售人员管理窜货，结果窜货越管越多，销售人员与经销商的关系也越来越差。

（3）大部分窜货都是由大经销商或与厂家老板关系好的经销商造成的，导致厂家投鼠忌器：处罚他们吧，影响厂家的销售额，也影响与经销商的个人关系；不处罚他们吧，厂家的窜货管理制度形同虚设，其他经销商心里不服，厂家形象受损。

（4）很多窜货都是厂家的销售制度导致的，如大户制度、返利制度、进货折扣促销等，这就叫好心办坏事。

（5）防窜码是厂家进行窜货管理的前提。但是，在每件产品上打码，不仅会增加生产成本，还会降低生产效率。

（6）一旦发生窜货，厂家就要处罚经销商。为此，不仅要花费大量的时间取证，还导致了厂商关系、经销商之间的关系进一步恶化。

## 梅明平对渠道经理说

厂家如果出现以下情况，那距关门就不远了：厂家销量逐年下滑，经销商的积极性越来越低，窜货和低价销售已经成为普遍现象，厂家尝试过各种办法控制窜货但屡禁不止、效果甚微，市场价格越来越低导致经销商无利可图，个别大户经销商对厂家的销售制度指手画脚、配合度差。

**案例　一次窜货导致 15 年生意上的朋友变成仇人**

经销商陈总按照厂家规定的价格以每箱 125 元向二级批发商毛总供货，不到两天，不知从哪里来的每箱 85 元的同样产品大量流向陈总的市场，二级批发商毛总气呼呼地把货退给了陈总，还发誓再也不从陈总那里进货了，15 年生意上的朋友就因这一次的窜货而成为生意上的仇人。经销商陈总有错吗？

## 8.1　了解窜货

为什么许多产品红红火火时，却突然销声匿迹？为什么畅销的产品反而赚钱越来越少？一个重要的原因是市场出了问题。据调查，销售工作中的两大顽疾是窜货和低价，而不同区域市场间的低价倾销则是由窜货造成的。因此，窜货是导致市场价格混乱、经销商无利可图的罪魁祸首。

### 8.1.1　窜货的概念

> **➡ 名词解释：窜货**
> 窜货又称冲货，是指与厂家签订合同的经销商，其产品不在合同所规定的销售区域内储存或销售。

从窜货的定义可以看出，窜货除了在其他区域销售，还包括在其他区域储存，即当厂家查找窜货源头时，发现某批发商的仓库中有其他区域经销商的产品，这种情况也属于窜货。

### 8.1.2　窜货的形式

根据窜货的主体不同，我们将窜货分为直接窜货和间接窜货。但是，无论是直接窜货还是间接窜货，厂家只能管理与之签订合同的经销商，所以在通常情况下，直接窜货和间接窜货均由与厂家签订合同的经销商承担责任。

#### 1．直接窜货

受到利益的驱使，经销商将产品直接批发给非所属区域的批发商或零售商，属于直接窜货，即货物流向为"经销商→其他区域的批发商或零售商"。

### 2．间接窜货

由经销商所属区域的批发商将产品批发给非所属区域的批发商或零售商，属于间接窜货，即货物流向为"经销商→本区域的批发商→其他区域的批发商或零售商"。

## 8.1.3　窜货的性质

窜货主体的动机不同，对市场的影响也不同，为此可以把窜货分为有意窜货和无意窜货。

### 1．有意窜货

➡ **名词解释：有意窜货**

有意窜货是指为获取非正常利润，与厂家签订合同的经销商蓄意向自己授权辖区以外的市场倾销产品的行为。

经销商有意窜货最常用的方法是降价销售。有意窜货给厂家造成的危害是巨大的，它会扰乱厂家整个经销网络的价格体系，易引发价格战，降低通路利润；有意窜货使得被窜货的经销商对产品销售失去信心，丧失积极性并最终放弃经销该厂家的产品；被窜货的经销商往往在一夜之间，由于价格原因失去下级客户的信任，导致双方长期建立起来的生意互信关系毁于一旦；混乱的价格将导致厂家的产品、品牌失去被窜货的经销商的信任与支持。

### 2．无意窜货

➡ **名词解释：无意窜货**

无意窜货是指与厂家签订合同的经销商，由于市场自然销售等原因，产品流向自己授权辖区以外的市场的行为。

无意窜货在市场上时有发生，只要有市场的分割就会有此类窜货。无意窜货主要表现为在相邻辖区的边界附近互相窜货，或者在流通型市场上，产品随物流进入其他地区。无意窜货如果窜货量小，不影响市场价格体系，则对被窜货的经销商影响不大；如果窜货量大，且影响到了该区域的市场价格体系，则对被窜货的经销商影响较大。

## 8.2　窜货的诱因

既然厂家明文规定不允许窜货，那么与厂家签订合同的经销商为什么还要窜货呢？为了"利"。为了减少经销商的窜货行为，厂家的渠道经理需要了解导致窜货的诱因，尽量减少窜货诱因，维护渠道成员的利益。

### 8.2.1 返利设置

返利设置有两种方式：一种是按照销售额的大小设置，即销售额越大返利比例越高，如月销售额低于 5 万元，返利比率为 1%，5 万～10 万元，返利比率为 2%，超过 10 万元，返利比率为 3%；另一种是按照完成销售任务设置，完成销售任务低于 80%，返利比率为 1%，80%～100%，返利比率为 2%，超过 100%，返利比率为 3%。无论采用哪一种返利设置方式，经销商都希望能够获得更高的返利比率。

但是，如果经销商要获得最高返利比率的销售额太大，无法在自己授权区域内完成这么大的销售额；或者厂家分配给经销商的销售任务太难，经销商无法在自己授权区域内完成这么难的销售任务。因此，经销商为了获得最高的返利比率不得不铤而走险，通过窜货来提高销售额，或者完成销售任务。

**梅明平对渠道经理说**

因返利设置而导致的窜货主要责任在于厂家。为了防止因返利设置导致的窜货，厂家应这样设置返利：在正常销售情况下，确保 70%以上的经销商都能获得最高的返利比率。

### 8.2.2 经销商类型

对于窜货的经销商，厂家会有不同程度的处罚，最高处罚是取消合作资格。如果与厂家签订合同的经销商非常看重与厂家的合作，那么该经销商会对自己的货源进行严格控制，自觉减少或杜绝窜货；如果经销商不重视与厂家的合作，对于经销权可有可无，则会对窜货放任自流，或者有意窜货。

**梅明平对渠道经理说**

为了让经销商看重厂家的经销权，减少有意窜货的行为，厂家的渠道经理有两种方法可以选择：一种是提升我方产品在经销商产品中的利润占比，至少超过50%；另一种是把现有经销商发展成为专销商，或者开发更多的专销商，即只能经营我方产品而不能经营其他厂家产品的经销商。专销商的忠诚度更高，因为他们的身家性命都系在厂家身上，他们往往会因担心取消经销权而自愿严格控制窜货行为。

### 8.2.3　铺底货款

很多厂家好心办坏事！厂家给经销商铺底，虽然账面上获得了销售额，但最终会失去对经销商的控制权。

例如，某经销商因为窜货，厂家给出了罚款 5 万元的处罚，但是经销商就是不执行。因为厂家 30 万元铺底的货款在经销商的手中，铺底货款还与不还，何时还的主动权也在经销商的手中。因此，一旦厂家对经销商有铺底支持，对于窜货的经销商进行处罚将会是一纸空文，丝毫没有威慑力。

**梅明平对渠道经理说**

厂家给经销商铺底，可以说是一把双刃剑，但最终受伤害的往往是厂家。如果作为厂家的你，现在还有铺底货款在经销商手中，建议逐渐取消铺底支持，采用现款现货。最好的做法是让经销商缴纳年销售额的 10% 作为押金，厂家拥有经销商的预付款，以掌控渠道话语权。

### 8.2.4　进货促销

厂家对经销商大力度的月度进货促销策略是窜货的一大根源。因为大力度的月度进货促销，经销商都希望多进货，但是经销商存在资金的差异，有的经销商因资金充裕大量进货，而有的经销商因资金短缺进货量少。一个月的大力度进货优惠结束后，进货量大的经销商仓库里还有大量的优惠货源，而进货量少的经销商已经销售完毕，这样市场上就会出现价格差，窜货无可避免。

**梅明平对渠道经理说**

为了控制因进货促销策略导致的窜货，厂家必须限制每个经销商对于促销产品的进货量，以及进货时间。例如，厂家规定经销商对于促销产品的采购，统一安排在月初的 1～5 日，过期不补。同时，厂家根据每个经销商的任务，规定不同的促销品配额。这样，到这个月月底，促销品在每个区域都基本消耗完毕，无货可窜。

### 8.2.5　区域与渠道划分

经销商的销售区域与销售渠道的划分，要与经销商已经形成的销售网络相匹配，划分方式除了按照行政区域，还应考虑产品销售渠道及自然流通路线。厂家尽量做到不要让经销商的销售区域与销售渠道产生重叠，否则，将会成为窜货的诱因。

**梅明平对渠道经理说**

一个市场可以按照行政区域分为多个销售区域，如武汉市的武昌、汉口和汉阳；也可以按渠道划分为多个渠道，如超市、便利店、批发、餐饮等。关于区域和渠道的划分，一定要符合当地的实际情况，按照当地同行业的习惯，千万不要按照自己的想法人为划分。

### 8.2.6　大户策略

当厂家在回款或完成销售任务上出现依赖某个或某几个经销商的时候，为了拉拢他们，厂家往往会给予他们更低的折扣或更高的返利。例如，一般经销商最高返利为 6% 的返利。这样，大户经销商就可以用更低的价格在其他区域销售，人为导致窜货。

**梅明平对渠道经理说**

厂家渠道经理的一个重要任务就是，让各个经销商的销量达到均衡状态，即每个经销商的销量占比相差不大，这样就不会出现大户经销商左右厂家决策的现象。

## 8.3　窜货在产品生命周期不同阶段的影响

窜货并不总是有害的，有时候甚至会是一件好事。例如，一个经销商向空白市场窜货，空白市场没有与厂家签订合同的经销商，所以就不存在受害者。这种窜货既可以提升经销商的销量，又培养了空白市场的消费者，为空白市场以后的经销商奠定了市场基础。

同样，窜货对不同生命周期的产品的影响也是不一样的。按照产品生命周期理论，每个产品都会经历投入期、成长期、成熟期、衰退期 4 个阶段。

### 8.3.1　投入期

新产品刚投入市场，属于产品投入期，没有知名度，市场价格也不透明，也没有建立完善的销售网络和渠道，窜货对销售基本上不造成影响。

### 8.3.2　成长期

新产品在投入市场一段时间后进入成长期，窜货对于产品的品牌建立与推广有着积极的影响。为了提升渠道成员销售新产品的积极性，厂家往往会给予渠道成员更高的返利，有意引导渠道成员为了追逐更高的利益而窜货。由于此时渠道成员对于成长期的产品价格不敏感，窜货并不会对渠道成员造成伤害，甚至新产品推广得力，还会成为畅销产品、知名品牌。

### 8.3.3　成熟期

产品进入成熟期，产品的销售力强劲，成为渠道成员的主力销售产品，渠道成员和消费者对于产品的价格极其敏感，窜货会影响到该区域与厂家签约的渠道成员的出货价格，也会影响到该渠道成员在下级客户眼中的商业信誉，对产品品牌和渠道成员有百害而无一利。因此，厂家严格控制窜货主要是针对进入成熟期的产品。

### 8.3.4　衰退期

进入衰退期的产品，销量会因新产品的替代而迅速下降，产品价格变得不敏感，窜货有利于厂家迅速清理库存、回笼资金，加快推出新产品。

## 8.4　防窜货管理体系建设

"头痛医头，脚痛医脚。"厂家没有建立防窜货管理体系，窜货便会层出不穷地发生，严重扰乱产品的市场流通秩序，降低产品的销售价格，损害经销商的利益，最终让经销商没有安全感。持续的窜货，轻则导致经销商和厂家双双销量下降，重则导致经销商转而销售其他厂家的产品，甚至会导致厂家破产。

### 8.4.1　设立窜货管理专员

出现窜货后，很多厂家是由销售人员负责处理窜货的。殊不知，由销售人员处理窜货会存在很多缺陷。首先，容易引起销售人员之间的矛盾。因为窜货会影响被窜货一方销售人员完成销售任务的情况，最终影响其工资、奖金，这会导致双方销售人员之间的矛盾。其次，容易引起经销商与销售人员之间的矛盾。因为销售人员对经销商负有管理的责任，当经销商发生窜货后，销售人员要对经销商进行处理，从而导致经销商与销售人员之间产生不愉快甚至矛盾，不利于工作的开展。再次，销售人员不能集中精力做好销售工作。因为在处理窜货的过程中，销售人员既要调查取证，又要多方沟通与协调。销售人员实际上变成了市场窜货处理员，根本不能集中精力做好销售工作，本末倒置。最后，销售人员可能纵容经销商窜货。销售人员为了完成销售任务、获取奖金，可能会铤而走险，纵容甚至鼓励经销商窜货，扰乱市场秩序。

因此，厂家安排销售人员负责处理窜货弊大于利，那么由谁负责处理窜货呢？

厂家只需要在销售总监下设立窜货管理专员就可以了，窜货管理专员直接由销售总监负责管理，由他们负责专门处理全国的窜货投诉，既能让销售人员集中精力做好销售工作，又能提高处理经销商市场违规事件的速度，既专业又高效。

### 梅明平对渠道经理说

厂家应该设立多少名窜货管理专员呢？这个要看窜货发生的频率和经销商的数量。一般情况下，200～300个经销商设立1名窜货管理专员就足够了。如果刚开始设立窜货管理专员，且窜货数量多，则按照50～100个经销商设立1名窜货管理专员，等到窜货数量减少，经销商形成了自律的习惯，可以逐步减少窜货管理专员的数量。

### 8.4.2　产品防窜码

产品防窜码是识别窜货经销商的唯一标志。没有产品防窜码，将无法确认违规的经销商是谁。因此，产品防窜码是有效、公平、迅速、准确处理窜货的基础。

#### 1．产品防窜码的编制方法

产品防窜码有两种编制方法：一种是固定码，另一种是变动码。

固定码就是一个经销商对应一个码。例如，10001号对应武汉经销商张斌，则10001号这个码要印刷在给武汉经销商张斌的每件产品上。固定码的好处是一眼就能够看出是谁窜货了，但困难在于经销商订货后才能打码，严重影响了发货速度。而且，在每个品类的每件产品上打码，会占用很大的仓库空间。

变动码就是随机码，每件产品在生产时就会对应一个随机码，只是在发货时将随机码与经销商进行对应。变动码的好处是不影响生产，也不额外占用仓库空间，但困难在于很难一眼看出是谁在窜货，需要通过计算机进行查询才行。

## 2．产品防窜码的印刷位置

产品防窜码可以印刷在 3 个不同的位置：一是外包装箱上，二是中包装上，三是小包装上。

厂家选择防窜码的印刷位置应坚持 4 个原则：一是不能增加生产成本；二是容易识别；三是不容易被毁坏；四是符合国家有关包装的规定。

### 梅明平对渠道经理说

如何降低防窜码的印刷成本？我们来看看整个窜货处理流程，即打上防窜码→识别窜货经销商→处罚窜货经销商→减少窜货数量→稳定市场价格→增加经销商利益→提升经销商的积极性→进一步提升销售额。

通过上述内容可以看出，产品防窜码的目的是通过提升经销商的积极性，从而进一步提升厂家的销售额，而不仅仅是为了处罚经销商。因此，厂家不需要在每件产品上打码，可以选择性打码，同样能取得提高经销商积极性的效果。

选择性打码的对象包括容易窜货的产品、容易窜货的经销商、容易窜货的季节、容易窜货的渠道等，这样可以减少 90%的打码工作量。

## 8.4.3　经销商选择与区域划分

有些经销商容易发生窜货，如批发市场的经销商；有些经销商很难发生窜货，如给现代渠道供货的经销商。所以厂家应该选择合适的经销商，剔除有"前科"的经销商，从源头消除窜货产生的可能性。

另外，厂家在区域划分时要结合经销商现有的覆盖区域，最好与之匹配，不要与其他经销商的销售区域重叠。

## 8.4.4　供货限制

厂家应严格控制容易发生窜货的产品，如畅销品和促销品的采购量，使经销商无货可窜。因为畅销品、促销品是发生窜货的主要产品，所以厂家要对经销商限时限量供应这些产品。例如，厂家规定在每个月的 1～10 日，每个经销商按照限量标准采购畅销品和促销品，一旦超过这个月的 10 日，厂家将不再供应畅销品和促销品，而且当月畅销品和促销品的计划供应量作废。

## 8.4.5　返利设置

返利设置是导致经销商窜货的诱因之一，所以防止窜货的返利技巧在于，让

70%以上的经销商能够得到最高的返利比率。这样，经销商就不会把主要精力放在窜货上，而是放在区域市场的精耕细作上。

## 8.4.6 窜货处罚

### 1. 窜货处罚原则

（1）协商处理优先原则。

所有窜货均由窜货管理专员在第一时间组织两个经销商（窜货的经销商、被窜货的经销商）一起协商处理，处理结果以双方均接受为原则。同时，窜货管理专员要组织双方当场拟定防止下次窜货的《窜货调解书》，并约定窜货处罚措施，双方签字、盖章。

**案例** 窜货调解书

窜货调解书

甲方（窜货方）：＿＿＿＿＿＿＿＿　　乙方（被窜货方）：＿＿＿＿＿＿＿＿

手机号：＿＿＿＿＿＿＿＿　　　　　　手机号：＿＿＿＿＿＿＿＿

销售区域：＿＿＿＿＿＿＿＿　　　　　销售区域：＿＿＿＿＿＿＿＿

甲、乙双方，就甲方于＿＿＿＿年＿＿＿＿月＿＿＿＿日，将产品＿＿＿＿＿＿＿＿＿＿＿＿＿＿＿＿＿＿，总共＿＿＿＿＿＿＿＿件，总共金额＿＿＿＿＿＿＿＿元，窜货至＿＿＿＿＿＿＿＿（商户或地点），以购货单据照片、现场视频或通话录音为证据，经双方确认确实存在以上窜货事实。

在＿＿＿＿＿＿＿＿（窜货管理专员）的组织下，经双方友好协商，自愿达成如下协议。

（1）甲方在＿＿＿＿年＿＿＿＿月＿＿＿＿日，将窜货产品全部收回。

（2）甲、乙双方与购买窜货产品的商户沟通，告知商户如果再次发生类似事件，甲、乙双方都会受到公司的严厉处罚。

（3）针对此次窜货甲方给乙方造成的损失或不良影响，甲方自愿一次性给予乙方的补偿为：＿＿＿＿＿＿＿＿＿＿＿＿＿＿＿＿＿＿＿＿＿。（可以填写，也可以不填写，如果填写，则填写甲方自愿补偿的金额、产品或服务。）

（4）甲方保证，将严格管理货物流向，以后不再发生类似事件，如有发生，自愿按照每件罚款＿＿＿＿＿＿＿＿元对乙方进行补偿，并在两日后，收回全部所窜货物。

（5）乙方同样保证，以后同样严格控制货物流向，如货物流到甲方区域导致窜货，也自愿按照每件罚款_____元对甲方进行补偿，并在两日后，收回全部所窜货物。

（6）本协议一式三份，甲、乙、公司方各执一份。

（7）本调解书自双方签字之日起生效。

甲方签字（窜货方）：_____ 乙方签字（被窜货方）：_____

甲方签字日期：_____ 乙方签字日期：_____

调解人签字：_____

调解人签字日期：_____

调解人手机号：_____

（2）协商不成处罚措施。

一旦协商失败，或者被窜货方不愿意协商，则被窜货方的经销商填写《窜货投诉状》递送厂家销售部，由窜货管理专员按照《经销商窜货处罚标准》进行处理。

**案例　窜货投诉状**

### 窜货投诉状

公司邮箱： 收件人：

窜货区域：

发现/收购所窜货物时间：

收购地点（如在不同地点收购，请备注）：

窜货清单：

| 单品名称 | 收购箱数 | 收购价格 | 金额合计 | 防窜码 | 收购地点 | 收购证据 |
|---|---|---|---|---|---|---|
|  |  |  |  |  |  |  |
|  |  |  |  |  |  |  |
|  |  |  |  |  |  |  |
| 合计 |  |  |  |  |  |  |

投诉经销商签名： 投诉时间：

窜货管理专员意见：

销售总监处理意见：

将《窜货投诉状》抄送：窜货经销商、被窜货经销商、业务员、大区经理、公司总经理等人。

### 2．窜货处罚标准

窜货处罚有两种方法：一种是按窜货数量处罚，另一种是按窜货次数处罚。

按窜货数量处罚。如果窜货数量很容易认定，则这种方法最有效、最公平，但在实际操作过程中，窜货数量的认定往往比较困难。

按窜货次数处罚。这种方法根据窜货次数的不同，制定不同的处罚标准，累积递进直至解除合同。这种方法最大的好处是，容易采集证据、处理简单、参考标准易于制定、执行力强，非常适合证据难以采集的行业。

**梅明平对渠道经理说**

收集窜货证据是管理窜货中最难的环节，建议交给经销商去做。谁投诉，谁就负责收集证据。厂家究竟是按数量还是按次数处罚经销商，不是窜货管理的重点，重点是进行全国通告，让所有经销商知道，厂家在严格管理窜货，并对窜货的经销商进行严格处罚。

## 8.4.7　签订窜货管理合同

上述防窜货的准备工作都完成后，厂家窜货管理专员的最后一个动作就是要让经销商签订窜货管理合同，让经销商了解窜货的后果，明确对违规经销商的处理依据，由经销商本人承诺，窜货后接受厂家的处罚。

厂家单独使用任何一种防窜货方法，其效果都是有限的，其作用只能治标不能治本。厂家只有建立了防窜货管理体系，才能形成一套科学的、严密的防窜货方法，才能把各种防窜货手段的效用发挥得淋漓尽致。

# 8.5　实战案例

## 8.5.1　BZ 公司窜货管理制度

### 1．窜货管理的基础知识

（1）窜货的定义。

产品不在经销商与厂家所签订的《产品经销合同》所授权的经销区域内销售、储存和流通，均属于窜货。

（2）直接窜货。

与 BZ 公司直接签订合同的经销商发生的窜货，属于直接窜货。

（3）间接窜货。

通过经销合同所属区域内的批发商、零售商发生的窜货，属于间接窜货。

（4）连锁店窜货。

第一种情况：由总部统一配送的连锁店，产品应由与总部签订合同的经销商配送，如该连锁店延伸到了其他经销商的区域，则不属于窜货，但前提条件是需要同时向 BZ 营销部和 BZ 分公司报备确认才能生效，否则就属于窜货。

第二种情况：合同需由总部直接与其所在地的经销商签订，但配送不由总部直接配送的连锁店，如该连锁店延伸到了其他经销商的区域，连锁店应由当地所在区域的经销商供货，否则属于窜货。

（5）窜货责任人。

凡是发生了窜货，无论属于直接窜货还是间接窜货，均由与 BZ 公司直接签订合同的该区域的经销商承担责任。

（6）打防窜码的方法。

BZ 公司选择部分流通性强的产品进行编码，在外包装上打上产品编码，采用变动码。

（7）窜货证据。

窜货投诉人必须收集窜货的全部或部分产品才能进行投诉申告，口头投诉无效。有效的窜货证据包括窜货者供货单、有窜货编码的产品及其他证据。

**2．不同区域之间的窜货处罚规定**

（1）区域内窜货。

同一区域的经销商之间发生窜货，由该区域队长负责处理。

（2）分公司内窜货。

省内不同地区之间发生窜货，由省销售公司总经理负责处理。

（3）分公司之间窜货。

两个省销售公司之间发生窜货，由两个省销售公司的总经理负责处理。

（4）其他情况发生窜货。

例如，销售分公司与没有销售分公司的区域之间、非分公司之间发生窜货，由 BZ 公司营销部督察员负责处理。

（5）窜货处理人。

所有窜货均由分公司总经理或 BZ 营销副总经理负责处理，销售人员一概不负责处理窜货，以免影响销售人员与经销商之间的合作。

### 3．BZ 经销商窜货处罚原则

（1）协商处理优先原则。

所有窜货均由区域队长、分公司经理或 BZ 营销副总经理在第一时间组织两个经销商（窜货的经销商、被窜货的经销商）一起协商处理，处理结果以双方均接受为原则。同时，要组织双方当场拟定防止下次窜货的约定书，并约定窜货处罚措施，双方签字、盖章。

（2）协商不成处罚措施。

无论是分公司经销商还是非分公司经销商，一旦协商失败，或者被窜货方不愿意协商，则被窜货方的经销商填写《窜货投诉状》递送 BZ 总部督察员，由总部督察员按照《BZ 经销商窜货处罚标准》进行处理。

### 4．BZ 经销商窜货处罚标准

BZ 经销商窜货处罚标准如表 8-1 所示。

表 8-1　BZ 经销商窜货处罚标准

| 次数 | 上缴罚金 | 扣罚运费补贴 | 停止供货 | 行政处罚 |
|---|---|---|---|---|
| 第一次 | 5000 元 | 同时扣罚当月无窜货、无低价运费补贴 | 停止供货至上缴罚金 | 全国通告 |
| 第二次 | 1 万元 | 同时扣罚当月无窜货、无低价运费补贴 | 停止供货至上缴罚金 | 全国通告 |
| 第三次 | 2 万元 | 同时扣罚当月无窜货、无低价运费补贴 | 停止供货至上缴罚金 | 全国通告 |
| 第四次 | 解除合同 | | | |

### 5．厂家员工窜货处罚标准

无论是分公司经销商窜货还是非分公司经销商窜货，一旦对窜货的经销商罚款，则分公司总经理、BZ 营销副总经理和区域队长应承担连带责任，由营销部督察员执行。BZ 管理者承担窜货连带责任处罚标准如表 8-2 所示。

表 8-2　BZ 管理者承担窜货连带责任处罚标准

| 经销商 | 分公司总经理 | BZ 营销副总经理 | 区域队长 |
|---|---|---|---|
| 因窜货而罚款 0.5 万～2 万元 | 2000 元/次 | 1000 元/次 | 全额扣除当月市场秩序管理奖金 |

续表

| 经销商 | 分公司总经理 | BZ 营销副总经理 | 区域队长 |
|---|---|---|---|
| 因窜货而解除合同 | 5000 元/次 | 3000 元/次 | 全额扣除当月市场秩序管理奖金 |

### 6. BZ 公司窜货处罚措施的特点

① 以协商处理为主。发生窜货后，分公司总经理、BZ 营销副总经理或区域队长组织双方进行协商，并将协商处理的结果让双方签字、盖章，双方与处理者各执一份。

② 停止发货处理。在窜货处理结束前，对窜货方实施停货处理，给予窜货方强大的压力。

③ 全国通告。让全国的经销商都知道是哪个经销商在窜货，给予其他经销商强大的心理压力。

④ 扣除费用补贴。除了罚款，还要失去费用补贴，让窜货者得不偿失，将窜货所带来的利益全部扣除，降低窜货动机。

⑤ 连带责任。所有窜货一旦上升到罚款层面，那就属于管理不善，BZ 公司管理者要承担连带责任，同时让经销商心服口服。

### 7. 被窜货经销商填写《窜货投诉状》

#### 窜货投诉状

公司邮箱：×××@163.com　　收件人：张先生

窜货区域：

发现/收购所窜货物时间：

收购地点（如在不同地点收购，请备注）：

窜货清单：

| 单品名称 | 收购箱数 | 收购价格 | 金额合计 | 防窜码 | 收购地点 | 收购证据 |
|---|---|---|---|---|---|---|
|  |  |  |  |  |  |  |
|  |  |  |  |  |  |  |
|  |  |  |  |  |  |  |
|  |  |  |  |  |  |  |
|  |  |  |  |  |  |  |
|  |  |  |  |  |  |  |
| 合计 |  |  |  |  |  |  |

BZ 公司业务员签名：　　　　BZ 分公司总经理签名：　　　以上情况属实！

投诉经销商签名：　　　　　　投诉时间：

窜货方区域队长处理意见：

被窜货方区域队长处理意见：

营销部督察员处理意见：

BZ 营销副总经理处理意见：

将《窜货投诉状》抄送：双方的区域队长、窜货经销商、被窜货经销商、业务员、分公司总经理、营销部督察员、BZ 营销副总经理、公司总经理等人。

### 8. BZ 经销商窜货处理结果全国通告

将《BZ 经销商窜货裁决通知书》通过微信，由 BZ 业务员发给每个 BZ 经销商，进行全国通告。

BZ 经销商窜货裁决通知书

现有＿＿＿＿＿＿地区＿＿＿＿＿＿县经销商＿＿＿＿＿＿：于＿＿年＿＿月＿＿日窜货到＿＿＿＿＿＿地区＿＿＿＿＿＿县，窜货数量为＿＿＿＿＿＿袋。窜货经销商所属战队为＿＿＿＿＿＿，被窜货经销商所属战队为＿＿＿＿＿＿，属于战队（内或之间）的窜货，严重扰乱了 BZ 公司市场销售秩序。根据《BZ 经销商窜货处罚标准》，对窜货责任人和窜货连带责任人处罚如下。

窜货经销商：

窜货经销商所属战队队长：

被窜货经销商：

被窜货经销商所属战队队长：

BZ 分公司总经理：

BZ 营销副总经理：

附：在《BZ 经销商窜货裁决通知书》发出后，到裁决内容执行完成前，公司停止向窜货经销商供货，直到裁决内容执行完成为止。

BZ 公司总经理：×××<br>年　　月　　日

## 8.5.2　FT 公司防窜货措施

### 1. FT 公司防窜货原则

（1）厂家负责制。

全国的窜货由厂家负全部责任。

（2）经销商负责制。

区域内所有二级经销商的窜货，由该区域一级经销商负全部责任。

（3）窜货证据收集。

窜货证据由经销商收集，上报公司市场督察部确认；或者由市场督察部成员寻访市场时发现，并与区域经销商共同确认。经销商在没有收集到窜货证据的情况下，只是口头投诉公司不予受理。

（4）窜货处罚。

以全国通告、控制供货量为主，以罚款为辅。

### 2．窜货定义及责任人

凡是发生了窜货，均由该区域授权的经销商负责。

### 3．编码

FT 公司选择部分流通性强的产品进行编码，在外包装盒上打上产品编码，采用变动码。

### 4．窜货处理人

由市场督察部进行处理，销售人员不负责处理窜货。

### 5．窜货证据

窜货投诉人必须收集窜货证据，才能进行投诉申告。

有效的窜货证据包括窜货者供货单、有窜货编码的产品及其他证据。

### 6．窜货处罚标准

FT 公司为控制经销商窜货，制定了经销商窜货处罚标准，如表 8-3 所示。

表 8-3　FT 公司经销商窜货处罚标准

| 次数 | 供货量限制 | 上缴罚金 | 停止供货 | 行政处罚 |
| --- | --- | --- | --- | --- |
| 第一次 | 下季度供货不超过任务的 100% | 5000 元 | 停止供货到解决问题 | 全国通告 |
| 第二次 | 下季度供货不超过任务的 90% | 1 万元 | 停止供货到解决问题 | 全国通告 |
| 第三次 | 下季度供货不超过任务的 80% | 2 万元 | 停止供货到解决问题 | 全国通告 |
| 第四次 | 解除合同 | | | |
| 说明 | 1．返利标准中设计了无窜货返利、无低价返利，在季返利中同时扣除。<br>2．如果限制供货量，则窜货者会损失"完成季度任务追加返利"待遇。 | | | |

### 7. 市场督察部职责

① 处理市场违规情况，处理经销商的投诉，处理市场违规事件（窜货、低价和市场价格）。

② 检查销售费用的使用情况，如店招制作费。

③ 检查 FT 销售人员的市场工作情况，如铺市情况、促销情况、经销商评价等。

④ 检查经销商的类型。

### 8. 执行要求

防窜货措施要由销售部经理在经销商年会上宣布，引起经销商的重视，并对窜货的经销商进行警告。一旦有窜货投诉，必须立即严格处理。

【渠道经理工具箱】

关于渠道窜货管理的知识，渠道经理要掌握以下 13 大工具。

（1）窜货的定义。

（2）窜货的两种形式。

（3）有意窜货的定义。

（4）无意窜货的定义。

（5）窜货的 6 大诱因。

（6）窜货在产品生命周期不同阶段的影响。

（7）防窜货管理体系建设的 7 大步骤。

（8）窜货管理专员的设置。

（9）产品防窜码的编制方法和印刷位置。

（10）窜货处罚原则。

（11）窜货调解书。

（12）窜货投诉状。

（13）窜货处罚标准。

# 第 3 部分　规划渠道要素

# 第 9 章　梳理渠道产品

## 问题与后果

（1）在产品设计之初，厂家没有对产品清晰的质量定位、利益定位和使用者定位，将产品匆匆忙忙推向市场，导致渠道成员和消费者认知模糊，产品没有竞争力，最后铩羽而归。

（2）产品的差异化竞争优势不明显，经销商不愿意进货，零售商不愿意销售，消费者不愿意购买，但厂家一味压货给经销商，导致经销商库存积压、流动资金被占用，顾此失彼。

（3）在"经销商帮助厂家推销新产品"和"厂家帮助经销商开发新产品"之间，厂家要有清晰的认知，尤其是针对中小厂家。厂家一旦出现错误的认知，就会浪费许许多多的资源。

（4）没有培训、没有体验，就不要推广新产品！然而，很多厂家在推广新产品时，总是一味地向经销商压货，以为把新产品压给了经销商，新产品就自然会销售出去。

（5）厂家不要轻易使用搭售策略，尤其是在行业中有影响力的知名品牌，一不小心就可能违反了法律法规。

## 梅明平对渠道经理说

不同的销售渠道适合不同的产品线！

为了帮助渠道成员获得利润及竞争优势，厂家必须做好对产品的定位。同时，在推出新产品的过程中，厂家必须与渠道成员进行沟通，让渠道成员参与到新产品的设计研发之中，使新产品更符合渠道成员的需求。在产品的销售过程中，厂家也需要采用排他性交易及搭售策略，实现快速销售产品的目的。

厂家要思考的问题是：如何突出产品在渠道中的竞争优势？如何将产品纳入渠道成员的产品组合？如何制定有竞争力的产品经销策略？

## 9.1　突出产品在渠道上的竞争优势

只有在渠道中有优势的产品，才能被渠道成员所接受并转移其产品价值，否则，再好的产品，如果在渠道成员现有经营的产品线上没有竞争力，渠道成员就不会采购！尤其是成熟厂家开发的新产品，最容易出现在渠道中毫无竞争优势的情况，导致新产品开发失败，给厂家造成巨大的损失。

### 9.1.1　突出产品定位优势

➡ **名词解释：产品定位**

产品定位是厂家在产品设计之初或在产品推广的过程中，通过广告宣传或其他营销手段使产品在消费者心中确立一个具体形象的过程，简而言之就是给消费者提供一个选择产品的购买理由。

产品定位越清晰，越容易被消费者记住；产品竞争力越强，越容易被消费者购买。在通常情况下，产品定位包括 3 个方面，即产品质量定位、产品利益定位和产品使用者定位。

#### 1．产品质量定位

产品质量既不是越高越好，也不是越低越好，而是要根据不同市场消费者对产品质量的需求，对产品质量进行定位。例如，农村市场和城市市场，对产品质量的要求是不一样的。

产品质量确定了，产品的价格也就确定了，因为一分钱一分货，高质高价、低质低价，产品质量与产品的价格有关。因此，产品的质量定位，也就是产品的价格定位。

厂家在开发、生产产品时，需要研究消费者的需求，尤其是价格需求，然后根据消费者愿意支付的产品价格，把产品的质量控制在符合产品价格的档次上。定位于质量优良的产品比比皆是，比如劳斯莱斯汽车。每辆劳斯莱斯汽车在出厂前均经过 5000 千米的试车，哪怕有一点儿毛病也不准出厂。

厂家如果要突出产品质量的定位，就需要在宣传广告上突出产品质量，比如格力突出产品质量的广告语"好空调，格力造"，说明格力是定位于生产高质量产品的。

采用产品质量定位的还有五得利面粉的广告语"好面粉，五得利"，农夫山泉矿泉水的广告语"农夫山泉，有点甜"，百岁山矿泉水的广告语"水中贵族，百岁山"，正宇面粉的广告语"正宇馒头粉，细腻有麦香"等。

### 2．产品利益定位

按照产品的销售法则，产品利益是指产品给消费者带来的好处。厂家要通过对消费者需求的研究，发现消费者最关心的、最感兴趣的和最迫切需要的。

厂家如果要突出产品利益定位，就需要在宣传广告上突出产品利益，比如王老吉突出产品利益的广告语"怕上火，喝王老吉"，说明王老吉饮料给消费者带来的好处是预防上火。

采用产品利益定位的还有汇源果汁的广告语"喝汇源果汁，走健康之路"，飘柔的广告语"飘柔，就是这么自信"，人头马的广告语"人头马一开，好事自然来"，百度的广告语"百度一下，你就知道"等。

### 3．产品使用者定位

产品使用者，也称产品消费者、客户。产品使用者定位是厂家通过对产品的潜在使用者，按照年龄、性别、职业、消费层次、身份、兴趣爱好、社会地位、地理区域等进行划分，确定某类人群是产品使用者的定位方法。

厂家如果要突出产品使用者的定位，就需要在宣传广告上突出产品使用者，比如金利来突出产品使用者的广告语"金利来领带，男人的世界"，说明金利来领带是针对男人的产品。

采用产品使用者定位的还有奔驰的广告语"梅赛德斯奔驰，成功者的选择"，奇瑞的广告语"奇瑞QQ——年轻人的第一辆车"，百事可乐的广告语"百事，新一代的选择"等。

## 9.1.2　突出产品差异优势

产品差异是指产品在质量、外形、包装、地理便利、服务、沟通等方面的细微差异。突出产品差异优势也是突出产品在渠道上的竞争优势的方式。

现在的产品都在拼"颜值"。清新时尚的色系、简约纯净感强的设计及便携易用的包装，都可以体现产品的差异，更符合消费者的需求。从宜家、无印良品、喜茶等深受年轻消费者喜爱的品牌上，我们能看到年轻人对产品视觉差异的偏好。

　　厂家为使自己的产品区别于同类产品并建立渠道竞争优势，就要大力开展产品研发工作，努力使产品在地理便利、服务、沟通等方面不断推陈出新。

**案例　小罐茶采用小罐铝盒包装一炮打响**

　　小罐茶品牌推广负责人梅江介绍，传统的茶叶包装十分不统一，主要以纸袋、塑料袋及各种铁盒为主，包装上差异大，而且不环保，对环境有一定程度的影响，审美上也有很大的不同。现在，人们买东西对"颜值"挺看重的，小罐茶希望通过产品包装设计来满足消费者的审美观，让人们对茶叶的包装有一种新的认识，而且不影响口感。

　　小罐茶对包装的要求十分严格，采用铝质小罐包装，不仅可以保全茶的新鲜和茶味，还能为消费者带来全方位的享受。

### 1．地理便利差异

　　厂家产品的生产地和销售地的选择，均以地理便利为基础，以便带来位置和运输上的好处，这种地理便利对厂家、中间商节省成本和吸引消费者起到重要作用。运输成本占比大的行业，比如饮料、面粉、饲料、啤酒等，通过开设生产分厂缩短与消费者的距离，降低渠道成员的运输成本。例如，娃哈哈在全国 29 个省市（自治区）建有 81 个生产基地、187 多家子公司，可口可乐在中国建有 46 家工厂。

### 2．服务差异

　　无法在产品、地理便利方面体现差异的情况下，厂家应在服务差异上做文章，通过提供优质服务满足消费者合理的差异需求。例如，鲜奶免费送货上门，产品免费安装、10 年保修，人员免费培训、免费进行技术指导等。

### 3．沟通差异

　　厂家无论采用什么差异，都需要通过宣传及公关活动，将这些产品差异告诉消费者，以便消费者记住，并留下很好的印象。

**案例　让每个终端成为公牛插座的广告牌**

　　公牛插座实现快销式布局，3 年完成了 15 万个店招铺设工作。超市、家电卖场、电子城、五金店、小卖店等多种场地都是公牛插座的售卖点。

更为关键的是，为了与消费者进行良好的沟通，把"公牛安全插座"这个产品利益定位告诉消费者，公牛插座在全国竖起 15 万个店招，犹如 15 万个广告牌，成为数量最多、密度最大的广告传播网络，强力推动公牛插座的销量不断提升。

### 9.1.3　突出产品品牌优势

#### 1．单一品牌策略

单一品牌策略是指厂家对全部产品使用一个品牌的策略。其优点是：有利于统一产品形象，便于公众识别、记忆品牌，提高品牌知名度，减少品牌的设计费、广告费、推广费，有利于新产品在市场上较快、较稳地立足，增加销量。例如，美的、元气森林、三星等。其缺点是某个产品的声誉不好会拖累其他产品和品牌。

#### 2．个别品牌策略

个别品牌策略是指厂家针对同一系列各种不同产品分别采用不同品牌的策略。其好处是可以获得同一系列产品的不同的细分市场，不会因个别品牌的失败影响其他品牌。益海嘉里的食用油系列拥有口福、胡姬花、香宴、香满园、金元宝、花旗等众多食用油品牌，产品涵盖调和油、花生油、葵花油、玉米油、油茶籽油、芝麻油、橄榄油、稻米油等多个油种，可以满足消费者的多样化食用油选择。个别品牌策略的弊端是厂家资源投入分散，对品牌管理能力要求高。

**案例**　**宝洁公司采用个别品牌策略**

宝洁公司对每个品类采用个别品牌策略。宝洁洗护发系列品牌有飘柔、潘婷、海飞丝、伊卡璐、沙宣，宝洁个人清洁用品系列品牌有舒肤佳、玉兰油香皂和沐浴露、卡玫尔，宝洁口腔护理系列品牌有佳洁士、欧乐 B，宝洁婴儿护理系列品牌有帮宝适，宝洁织物护理系列品牌有汰渍、碧浪、兰诺等。

#### 3．分类品牌策略

如果厂家的产品线区别很大，厂家需要针对不同系列产品，分别采用不同的品牌。其好处是各品牌互不隶属，个别品牌失败不会殃及池鱼，适用于多元化厂家。其弊端是品牌设计费、广告费多，市场推广难度大。

**案例　五得利公司采用分类品牌策略**

五得利公司拥有"五得利"和"天麦然"两个品牌，"五得利"品牌主打面粉系列产品，"天麦然"品牌主打挂面系列产品，两者分属于两个不同的产品细分领域。

### 4．厂家名称+个别品牌的策略

如果采用厂家名称+个别品牌的策略，那么厂家需要在每个产品名称前冠以厂家的名称。其好处是利用厂家名声带动新产品销售，各类产品相互促进，节省广告费，同时各品牌相互独立。其弊端是任何一个品牌的失败都会使厂家声誉受损。

**案例　海尔冰箱采用厂家名称+个别品牌的策略**

海尔冰箱依据其目标市场的定位不同，采用厂家名称+个别品牌的策略，将海尔冰箱命名为"海尔双王子""海尔小王子""海尔帅王子"等。

## 9.2　将新产品纳入渠道成员的产品组合

**梅明平对渠道经理说**

所开发的新产品是谁的主意？如果仅仅是厂家（董事长、总经理或市场部）的主意，失败的可能性很大，因为新产品开发之后会要求经销商销售厂家开发的新产品！

开发新产品成功的逻辑是什么呢？厂家帮助经销商开发经销商所需要的新产品。经销商比厂家更了解市场，新产品是经销商所需要的，开发后就不会存在经销商不愿意销售的情况。

### 9.2.1　鼓励渠道成员参与新产品构思

大部分新产品开发的立项由厂家的董事长、总经理或市场部提出，很少甚至没有征求经销商的意见，导致推广阶段遇到经销商这个阻力。

新产品开发成功与否的关键在于弄清楚这个问题：厂家是在为经销商赚更多的钱开发新产品，还是在为自己提升销售额而开发新产品？

正确的新产品开发流程应该是厂家先组建新产品开发小组，中小厂家的小组成员一定要包含经销商代表，如果是大厂家，还应包含零售商和消费者代表。在组建新产品开发小组后，需要定期讨论新产品开发的可行性，等确定可行后才能进行新产品开发立项，最后进行新产品开发。新产品开发流程：组建新产品开发小组→定期讨论新产品开发的可行性→新产品开发立项→新产品开发。

**案例** 失败的教训让雪佛兰制造部门决定改变其做法

由于长期以来养成的习惯，通用汽车的雪佛兰制造部门在推出新型汽车时并不会征求经销商的意见。雪佛兰制造部门在推出 1991Caprice 型汽车失败后才意识到，让经销商参与新产品构思是十分重要的。

当 1991Caprice 型汽车进入经销商的展厅时，经销商几乎一致对这种车型持否定态度，认为这种车外形太难看，又看似笨重，推销起来肯定很困难。然而，雪佛兰制造部门并没有对经销商的这些意见加以重视。结果证明，经销商的看法是对的。经过这次失败后，雪佛兰制造部门决定改变其做法。

雪佛兰制造部门组建了一个由 30 个经销商组成的新产品开发小组，讨论新产品构思等一系列问题。

### 9.2.2 加强渠道成员对新产品的认可

新产品上市阶段也是产品最脆弱的时期，厂家绝不能掉以轻心、因小失大，即使自己的新产品在市场上很畅销，也不能因此忽视新产品上市阶段急需获得多方援助的重要性。

对于渠道成员来说，他们不像厂家只关注新产品的属性，也不像最终用户只关注新产品的使用性能，而是关注新产品是否卖得出去、是否容易储存和展示、是否能从中获利。

厂家要准备好回答以上 3 个问题的资料。例如，新产品成为畅销品的理由是什么？新产品如何存储和运输？新产品如何展示？展示道具有哪些？新产品的返利制度如何？新产品的毛利率是多少？厂家只有回答渠道成员的问题，解决他们心中的疑惑，才能消除障碍，使新产品顺利进入市场。

**案例** 新产品推广以失败而告终

根据以往的经验，某知名食品企业针对推出的新产品仍然沿袭现有的渠道销售策略，该做法引起了经销商的不满。

由于市场竞争越来越激烈，这些经销商的利润已大不如前，面临的经营压力很大，他们希望在推广该企业的新产品时能够得到更多的支持，但是这家企业拒绝了经销商的要求。结果，新产品推出后，经销商因无法获利，不是拒绝进货就是减少进货量，导致渠道内的铺货率始终上不去，新产品推广以失败而告终。

## 9.2.3　对渠道成员进行新产品培训

厂家确定新产品培训的对象很重要，最合理的一个原则是：选择利益相关者。也就是说，谁能够从新产品的销售中获利就培训谁。一般情况下，新产品培训的对象为厂家的销售人员、经销商、经销商的业务员、零售商的导购员等。

培训内容包括新产品的性能、特点、价格、卖点、与竞品的区别、陈列与展示方式、销售技巧等。

◆ **工具**：渠道成员对新产品的认知度调查表

厂家为了解培训对象对新产品的认知情况，在培训开始前，可以让培训对象填写新产品认知度调查表（见表 9-1），以便更好地制订有针对性的培训计划，增强培训效果。

表 9-1　新产品认知度调查表

| 编号 | 问题 | 答案选择 |
| --- | --- | --- |
| 1 | 您以前使用过同类产品吗 | A. 经常用　B. 只用过一次　C. 从来没有听说过 |
| 2 | 您觉得这类产品哪个方面最吸引您 | A. 它的智能化　B. 无所谓，有用就行　C. 我不会用这种东西 |
| 3 | 您最重视这类产品的什么功能 | A. 综合功能　B. 特殊功能　C. 价格　D. 客户服务 |
| 4 | 您对市场上的同类产品了解多少 | A. 非常了解　B. 有点了解　C. 不了解 |
| 5 | 您是通过哪些途径了解这类产品的 | A. 网络　B. 电视　C. 报纸/杂志　D. 朋友介绍　E. 其他途径 |
| 6 | 您觉得在选择这类产品时困难吗 | A. 非常困难　B. 有点困难　C. 不困难 |
| 7 | 您在购买时遇到的最大困惑是什么 | A. 品牌型号太复杂，不能买到适合自己的产品　B. 价格弄不清楚　C. 售后服务跟不上　D. 其他 |
| 8 | 您对这类产品的附属功能了解多少 | A. 非常了解　B. 有点了解　C. 不了解 |

| 编号 | 问题 | 答案选择 |
|---|---|---|
| 9 | 您对即将推出的新产品有所了解吗 | A. 非常了解　B. 不太了解　C. 一点都不了解 |
| 10 | 您最希望了解新产品哪个方面的内容 | A. 性能和特点　B. 产品卖点　C. 与竞品的区别 |

# 9.3　制定产品经销策略

### 梅明平对渠道经理说

产品在渠道中拥有竞争优势，才能获得渠道成员的认可，才能将产品纳入渠道成员的经营组合中。然而，这并不等于产品能够真正流入渠道、进入市场，关键在于厂家如何制定产品经销策略，吸引经销商采购并积极推广。

## 9.3.1　排他性交易

### 1. 排他性交易的定义

➡ **名词解释：排他性交易**

排他性交易指应厂家的要求，渠道成员只能出售其产品或品牌，至少不出售与之直接竞争的产品或品牌。如果渠道成员不遵守规定，厂家就会用拒绝与之交易或其他经济性惩罚表示否定态度，这种情况减少了渠道成员的选择和自由。

排他性协议明确规定，渠道成员不得销售竞争对手的产品。例如，在麦当劳，你只能喝到可口可乐，百事可乐被麦当劳排他了；在肯德基，你只能喝到百事可乐，可口可乐被肯德基排他了。

采用排他性交易的经销商也一样，由于经销商不能销售竞争对手的产品，只能全力以赴推广现有厂家的产品，且和销售竞争对手产品的经销商形成了竞争关系。

❖ **工具：排他性协议**

甲方：厂家　　　　　　　　　乙方：经销商

一、甲方向乙方提供的产品的质量符合国家标准，如有质量问题，甲方全权负责。

二、甲方向乙方提供最优惠的价格和促销，若乙方每月销售甲方核心产品100

件以上，甲方向乙方返利 2 元/件；150 件以上，甲方向乙方返利 3 元/件；200 件以上，甲方向乙方返利 4 元/件。每月考核，次月 10 日兑现，未达到相关销量，不享受奖励。

三、乙方承诺，不销售与甲方具有竞争关系的产品，包括××、××等，如发现乙方销售，甲方取消返利。

甲方签字：　　　　　　　　　　　乙方签字：

### 2．排他性交易的好处

（1）加深依赖。

由于经销商只能经营该厂家的产品，故其收益和该厂家产品的销售密切相关，经销商对厂家的依赖性大大加深。

（2）便于管理。

在长期排他性关系中，由于消除了经销商哪家货便宜进哪家货的行为，厂家很容易对经销商的销售进行预测，从而可以更准确、更有效地安排生产计划。

（3）减少费用。

排他性交易可使厂家和渠道成员双方都获得长期利益，减少谈判、物流等管理费用。例如，减少厂家对经销商的进货促销活动，稳定市场价格；促使厂家更有规律地供货，如更少的交易次数、更多的批量，减少物流费用。

## 9.3.2　搭售

### 1．搭售的定义

> **➜　名词解释：搭售**
>
> 搭售又称附带条件交易，即销售商要求购买其产品的买方同时购买另一种产品，并且把买方购买第二种产品（新产品）作为其可以购买第一种产品（畅销品）的条件。第一种产品就是搭售品（畅销品），第二种产品就是被搭售品（新产品）。

例如，为了让经销商多购买新产品，厂家采用了畅销品搭售新产品的方法，如购买 1 件新产品，才有资格购买 10 件畅销品。由于畅销品对经销商很有吸引力，为了 10 件畅销品，经销商不得不购买 1 件新产品。这样，厂家就通过搭售的方法，把新产品销售出去了。

### 2．搭售的理由

厂家把搭售品（畅销品）已建立的市场需求，转化为对被搭售品（新产品）的需求，达到快速推广新产品的目的。

### 3．搭售不能违法

搭售不能触犯法律，不能违背自愿、平等、公平竞争的原则。《中华人民共和国反垄断法》第二十二条（五）明确规定，禁止具有市场支配地位的经营者没有正当理由搭售商品，或者在交易时附加其他不合理的交易条件。因此，厂家应慎用搭售方法。

**案例** 中华人民共和国反垄断法

第二十二条：禁止具有市场支配地位的经营者从事下列滥用市场支配地位的行为：

（一）以不公平的高价销售商品或者以不公平的低价购买商品；

（二）没有正当理由，以低于成本的价格销售商品；

（三）没有正当理由，拒绝与交易相对人进行交易；

（四）没有正当理由，限定交易相对人只能与其进行交易或者只能与其指定的经营者进行交易；

（五）没有正当理由搭售商品，或者在交易时附加其他不合理的交易条件；

（六）没有正当理由，对条件相同的交易相对人在交易价格等交易条件上实行差别待遇；

（七）国务院反垄断执法机构认定的其他滥用市场支配地位的行为。

本法所称市场支配地位，是指经营者在相关市场内具有能够控制商品价格、数量或者其他交易条件，或者能够阻碍、影响其他经营者进入相关市场能力的市场地位。

## 9.4　实战案例

### 9.4.1　固特异向不同渠道成员提供不同型号的轮胎

为了帮助经销商与那些大量购买从而降低价格的大零售商（如沃尔玛）竞争，固特异向其独家经销商提供排他性轮胎型号，这些轮胎完全可以与大零售商渠道销售的产品相媲美，但不能通过大零售商渠道销售。

这样，固特异通过向不同渠道提供不同型号轮胎的方法，保证了各个渠道成员之间的利益，从而在激烈竞争的市场上实现了销售额的持续增长，进一步巩固了自己的竞争地位，取得了双赢的效果。

## 9.4.2　"10 年包修"策略助格力再攀高峰

自 2005 年格力率先在行业推出"家用空调 6 年免费包修"策略以来，2021 年 3 月 6 日，格力再次宣布，对当年 3 月 1 日起销售的家用空调实行"10 年包修"策略，消费者只需凭借购买凭证就可享受长达 10 年的免费包修服务。从"保修"到"包修"一字之差，对消费者来说则是从付费到免费的巨变，真正实现了"一次购买，终生无忧"。

"10 年包修"策略是格力对行业打出的一记重拳，一经发布，相关机构便纷纷表示看好，预期格力的市场份额将会提升。

格力董事长兼总裁董明珠表示："我们争取做到百分之百不维修，所以才有底气说 10 年包修。如果你的产品质量不好，你给消费者说 10 年包修，你可能没有这种资本来支撑。"

**【渠道经理工具箱】**

关于梳理渠道产品的知识，渠道经理要掌握以下 12 大工具。

（1）产品定位的定义。

（2）产品定位的 3 个方面。

（3）突出产品差异优势的 3 种方法。

（4）突出产品品牌优势的 4 种方法。

（5）新产品开发流程。

（6）渠道成员对厂家新产品认知度调查表。

（7）制定产品经销策略的两大方法。

（8）排他性交易的定义。

（9）排他性协议。

（10）排他性交易的好处。

（11）搭售的定义。

（12）搭售的理由。

# 第 10 章　制定渠道价格

## 问题与后果

（1）在给产品定价时，大部分厂家不是凭感觉就是采用成本加成定价法，这两种定价方法都不科学，甚至会带来灾难性后果。

（2）大部分厂家没有研究每个渠道成员对毛利率的需求就草草地制定价格，不是经销商不愿意进货，就是零售商不愿意销售。

（3）大部分厂家没有研究消费者的价格点而确定价格，即使产品进入渠道也很难吸引消费者购买，无法实现满意的销量。

（4）采用单件产品盈利定价法确定的产品价格，往往具有很强的竞争力，但很多厂家不是不知道，就是没有采用。

（5）组合产品定价法、改变容量单价法都是很好的定价方法，但厂家很少采用。

## 梅明平对渠道经理说

定价定天下！厂家对于产品的定价，不仅涉及消费者和渠道成员的心理价位，还反映渠道成员的利润空间。零售价格定高了，消费者不会购买；产品采购价格与渠道成员的销售价格不匹配，渠道成员不会购买；渠道成员的利润率定错了，严重影响渠道成员是否采购及销售的积极性。总之，定价牵一发而动全身，厂家需要慎之又慎。

为了科学地确定渠道结构，厂家的渠道经理首先要确定渠道定价结构，其次要确定渠道定价的指导原则，最后要确定渠道定价的科学方法。

**案例**　智能手机成为消费者的比价工具

一位年轻的女性消费者在武汉广场商店看上了一款售价为 1580 元的某品牌裙子，于是立马拿出手机，输入那款裙子的型号，对比网上各种零售商的售价。她发现天猫能够提供售价为 980 元的同样的裙子，而且免运费，两天就能到货。于是，她就站在武汉广场商店的走廊里，从天猫上订购了同款裙子。

正所谓货比三家不上当。今天，谁对价格具有决定性的作用，厂家、经销商、零售商？都不是！拥有智能手机的消费者在其中起到了重要作用。

## 10.1　渠道定价框架结构

### 10.1.1　渠道定价影响 3 方

渠道定价不仅决定消费者的产品价格，还决定渠道成员的进货价格，同时要看厂家能不能生产。因此，渠道定价对消费者、渠道成员和厂家 3 方都会产生影响。

#### 1．消费者

在购买产品时，消费者会思考两个问题：这件产品的零售价格是否合适？这件产品的性价比是否比竞品高？因此，厂家在生产产品前，需要先考虑消费者能够接受的这类产品的价格是多少，同时要考虑所生产的产品的价格在同类产品中是否有竞争力。如果厂家对于这两个问题不能找到很好的答案，建议厂家不要启动这类产品的立项，更不要投入市场，否则将会铩羽而归。

#### 2．渠道成员

渠道成员在决定是否经销该产品时也会思考两个问题：销售收入是否大于进货成本？产品的投入产出比是否比竞品的高？因此，厂家在生产产品前，需要先考虑该产品能不能让渠道成员赚钱，同时要考虑渠道成员赚到的钱能否比竞争对手多。如果厂家对于这两个问题不能找到很好的答案，建议厂家也不要启动这类产品的立项，更不要投入市场，否则同样会铩羽而归。

#### 3．厂家

厂家在决定是否生产该产品时，在充分满足消费者和渠道成员需求的情况下，需要回答一个根本问题：该产品的销售收入是否大于生产成本？如果厂家对于这个根本问题不能找到很好的答案，建议厂家不要启动这类产品的立项，更不要投入市场，否则会铩羽而归。

❖ **工具**：制定渠道价格的 3 大要求

制定渠道价格的 3 大要求如表 10-1 所示。

表 10-1 制定渠道价格的 3 大要求

| 要求 | 说明 |
| --- | --- |
| 零售价格要有竞争力 | 消费者能够并愿意承担该零售价格,且该零售价格有竞争优势 |
| 渠道成员利润分配要合理 | 渠道成员的利润分配不能凭想象,而要根据市场实际情况,扣除渠道成员的运营成本后,还应留给渠道成员合理的利润空间 |
| 厂家要有生存空间 | 再好的产品,再有竞争力的价格,假如厂家没有办法生产出来,或者说让厂家亏本生产,都是不可能的 |

## 10.1.2 渠道定价体系

### 1. 渠道成员折扣

折扣是指渠道成员买卖产品时以与消费者的零售价格相比的若干比例计价，如按 9 成计价叫 9 折。产品在渠道流通和终端销售过程中，经销商、零售商和消费者都有可能享受折扣价格。

例如，一件标准零售价格为 100 元的产品，零售商对消费者做 75 折的促销活动，消费者只需要花费 75 元就可以获得这件产品，则消费者的购买折扣为 75 折；零售商进货花费 50 元，则零售商进货折扣为 5 折，加 25 元卖给消费者，零售商的毛利为 25 元；经销商进货花费 34 元，则经销商进货折扣为 34 折，加 16 元卖给零售商，经销商的毛利为 16 元；厂家的生产成本为 25 元，则厂家的生产成本为 25 折，加 9 元卖给经销商，厂家的毛利为 9 元，如图 10-1 所示。

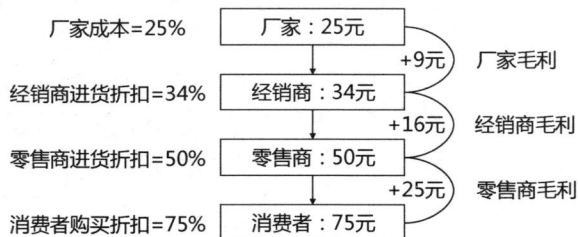

图 10-1 一件标准零售价格为 100 元的产品其渠道成员折扣明细

### 2. 渠道成员毛利率

折扣包括进货折扣和出货折扣，两者都无法表示渠道成员所获得的利润空间。渠道成员追求的是投资回报率，最能让渠道成员心动的销售指标是毛利率。毛利率的结算方法有两种：一种是基于自己进货成本的毛利率，即顺加毛利率；另一种是基于自己销售价格（批发价）的毛利率，即倒扣毛利率。

➡ **名词解释：顺加作价法**

顺加作价法简称顺加法、加价法，是以进货价格或进货成本为基础，顺加一定百分比制定销售价格的方法。批发市场的经销商销售产品给零售商，大都采用顺加作价法。

例如，某经销商以 34 元的单价从厂家那里采购了一批产品，按照行业加价率 47.06%，每件产品加价 16 元，即以约 50 元的价格销售给零售商。其计算公式为：

经销商的出货价格=零售商的进货价格=经销商的进货价格×（1+加价率）
$$=34×（1+47.06\%）≈50（元）$$

➡ **名词解释：倒扣作价法**

倒扣作价法简称倒扣法、扣点法，是以出货价格或销售价格为基础，扣除一定百分比制定销售价格的方法。超市、大卖场大都采用倒扣作价法，要求经销商给予卖场规定的扣点。

经销商以 34 元的单价从厂家那里采购了一批产品，每件产品加价 16 元，即以 50 元的价格销售给零售商。经销商的倒扣率（扣点）的计算公式为：

$$经销商的倒扣率（扣点）=\frac{经销商的批发价-经销商的进货价}{经销商的批发价}×100\%$$

$$=\frac{50-34}{50}×100\%=32\%$$

从上述案例可以看出，经销商以 34 元进货，利用顺加作价法，经销商加价率为 47.06%，即以约 50 元的价格销售给零售商。经销商以 34 元进货，利用倒扣作价法，经销商按照 32%的倒扣率（扣点）行规的价格销售给零售商，则经销商的倒扣价格计算公式为：

$$经销商的批发价=\frac{经销商的进货价}{1-倒扣率}=\frac{34}{1-32\%}=50（元）$$

接上例，一件零售价格为 100 元的产品，计算渠道成员毛利率，按照加价率和倒扣率分别计算，如表 10-2 所示。

表 10-2　一件零售价格为 100 元的产品的渠道成员毛利率

| 渠道成员 | 折扣 (%) | 成本 (元) | 加价 (元) | 毛利率（%） | |
|---|---|---|---|---|---|
| | | | | 按倒扣作价法计算 | 按顺加作价法计算 |
| 厂家 | — | 25 | 9 | 26.5 | 36.0 |
| 经销商 | 34 | 34 | 16 | 32.0 | 47.1 |
| 零售商 | 50 | 50 | 25 | 33.3 | 50.0 |
| 消费者 | 75 | 75 | — | — | — |

无论是采用顺加作价法还是采用倒扣作价法，每个行业、每个渠道成员的习惯不一样，关注点就不一样，厂家要按照行业惯例确定。同时，无论毛利率基于什么价格，都是影响渠道成员采购及销售积极性的核心因素。

❖ **工具**：渠道定价结构表

渠道定价结构表如表 10-3 所示。

表 10-3　渠道定价结构表

| 渠道成员 | 折扣 (%) | 成本 (元) | 加价 (元) | 毛利率（%） | |
|---|---|---|---|---|---|
| | | | | 按倒扣作价法计算 | 按顺加作价法计算 |
| 厂家 | | | | | |
| 经销商 | | | | | |
| 零售商 | | | | | |
| 消费者 | | | | | |

## 10.1.3　渠道定价考虑事项

### 1. 渠道价格决策的黄金法则

定价决策仅以市场、内部成本和竞争因素为基础是远远不够的。对于拥有渠道成员的厂家来说，明确地分析定价决策如何影响渠道成员，是确定渠道价格的一个重要组成部分。这就是渠道价格决策的黄金法则。

也就是说，定价决策不仅要考虑消费者、竞争对手、厂家内部的成本，还要考虑渠道成员对毛利空间的需求，下面是确定渠道价格的函数。

$$确定渠道价格 = f（成本，市场，竞争，渠道）$$

### 2. 厂家定价决策主要考虑的事项

厂家定价决策主要考虑的事项包括生产成本、市场价格、竞争对手和渠道成员 4 大因素。厂家的渠道经理必须仔细考虑影响厂家定价决策的渠道因素，既要促进渠道成员合作，又要平衡各个渠道之间的价格，使渠道之间的冲突最小化。

**案例** 麦当劳在考虑渠道成员需求后取消了软饮料的降价策略

麦当劳决定对软饮料进行降价销售，要求各加盟店将大杯饮料的价格从 1.39 美元降到 1 美元。

麦当劳认为：由于软饮料毛利率高，降价并不会损害加盟店的软饮料盈利能力，而且会吸引大量新的消费者，从而促进加盟店销售额的上升。

然而，大多数加盟店认为：软饮料降价不仅会降低咖啡饮料的销量，还会影响"用高毛利率食品弥补低毛利率食品"的既定战略。同时，如果竞争对手采用价格跟进策略，可能导致整个行业的软饮料毛利率下降。

在听取了渠道成员的意见后，麦当劳取消了软饮料的降价策略。

## 10.2 渠道定价指导原则

**梅明平对渠道经理说**

若要科学合理地制定渠道价格，厂家的渠道经理先要确定渠道定价的指导原则，即引导渠道定价的思想、行为的规范、准则和纲领性文件，也就是渠道定价指南。

渠道定价的指导原则要考虑 5 项内容，即消费者可接受的价格水平、竞品的渠道价格、满足渠道成员需求的毛利空间、渠道成员应该履行的职责、厂家的利润率。

### 10.2.1 消费者价格点

➡ **名词解释：价格点**
价格点指消费者期望能在这个价位上买到某种产品，也就是这种产品的零售价格。

厂家在制定价格前，需要知道渠道成员期望以什么价格点销售产品，如果厂家在这个价格点上没有销售的产品，就会降低渠道成员其他产品的销量。

**案例** 宝马在各个价格点上都有产品销售

宝马的核心战略就是，确保其经销商在尖端汽车的各个价格点上均有车型可以销售，比如从一般豪华的 100 系列和 300 系列到售价达到 6 位数的超豪华 800 系列。

### 10.2.2 竞争者品牌

渠道成员在选择经营的品牌时，往往会将利润率作为比较标准。如果厂家的品牌与其他品牌相比，其利润率明显处于不利地位，渠道成员就不会投入太多的精力去推销该品牌。例如，两个品牌知名度相差不大的厂家，其给经销商的毛利率分别为 16% 和 22%，很显然，经销商会大力推荐毛利率为 22% 的品牌，而对毛利率为 16% 的品牌采用自然销售的方法。

因此，为了更有效地与竞争对手开展竞争，厂家应该根据竞争者的情况检查渠道成员利润率的差别，包括经销商和零售商。

### 10.2.3 利润率的惯用标准

行业利润率的惯用标准，即在经营过程中，该行业的渠道成员所能接受的行业利润率标准，它能极大地影响渠道成员对厂家提供的产品的反应。低于这个标准，渠道成员要么不接受，要么不认真推销。例如，大牌饮料给予经销商的毛利率惯用标准为 15%~17%，如果你是一个不知名的小品牌或者新品牌，则毛利率需要超过这个大牌的毛利率标准，才能被经销商所接受。

行业利润率的惯用标准，是渠道成员认为最正常、最公平、最适当的利润率标准，渠道成员会坚定地维护这个标准，所以厂家在制定价格时，必须充分考虑该行业渠道成员的这个要求。如果厂家不能给渠道成员提供公认的惯用利润率水平，可能会使其产生严重的不满，导致渠道成员对某个品牌只给予有限的销售支持。

### 10.2.4 履行的职责

产品在渠道流通过程中，各个渠道成员需要在实物拥有、所有权、促销、谈判、财务、风险、订货和支付 8 大职责中分工协作，厂家不能消除这 8 大职责。

渠道成员的利润率，应对应履行 8 大职责的成本，即渠道成员承担的职责越多，毛利率就越高。

例如，在当地开发客户、分销产品本应该是经销商的职责，是经销商应该做的工作，如果厂家派驻地业务员帮助经销商开发客户、分销产品，这两种情况下经销商承担的职责是不一样的，履行职责的成本也不一样，所以毛利率也不一样。

此外，大牌厂家和小牌厂家所履行的职责也不一样：大牌厂家主要通过大量的广告和促销建立较强的消费者偏好，并在渠道中引导产品销售，相应地给予零售商较低的利润率也是可行的；小牌厂家需要把大量的分销工作集中于渠道成员身上，这些渠道成员通过大量的地方性广告和人员推销来吸引消费者，所以小牌厂家必须为其渠道成员提供较高的利润率。

❖ **工具**：职能检查清单

渠道专家奥克森·费尔特制定的职能检查清单是目前应用较为广泛的一种工具，具体内容如表 10-4 所示。

表 10-4　渠道专家奥克森·费尔特制定的职能检查清单

| 编号 | 职能成本 | 问题 |
| --- | --- | --- |
| 1 | 库存成本 | 渠道成员需要库存吗 |
| 2 | 采购成本 | 渠道成员是大量采购还是少量采购 |
| 3 | 运输成本 | 渠道成员需要提供运输服务吗 |
| 4 | 推销成本 | 渠道成员需要配置销售人员吗 |
| 5 | 培训成本 | 渠道成员需要帮助客户培训销售人员吗 |
| 6 | 服务成本 | 渠道成员需要为客户提供信息支持吗 |
| 7 | 售后成本 | 渠道成员需要为客户提供售后服务吗 |

## 10.2.5　渠道成员利润率

与利润率的惯用标准不同，渠道成员利润率是指每个渠道成员获得的利润率。虽然某厂家的毛利率符合行业利润率的惯用标准，但对于渠道成员来说，如果不获利或获利不足，渠道成员可能会寻找其他厂家，或者创立自有品牌，因为渠道成员不会销售收益不足以弥补成本、无利润可言的产品。

尽管行业一样，其利润率也符合利润率的惯用标准，但每个厂家对渠道成员提供的支持不一样。因此，厂家要保证每个渠道成员获得超过单位经营成本的单位边际利润，这样渠道成员才会持续经营该品牌。

我们可以把给予渠道成员的利润率看作购买渠道成员的分销服务，即为获得渠道成员支持所支付的价格。价格合理，渠道成员的分销服务就做得好；价格不合理，渠道成员就会放弃提供分销服务，或者降低分销服务的水平。

## 10.3 渠道定价科学方法

### 10.3.1 价格点定价法

➡ **名词解释：价格点定价法**

价格点定价法是指厂家以客户愿意支付的价格点为出发点，减去预计获得的利润后确定生产成本，目的是让客户满意，决定价格的主角是客户。

#### 1．计算公式

价格点定价法，先要确定消费者愿意支付的价格，即产品的零售价格，然后确定厂家和渠道成员所希望获得的利润空间，两者的差即为产品的生产成本，计算公式为：

$$成本=售价-利润$$

#### 2．定价逻辑

价格点定价法的精髓是着眼于客户的需求，研究客户希望以什么价格购买产品才能满意。如果客户满意，产品就能成为畅销品，即使成本很低也能定出高价；相反，如果客户不满意，再怎么削减成本，也难以让客户购买产品。

客户在购买产品时，大多依靠"这个价格是贵还是便宜"的感觉来决定是不是购买。因此，厂家要放下"价格必须考虑成本"的心理包袱，转向以客户为中心的定价方法。

**案例** 为什么咖啡的定价比方便面高

如果单以成本定价的话，一盒方便面远比一杯咖啡的成本高得多。但实际情况是，成本高的方便面售价低，成本低的咖啡售价高，这是为什么呢？因为咖啡定价采用了价格点定价法，满足了客户对于咖啡价格的心理需求。

### 10.3.2 单件产品盈利定价法

#### 1．固定成本定价的障碍

➡ **名词解释：固定成本**

固定成本是指成本总额在一定时期和一定业务量范围内，不受业务量增减变动影响而能保持不变的成本，包括厂房和机器设备的折旧、财产税、房屋租金、管理人员的工资、新产品开发费、广告费、员工培训费等。

产品按照固定成本定价，其计算公式为：

$$单件产品固定成本 = \frac{固定成本（F）}{销售数量（X）}$$

厂家开发产品投入的固定成本是不变的，但是单件产品固定成本会因销售数量的变化而变化。假设固定成本为 8 万元，如果销售数量按照 1 万件计算，则单件产品固定成本为 8 元；如果销售数量按照 10 万件计算，则单件产品固定成本为 0.8 元。

单件产品固定成本分别为 0.8 元和 8 元，两者差别很大。那么，为了确定单件产品固定成本，选择多大的销售数量合适呢？由此可以看出，按照"单件产品变动成本+单件产品固定成本"的方法确定产品的成本是不合适的。

➡ **名词解释：变动成本**
变动成本是指支付给各种变动生产要素的费用，如购买原材料、电力消耗费用、员工工资等。

### 2．单件产品盈利定价法的介绍

单件产品盈利定价法是在给产品定价时，忽略固定成本的存在，只关注变动成本，单位变动成本是决定价格的底线。也就是说，单件产品的价格必须超过单件产品的变动成本，其公式表述如下：

$$单件产品的价格 > 单件产品的变动成本$$

例如，如果单件产品的变动成本（原材料、电力消耗和员工工资）为 5 元，按照单件产品盈利定价法，则单件产品的价格需要超过 5 元，如 5.5 元、6 元等。

### 3．单件产品盈利定价法的逻辑

通过单件产品盈利定价法，每件产品的定价就决定了"单件产品盈利"，而"单件产品盈利"累积会获得"整体盈利（MP）"，"整体盈利"超出"固定成本的部分"，便是产品的最终"盈利（P）"。单件产品定价盈亏平衡图解如图 10-2 所示。

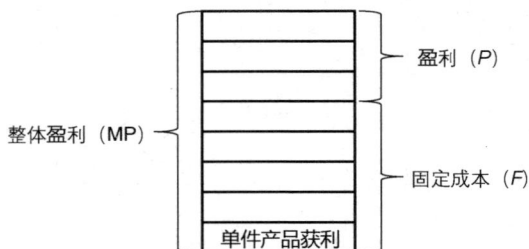

$$MP > F \cdots\cdots\cdots\cdots\cdots\cdots\cdots\cdots\cdots\cdots\cdots 盈利$$

$$MP = F \cdots\cdots\cdots\cdots\cdots\cdots\cdots\cdots\cdots\cdots\cdots 平衡$$

$$MP < F \cdots\cdots\cdots\cdots\cdots\cdots\cdots\cdots\cdots\cdots\cdots 亏本$$

图 10-2　单件产品定价盈亏平衡图解

## ▓ 案例　特价汉堡包大获成功

汉堡包的零售价格不管是 10.52 元还是 5.02 元，每个汉堡包的可变成本中的原材料都是 2.88 元，如果销量大幅度提升的话，每个汉堡包的固定成本就会被大幅压缩。

不到原来零售价格一半的汉堡包被推出后，人们排起了长队抢购，其中大部分是年轻人。在有限的促销期内，销售额是此前的 18 倍。表 10-5 所示为汉堡包降价前后费用明细。

表 10-5　汉堡包降价前后费用明细　　　　　　　　　　　　单位：元

| 成本利润项目 | | 10.52 元汉堡包 | 5.02 元汉堡包 |
|---|---|---|---|
| 固定费用 | 人工费 | 2.04 | 0.12 |
| | 店铺租赁费 | 1.05 | 0.06 |
| | 广告宣传费 | 0.57 | 0.03 |
| | 销售管理费 | 3.33 | 0.19 |
| 变动费用 | 原材料费 | 2.88 | 2.88 |
| 营业利润 | | 0.65 | 1.74 |
| 合计金额 | | 10.52 | 5.02 |

从表 10-5 中可以看出，由于销量大幅上升，单位产品固定费用大幅下降，每个汉堡包的利润从原来的 0.65 元上升到 1.74 元。

### 10.3.3　组合产品定价法

**➡ 名词解释：组合产品定价法**

组合产品定价法是指将单件盈利较低的主体产品，同单件盈利丰厚的配套产品组合起来销售。主体产品低价，通过配套产品获利，也称"囚禁销售策略"。

组合产品定价法的销售主张不是追求销售数量，也不是一味提价，而是看重产品组合的综合盈利。在定价上，从单件产品定价发展到多件产品组合定价。

**案例　吉列组合定价法**

从"超值套餐"的一次购买发展到让客户反复、长期购买的产品组合，便形成了吉列组合定价法。

20 世纪初，吉列发明了刀片可替换的 T 形剃须刀，让客户反复、长期购买的产品组合。客户首次购买刀架很便宜，但需要长期、反复购买刀片，这为吉列带来了丰厚的利润。

从吉列组合定价法可以看出，吉列将主体产品刀架定较低的价格，以鼓励消费者购买，提升刀架的销量。购买了刀架的消费者，必须购买与其配套的刀片。刀架卖得越多，刀片也就卖得越多。虽然吉列从刀架上赚的钱少，但从配套产品刀片上获得了丰厚的利润。

组合产品定价法，只适合刀架、刀片这样配套的产品。苹果公司的创始人乔布斯也利用了组合产品定价法的销售主张，即苹果的主体产品 iPhone、Mac、iPad 虽然价格中等、获利一般，但从成千上万个配套产品上获得了丰厚的利润。

### 10.3.4　改变容量定价法

虽然消费者对畅销品的价格变动很敏感，但容易忽视量的变化。因此，厂家为了不惊动消费者，稳定消费者的情绪，采用了减量不降价的方法。

改变容量定价法，即减少产品的包装含量，保持价格不变，也等于变相提价。例如，将一包巧克力的片数从 8 片减到 7 片，价格不变；减少燕麦片包装盒的厚度，厚度变薄了，但长度和宽度不变，放在超市货架上根本发现不了；将原包装含量为 500 克的奶粉减到 490 克，价格不变。

### 10.3.5 成本定价法

> **→ 名词解释：成本定价法**
>
> 成本定价法是指厂家以耗费的成本为出发点，加上利润后制定的价格，目的是让自己满意，决定价格的主角是厂家自己，包括成本加成、目标收益、盈亏平衡等定价法。

成本定价法的计算公式为：

$$成本+利润=售价$$

成本定价法的逻辑为，厂家一边精心制造优质的产品，一边想方设法降低成本，目标是以更低的价格销售优质的产品。这是一种让客户承担成本、以自我为中心的思维习惯。

这种定价方法诞生于产品供不应求且以生产为中心的时代，正在被时代所淘汰。

## 10.4 实战案例

### 10.4.1 ZY 公司价格管理原则

**1．产品含税说明**

ZY 公司向签约经销商出具出厂价，均属于含税价。

**2．网上渠道销售价格**

ZY 公司确保网上销售资格的唯一性，并确保公司网上销售产品的零售价格与实体渠道价格一致。

**3．售价规定**

所有 ZY 渠道成员，包括经销商、批发商和零售商，均按公司售价规定销售产品，确保价格符合公司的价格体系。

**4．违规责任**

所有批发商和零售商出现价格违规情况，由区域内与 ZY 公司直接签约的经销商负责，经销商还要承担违规处罚责任。

**5．价格调整**

ZY 公司对价格进行调整，提前一周通知经销商。

## 10.4.2　RG 公司产品价格管理

### 1．价格原则

① 所有产品均含税销售。

② 以当天报价、库存为准，所有价格不含运费。

③ 出厂价格必须确保其严肃性，减少人为变动价格的因素，体现安全感和公平性。

④ 所有非 RG 公司人员不得在网上销售 RG 公司的任何产品，RG 公司确保网上销售资格的唯一性。

⑤ 所有 RG 渠道人员在市场上销售 RG 产品的价格不能低于 RG 当地批发的价格，以免造成价格混乱，以确保价格符合 RG 公司的价格体系。

⑥ 所有批发商、零售商出现价格违规情况，由区域内与 RG 公司直接签约的经销商负责，经销商还要承担违规处罚责任。

### 2．价格体系

适合对象：RG 经销商。

RG 经销商的产品价格制定标准（见表 10-6）。

**表 10-6　RG 经销商的产品价格制定标准**

| 项目 | 产品线 A | 产品线 B | 产品线 C |
|---|---|---|---|
| 价格制定 | （C+1580）元/T | （C+1260）元/T | 面谈 |
| 价格调整 | 每周 1 次 | 随时 | 每月 1 次 |

注："价格制定"一行中的 C 代表产品成本。

RG 销售渠道成员产品价格制定标准（见表 10-7）。

**表 10-7　RG 销售渠道成员产品价格制定标准**

| 购货价格 | 产品线 A | 产品线 B | 产品线 C |
|---|---|---|---|
| 经销商下浮 | 1000 元/T+区域补贴 | 1000 元/T+区域补贴 | 下浮 60%+区域补贴 |
| 批发商下浮 | 900 元/T+区域补贴 | 900 元/T+区域补贴 | 下浮 58%+区域补贴 |

注：经销商是指与 RG 公司签订合同的渠道商，批发商是指从 RG 经销商处拿货的批发商或零售商。

### 3．市场价格管理

为了保证以上产品价格制定标准的落地执行，RG 公司制定了价格管理处罚细则，如表 10-8 所示。

表 10-8　RG 公司价格管理处罚细则

| 判定标准 | 违规描述 | 处罚措施 | |
|---|---|---|---|
| 违反 RG 价格体系 | 第一次违规 | 全国通告　扣除该月 50%返利 | 停止发货直至价格恢复 |
| | 第二次违规 | 全国通告　扣除该月全部返利 | 停止发货直至价格恢复 |
| | 第三次违规 | 停止发货并当月取消经销权 | |

注：每个与 RG 公司签约的经销商，负责自己所辖区域的市场价格体系，并承担违规处罚责任。

### 4．执行要求

厂商都严格按照出厂价格执行，不要在出厂价格上体现差异化，否则就是不公平，导致厂商之间不信任。总经理、营销总监、大区经理、业务员要充分理解公平价格的重要性。

## 10.4.3　经销商锁价制度

### 1．RG 经销商锁价制度

① 经销商订货，先支付 50%的定金，锁定当天价格，余下货款 7 天内结清，货物在 10 天内提完。

② 7 天内未结清余款者，锁价无效，按市价结算。

③ "谁订单，谁负责"，一次取消订单者，在合同期内将不再享受"50%定金锁货优惠"，将来只能全款锁货。

④ 支付 50%的定金后，取消该订单者，定金不会退回，且只能按市价充当货款。

### 2．执行要求

RG 业务员、大区经理要熟悉经销商锁价制度，并充分利用经销商锁价制度规避风险，确保经销商的利益。

【渠道经理工具箱】

关于制定渠道价格的知识，渠道经理要掌握以下 20 大工具。

（1）渠道定价影响 3 方的利益。

（2）制定渠道价格的 3 大要求。

（3）一件零售价格 100 元的产品的渠道成员折扣。

（4）顺加作价法的定义。

（5）倒扣作价法的定义。

（6）一件零售价格 100 元的产品的渠道成员毛利率。

（7）渠道定价结构表。

（8）渠道价格决策黄金法则。

（9）确定渠道价格的函数。

（10）厂家定价决策主要考虑的事项。

（11）渠道定价 5 大指导原则。

（12）价格点的定义。

（13）渠道专家奥克森·费尔特制定的职能检查清单。

（14）价格点定价法的定义。

（15）价格点定价法的定价逻辑。

（16）固定成本的定义。

（17）变动成本的定义。

（18）单件产品盈利定价法的逻辑。

（19）组合产品定价法的定义。

（20）成本定价法的定义。

# 第 11 章　畅通渠道物流

## 问题与后果

（1）很少有厂家重视物流，它们只是简单地认为物流就是运输，要么将运输承包给第三方，要么自建物流运输部门，这导致每天都需要花费大量的物流费用。

（2）产品价格的竞争潜力已经被挖掘殆尽，为了增加利润，现在很多厂家开始通过降低物流费用来增加利润。然而，还有一部分厂家不知道如何节约物流费用，导致物流费用居高不下。

（3）降低物流费用需要从整个物流系统来考虑。然而，物流系统包括哪些环节？由哪几部分构成？还有很多厂家不清楚。

（4）节约的物流费用直接变成了渠道成员的经营利润，但很少有厂家有意愿通过改善物流的某个环节来给渠道成员增加利润。

（5）厂家没有制定明确的物流标准，导致无法向渠道成员提供优质的物流服务。

（6）环境变了，但厂家现有的物流服务体系多年来没有变化，厂家也从不征求经销商的意见，导致经销商对物流的投诉率越来越高。

## 梅明平对渠道经理说

无论是实体营销渠道还是网络营销渠道，想要完成实物交易必须要有物流。

现阶段，尤其是网络营销渠道的消费者对于物流的配送速度的要求越来越高，同时消费者使用移动手机的比价软件导致产品的价格越来越低，所以物流不仅要快速，还要降低综合成本，这就对渠道经理提出了更加严格的要求。

渠道经理要做好物流管理，畅通渠道物流，必须了解渠道战略与物流的关系，了解物流系统的概念及构成，了解物流服务标准，以及如何进行物流服务管理。

# 11.1　物流系统定义

## 11.1.1　渠道战略与物流管理

渠道战略服务于分销战略，物流管理也服务于分销战略，渠道战略和物流管理共同构成了营销组合中的分销战略。渠道战略涉及建立和管理关联组织实现分销目标的整个过程，而物流管理只关注在营销渠道中在适当的时间和地点实现产品可获得性，而且物流管理只在渠道战略制定和有效实施后才考虑，所以在考虑物流管理之前必须制定渠道战略。营销组合变量及其分销战略变量的渠道与物流要素的关系如图 11-1 所示。

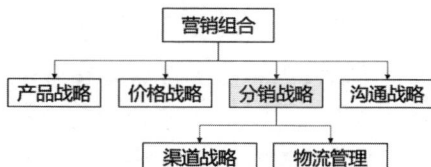

图 11-1　营销组合变量及其分销战略变量的渠道与物流要素的关系

例如，全球领先的链锯厂家斯蒂尔公司采用了独特的渠道战略，即主要通过8000 多家独立的专卖店销售产品，不与其他大型零售商合作。当确定了渠道战略后，斯蒂尔公司就需要考虑物流管理，即如何快速、低成本地将货物运送给这8000 多家独立的专卖店。

## 11.1.2　物流的基本作用

> **➜　名词解释：物流**
>
> 物流又称实体配送，即产品从产地向使用地流动，满足客户需求并产生利润，对此实物流动过程的计划、执行和控制。

渠道设计和管理再好，没有物流的支撑，产品也不能到达客户手中。物流的基本作用就是在正确的时间、正确的地点、提供正确数量的正确产品给客户，但这并不是一项简单的、所需费用很少的工作。相反，厂家面临的消费品市场地域广大、客户分布不均、需求量大小不一，这给物流工作带来了巨大的挑战。

**案例** 我国物流费用居高不下

2021 年我国物流总费用为 16.7 万亿元，占 GDP 的比例为 14.6%，比上年回落了 0.1 个百分点，也是在连续 3 年持平后的首次回落。

《国家物流枢纽布局和建设规划》提出，到 2025 年，要"推动全社会物流总费用与 GDP 比率下降至 12% 左右"。

### 11.1.3　物流系统的定义

将物流视为一个系统，是现代物流管理的基础。

➡ **名词解释：物流系统**
　　物流系统是指在物品流动过程中，各要素如运输、货物处理、仓储和包装等，不再被认为是独立的、互不关联的，而是互相影响的系统的组成部分，是以共同提供物流服务为目的的有机集合体。

在物品流动过程中，从事物流管理的人员需要努力寻求物流组成部分的最佳组合，以便以最低的总成本满足客户"在正确的时间、正确的地点、收到正确数量的正确产品"的需求。目标客户对物流服务的满意度与物流组成部分之间的关系可以表述为：

$$T_c = f（包装，运输，仓储，存货控制，货物整理，订单处理）$$

式中：

$T_c$——目标客户对物流服务的满意度。

因此，在设计物流系统时，厂家必须了解每个物流组成部分的成本，以及对其他组成部分的影响，如运输速度、存货水平与总成本之间就存在相互影响的关系。例如，从 $A$ 点到 $B$ 点的更快速的运输模式，可能会引起运输成本的提高，但是因为在 $B$ 点需要的存货水平和仓储水平较低（因为更快速的运输模式会使得再次供应更快速），存货成本和仓储成本也会较低。这些节省的费用之和，可能比增加的运输费用多得多。因此，从物流系统总成本的角度看，虽然更快速的运输模式会造成运输费用的增加，但是物流系统总成本降低了。例如，ZARA 采用航空运输，运输速度快，省去了在其他国家找仓库的成本。这样，虽然航空运输费用昂贵，但库存成本很低，而且不用担心存在大量囤积过时产品的风险。最终，

ZARA 通过不找仓库和不大量囤货节省下来的成本，可能比增加的航空运输费用多得多，这还不包括航空运输避免了囤货导致产品过时的风险带来的收益。

图 11-2 为物流系统的基本组成部分，厂家应以物流系统的概念和总成本方法为思考原则，将这些基本组成部分结合起来，通过渠道成员之间的密切合作，通过最低的物流系统总成本向客户提供所需的物流服务。

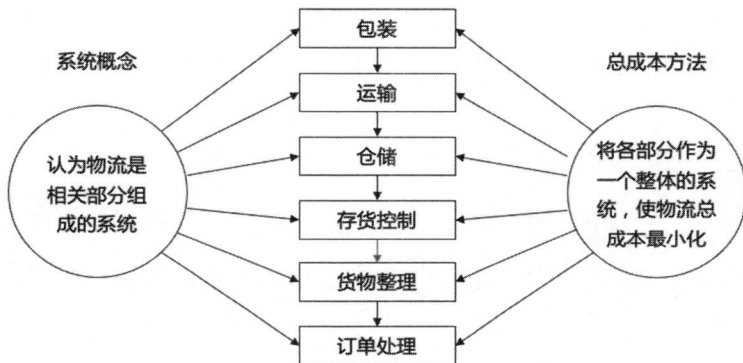

图 11-2　物流系统的基本组成部分

## 11.2　物流系统组成

### 11.2.1　包装

➡ **名词解释：包装**

包装是为了在流通过程中保护产品、方便储存、促进销售，按照一定技术方法而采用的容器、材料及辅助等的总体名称。

产品包装分为运输包装和销售包装两种。运输包装是指包扎产品的过程，如装箱、打包等，主要作用是便于运输、储存、检验和保护产品，减少产品在运输途中的损坏；销售包装是指盛装产品的容器，通常被称为包装物，如箱、袋、筐、桶、瓶等，主要作用是便于消费者购买、携带和使用，也便于零售商拆分销售。

包装会影响物流总成本，因为包装可以影响物流系统的其他组成部分。厂家采用航空、铁路、公路、水路运输，对产品包装的要求不一样。航空运输可以降低产品的损坏风险，可以采用成本较低的包装；设计较好的包装，如 6 瓶装的啤酒，可以提高物流系统组成部分的效率；有效的包装还可以通过减少产品损坏降低存货成本。

**案例** 吊带大大降低了五得利面粉的装卸成本

25 千克一袋的五得利面粉，人工装卸费需要 0.5 元/袋，在面粉利润极低的情况下，这是一笔很大的物流费用。为此，五得利面粉集团设计了一种专门运输面粉的吊带，每个吊带每次可以装卸 40 袋面粉，利用叉车对吊带进行装卸，大大降低了五得利的装卸成本。例如，降低了装卸的时间成本；降低了装卸的人工成本；降低了坏袋的概率；降低了面粉的重量损失率；提高了车辆的速度，加快了产品周转率。

### 11.2.2 运输

➡ **名词解释：运输**

运输是指借助于动力使产品在不同空间发生的实体流动，是物流系统最基本的组成部分。

当一项交易达成时，就需要将产品从厂家所在地转移到客户所在地。因此，运输所花的费用，通常占物流总成本的比例最高。

如何通过选择合理的运输方式来满足客户的需求，是渠道经理需要思考的问题。渠道经理在选择运输方式时，需要考虑以下 6 个方面：是使用自有的还是非自有的运输工具？各种可能的运输方式的速度之间存在什么区别？还可以提供哪种特别的运输服务？各种运输方式的可靠程度如何？竞争者目前使用的是何种运输方式？物流系统的组成部分如何相互作用并影响物流的总成本？

实现产品实体转移的运输工具主要有车、船、飞机、管道等，相应的运输方式也有铁路、公路、水路、航空和管道等。不同的运输方式其运营特点不一样，运营特点包括 6 个部分，即速度、可得性、可靠性、运输能力、使用频率和成本。渠道经理要根据不同运输方式的运营特点，选择合理的运输方式。各种运输方式的运营特点如表 11-1 所示。

表 11-1 各种运输方式的运营特点

| 编号 | 运输方式 | 运营特点 | | | | | |
|---|---|---|---|---|---|---|---|
| | | 速度 | 可得性 | 可靠性 | 运输能力 | 使用频率 | 成本 |
| 1 | 铁路 | 一般 | 良 | 一般 | 良 | 稍差 | 较低 |
| 2 | 公路 | 良 | 优 | 良 | 一般 | 良 | 较高 |
| 3 | 水路 | 稍差 | 稍差 | 稍差 | 优 | 差 | 低 |

续表

| 编号 | 运输方式 | 运营特点 | | | | | |
|---|---|---|---|---|---|---|---|
| | | 速度 | 可得性 | 可靠性 | 运输能力 | 使用频率 | 成本 |
| 4 | 航空 | 优 | 一般 | 差 | 稍差 | 一般 | 高 |
| 5 | 管道 | 差 | 差 | 优 | 差 | 优 | 较低 |

另外，厂家还可以考虑，在重要销售区域或省份设置分仓，以降低物流系统的运输成本，提高物流效率。

## 11.2.3　仓储

➡ **名词解释：仓储**

仓储是指通过仓库对产品进行存放和保管，是连接生产、供应、销售的关键环节。

产品从厂家流向消费者，需要先从厂家的仓库流向经销商的仓库，再从经销商的仓库流向零售商的仓库，最终从零售商的仓库流向消费者。产品每到一个环节的仓库，都需要在仓库内停留，并在停留过程中进行存放和保管。

仓储的目的是调解供求之间在时间上的矛盾，以创造出产品的时间效用。然而，仓储的产品会占用资金、占用仓库的面积，使仓储成本增加。如果产品长时间无法销售出去，还有贬值的风险。

为了提高仓储效益，渠道经理和渠道成员需要慎重思考以下问题：是自建仓库还是租赁仓库？仓库的地点设在哪里合适？需要多少个仓库？每个仓库的面积应为多大？仓库内部应如何布置？仓库需要配置哪些设施？

**案例**　京东物流为什么这么快

京东集团自 2007 年开始自建物流以来，到 2020 年约 90%的京东线上零售订单实现当日达和次日达。截至 2021 年 9 月 30 日，京东物流已打通全国运营的 1300 多个仓库及超过 1700 个云仓资源，仓储总面积约为 2300 万平方米。

## 11.2.4　存货控制

存货成本（包括财务成本、保险、储存和货物遗失、损坏、被盗）平均每年大约相当于存货价值的 25%。对于某些特殊类型的产品，比如易损耗产品和时令产品而言，这个比例还要高得多。

从上述内容可以看出，存货成本占比大约相当于存货价值的 25%。因此，厂家要降低物流系统的总成本，对存货进行控制是重要环节。

存货控制，首先要控制存货成本，即在满足客户需求的情况下，使存货成本最低；其次要控制订货成本，即尽量减少订购次数，因为订购次数越少，订货成本就越低。因此，降低订货成本与存货成本这两个目标之间存在冲突，因为订购次数越少，订货成本就越低，但每次订货量越大，存货量就越大，存货成本就越高，这个问题需要通过经济订货批量解决。

➡ **名词解释：经济订货批量**

经济订货批量是通过平衡订货成本和存货成本，以使总库存成本最低的最佳订货数量。

经济订货批量图解如图 11-3 所示。

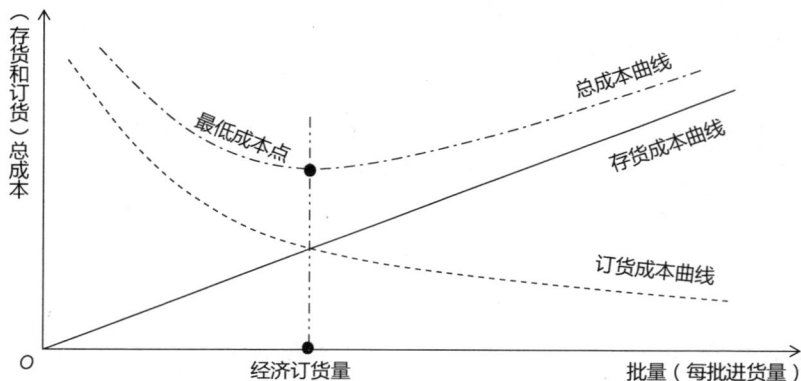

图 11-3　经济订货批量图解

▞ **案例**　某经销商的经济订货量

某经销商年订货量为 80000 箱，每次订货成本为 500 元，存货成本为每箱每年 0.8 元。通过表 11-2 中的数据可以看出，当年订货次数为 8 次时，总成本为 8000 元最低，则经济订货量为每次 10000 箱。某经销商经济订货量如表 11-2 所示。

表 11-2　某经销商经济订货量

| 年订货量<br>（箱） | 年订货<br>次数 | 每次订货量<br>（箱） | 平均库存<br>（箱） | 订货成本<br>（元） | 存货成本<br>（元） | 总成本<br>（元） |
|---|---|---|---|---|---|---|
| A | B | C=A÷B | D=C÷2 | E=B×500 元/次 | F=D×0.8 元/年 | G=E+F |
| 80000 | 2 | 40000 | 20000 | 1000 | 16000 | 17000 |
| 80000 | 3 | 26667 | 13334 | 1500 | 10667 | 12167 |
| 80000 | 4 | 20000 | 10000 | 2000 | 8000 | 10000 |
| 80000 | 5 | 16000 | 8000 | 2500 | 6400 | 8900 |
| 80000 | 6 | 13333 | 6667 | 3000 | 5334 | 8334 |
| 80000 | 7 | 11429 | 5715 | 3500 | 4572 | 8072 |
| 80000 | 8 | 10000 | 5000 | 4000 | 4000 | 8000 |
| 80000 | 9 | 8889 | 4445 | 4500 | 3556 | 8056 |
| 80000 | 10 | 8000 | 4000 | 5000 | 3200 | 8200 |
| 80000 | 15 | 5333 | 2667 | 7500 | 2134 | 9634 |
| 80000 | 20 | 4000 | 2000 | 10000 | 1600 | 11600 |
| 80000 | 24 | 3333 | 1667 | 12000 | 1334 | 13334 |

## 11.2.5　货物整理

➡ **名词解释：货物整理**

　　货物整理是利用相关设备在储存地点对货物进行接收、储存和装运的相关
活动。

　　在接收、储存和装运货物时，相关人员需要考虑货物的移动距离、搬运设备
和劳动效率 3 个问题：如何使货物在仓库中移动的距离最短？应该使用何种设备
（如传送带、起重机或叉车）？如何更有效地使用劳动力？

　　宝洁公司的一项研究表明，直接转拨可以使经销商的搬运成本降低 2/3。相
关人员使用直接转拨这种方法时，用卡车运来的货物不会储存在仓库里，而是立
即用来执行订单运送到商店，这个过程消除了从仓库中提取货物的环节。

▪▪▪ **案例**　五得利面粉节约装卸费

　　五得利面粉帮助经销商节省库内货物装卸费，将原来由人工一袋袋卸货的方
式改为 40 袋一捆的卸货方式。人工卸货需要 0.5 元/袋的卸货费，40 袋就是 20

元，采用 40 袋一捆的卸货方式后，每捆卸货费只需要 5 元，每捆就为经销商节约了 15 元的装卸费。按照每车 400 袋计算，人工一袋袋装卸需要 200 元，叉车按 40 袋一捆装卸只需要 50 元，每车装卸费节省了 150 元。

## 11.2.6　订单处理

➜ **名词解释：订单处理**

订单处理是指厂家从接受客户订货到发运交货的全过程，包括接订单、审核订单，将联运单分送至各有关部门，按单配货、安排运输、开出收据、收进货款等，是物流活动的关键环节。

订单处理的效率用订货周期表示。订货周期是指从订单生成到客户收到所订的货物之间的时间间隔，这个过程要求迅速、准确、周全。在网络环境下，物流活动中的订单处理越来越多地借助于网络设备，这可以大大提高订单处理的效率。

## 11.3　物流服务标准

**梅明平对渠道经理说**

如果厂家的物流系统给客户提供的服务，客户认为没有任何价值，则厂家投入的费用再高，也没有价值。因此，物流系统提供的服务，要能满足客户的真正需求。约翰逊列举了物流服务满足客户需求的 3 大标准。

◉ **名人名言**

履行订单，让客户高兴，让客户觉得这是一家很容易与之做生意的厂家。

——约翰逊

## 11.3.1　时间标准

### 1. 发货周期

发货周期是指厂家从收到经销商的订单开始，到按照订单发运给经销商的时间间隔。例如，厂家收到了经销商的订单，设置为在 24 小时内处理完毕，则发货周期为 24 小时。

### 2．订货周期

订货周期是指经销商从发出订单给厂家，到按照订单收到货物的时间间隔。例如，经销商把订货周期设定为 72 小时，则经销商从发出订单开始，到收到货物为止的时间在 72 小时内，厂家就达到了这个标准。

### 3．订单履约率

订单履约率是指厂家在收到经销商的订单所给定期限内，履行订单的百分比。如果把订单履约率设置为在 8 小时内履行收到的所有订单的 95%，若厂家收到了 200 张订单，就必须在 8 小时内履行 190 张订单（包括接订单、处理优化、物品拣选、订单整合和包装等环节），才能达到这个标准。

## 11.3.2　准确率标准

### 1．订单准确率

订单准确率是指经销商实际收到的货物与订单上的货物对比之后的准确率。如果厂家想做到订单准确率为 99%，那么厂家发错产品占总发货量的百分比就不能超过 1%，这样厂家才能达到标准。

### 2．完好运到率

完好运到率是指经销商所订购的货物能够完好无损地运到占总运送货物量的百分比。假如厂家把完好运到率设置为 98%，若厂家收到了 100 张订单，那么完好运到的订单为 98 张，才能达到这个标准。

### 3．产品缺货率

产品缺货率是指厂家现有的存货不能满足订单占总订单量的百分比。如果厂家想满足 95% 的订购产品，它的产品缺货率就不能超过 5%，这样厂家才能达到标准。

### 4．订单执行率

订单执行率是指执行订单占总订单量的百分比，包括缺货、差异的订单。如果厂家设置的订单执行率为 97%，若厂家收到了 100 张订单，那么被执行的订单为 97 张，才能达到这个标准。

## 11.3.3　其他标准

### 1．订货限制

订货限制是指厂家对经销商订货品种和订货数量的限制。厂家可以设置产品的某种最低数量。如果是多种产品，若厂家不对每种产品都设置最低数量的话，那么可以对其总量进行一定的限制。例如，对于快消品，厂家可能会要求同时订购多个 SKU 且重量不少于 5 吨，经销商必须使所订购的 SKU 和重量达到这个最低标准才可以下单。

### 2. 订货难易度

订货难易度是指经销商订货的容易程度及灵活性。例如，厂家建立移动订货平台，或者定制移动订货软件，使经销商可以随时随地在线订货，同时可以随时取消、修改订货数据等。

## 11.4　物流服务管理

### 11.4.1　明确渠道成员对物流服务的需求

在多数情况下，厂家很少考虑渠道成员对物流服务的需求。然而，厂家建立一个好的物流服务标准，不能只基于自己的角度，还要精确地判断渠道成员希望得到何种类型和什么水平的物流服务。

厂家获得渠道成员对于物流服务需求的方法，就是通过调查研究确定渠道成员正在寻求何种物流服务标准，调研内容包括：

① 是否想缩短订货周期？
② 是否需要提供 7×24 小时订货服务？
③ 是否需要使用订货软件？
④ 是否需要订购程序的高度灵活性？
⑤ 是否需要其他的物流服务？

### 11.4.2　确保厂家物流符合渠道成员的标准

什么样的物流服务是好的服务？是非常现代化的物流系统吗？不一定！厂家确保物流服务符合渠道成员的标准的最好方法就是：在制定物流规划时，让渠道成员参与其中。当厂家提供的物流服务能够满足渠道成员的需求时，物流规划就成为渠道战略的重要内容。

**案例　吉列公司取消空运方式**

吉列公司希望通过进一步提升物流服务水平，实现新型刀片的快速分销，而用来达到这个目标的物流规划依靠的是最快的运输方式——航空运输。可是，航空运输的物流服务成本太高，一些渠道成员对这种高成本及相应较低的利润空间感到不满，吉列公司迅速放弃了这个规划，回归成本较低的地面运输。

## 11.4.3　使渠道成员确信厂家能够达到物流标准

### 1．降低缺货率

降低缺货率就能使渠道成员减少因缺货失去销售机会的情况。沃尔玛在降低缺货率方面的成功，对其过去几十年里异乎寻常的成功有着重要作用。凡是希望通过沃尔玛销售其产品的供货商都知道，他们必须满足沃尔玛在保持其货架满架方面的严格标准，否则供货商就会因缺货而受到处罚。

### 2．减少渠道成员存货

存货越多，占用的资金就越多。如果厂家提供的服务能够大幅度减少经销商的存货，则一定会大受欢迎。起源于日本丰田汽车公司的准时（Just In Time，JIT）系统，在削减存货方面有着显著的作用。通过 JIT 系统，厂家收到的零件和原料"正好"满足当天的生产定额，真正做到了没有剩余，JIT 系统使存货成本大大降低，有时甚至降低超过 50%。

### 3．加大对渠道成员的支持力度

厂家在进行物流规划时，要让经销商相信，这个规划能够帮助经销商大幅度减少物流成本、提升利润空间。

## 11.4.4　对物流服务进行监控与调整

对于任何给定的实体配送战略，尽管相关人员对其进行了仔细思考、全心接受、忠实贯彻、全面纠错和细心维护，它在一段时间之后依然会变得不合时宜。

这是因为运输线路、运输价格、运输工具、运输数量随时都有可能变化，所以再好的物流规划，经过一段时间后也会出现新的问题。

**梅明平对渠道经理说**

如果厂家希望自己的物流系统能够满足渠道成员不断变化的需求，就需要经常对渠道成员进行调查研究，并对物流服务进行监控。一旦发现某些渠道成员不满意，厂家必须立即采取行动，对物流系统进行调整。

## 11.5 实战案例

### 11.5.1 物流系统帮助 ZARA 全球零售店实现实时时尚

ZARA 于 1975 年设立于西班牙，隶属于 Inditex 集团，是"中低价位却拥有中高级质量"的国际性流行服饰品牌，在 80 多个国家设立了 2000 多家服装连锁店。

ZARA 的商业模式以快和新潮为核心。ZARA 是怎么做到的？答案就是物流！

ZARA 的设计方案从模板到成品，再到运送到世界各个 ZARA 专卖店，只需要两周左右的时间。所有的仓库都设置在西班牙，省去了在其他国家找仓库的成本费用。虽然航空运输费用昂贵，但库存成本很低，而且不用担心大量囤积过时产品的风险。

如果没有强有力的物流，ZARA 不可能在它的所有零售店实时实现时尚。

### 11.5.2 订货宝帮助厂家快速高效地处理订单

订货宝订货管理系统是成都阿商信息技术公司专为厂家研发的新一代实时网上订货管理系统。

订货宝利用云计算技术，实现厂家与经销商之间实时高效的订货、收货、发货管理，清晰明了的收付款对账管理，便捷的物流信息查询，安全可靠的在线支付管理，以及方便快捷的订单短信通知、在线客服等全方位、高效的订货流程管理，全面提升厂家管理竞争力。订货宝是厂家降低成本、缓解库存压力、提升销售效率，以及巩固客户关系的神器。

**【渠道经理工具箱】**

关于畅通渠道物流的知识，渠道经理要掌握以下 18 大工具。

（1）营销组合变量及其分销战略变量的渠道与物流要素的关系。

（2）物流的定义。

（3）物流系统的定义。

（4）目标客户对物流服务的满意度与物流组成部分之间的关系。

（5）包装的定义。

（6）运输的定义。

（7）各种运输方式的运营特点。

（8）仓储的定义。

（9）经济订货批量的定义。

（10）货物整理的定义。

（11）订单处理的定义。

（12）物流服务时间标准的 3 个指标。

（13）物流服务准确率标准的 4 个指标。

（14）物流服务其他标准的 2 个指标。

（15）如何明确渠道成员对物流服务的需求？

（16）确保厂家物流符合渠道成员的标准。

（17）使渠道成员确信厂家能够达到物流标准的 3 个维度。

（18）如何对物流服务进行监控与调整？

# 第 12 章　严控渠道账款

## 问题与后果

（1）由于历史或行业的原因，还有一部分厂家为经销商提供信贷支持，但是发现厂家的应收账款越来越多，对厂家的威胁越来越大。

（2）由于采用现款现货的经销商与享受授信支持的经销商，在返利、销售策略等各个方面都一样，导致采用现款现货的经销商越来越少，越来越多的经销商希望得到厂家的授信支持，厂家在现金流方面危机四伏。

（3）大多数厂家在给经销商授信时，没有确定经销商的授信等级、没有明确信用额度、没有明确信用期限，导致应收账款时间越来越长，厂家的资金周转越来越慢。

（4）在授信给经销商时，厂家没有实行账款担保制度，导致很多应收账款成为呆账、死账。

（5）即使厂家对每个经销商都规定了不同的信用额度，但厂家没有定期检查经销商的信用额度使用情况，导致超额现象时有发生，浑水摸鱼的经销商越来越多。

（6）一旦应收账款逾期，厂家却没有明确的催款流程，有些放款给经销商的业务员辞职走人，导致应收账款无法及时收回，给厂家造成巨大的损失。

## 梅明平对渠道经理说

应收账款涉及厂家的生死存亡。目前，大部分厂家已经实现了现款现货，但还是有少数厂家由于历史的原因，或者受到行业行规的影响，还在继续采用赊销、授信、铺底的付款方式与经销商交易，导致厂家的应收账款、呆账、死账越来越多，厂家经营越来越艰难。然而，针对习惯于利用厂家资金经营的经销商，厂家要一下子采用现款现货也很困难。

为了降低应收账款的风险，厂家要做好 4 件事：一是要确定每个经销商的信用额度，二是要对信用额度进行风险控制，三是要制定科学的催款流程，四是要制定逾期催款策略。

### ▉▉ 案例　江门经销商张总被告上法庭

江门经销商张总月销售额达到 6000 多万元，销售网络覆盖多半个广东省。大多数厂家为了迅速扩展分销网络，大多采用赊销的方式为张总供货。

但是，张总常常采用低于市场价的价格进行抛售，虽然销量大，却是亏本买卖。例如，当时市场价是每件 200 元，他的抛售价为 196 元，中间每件 4 元的差价常常找厂家补贴。刚开始时，厂家往往暗地里给予补贴。后来，由于张总经常扰乱市场价格，厂家开始拒绝给予补贴，张总亏损越来越大，最后无力偿还厂家的应收账款，厂家不得已联合起来将他告上了法庭。

## 12.1　经销商资信管理

### 12.1.1　应收账款

➡ **名词解释：应收账款**

应收账款是指厂家在正常的经营过程中，因销售产品向经销商收取的货款，是伴随厂家的销售行为而形成的一种债权。

厂家的账款管理，就是对应收账款进行管理。对于厂家来说，应收账款就像一把双刃剑：如果管理得好，就能增强厂家的竞争力，提升对经销商的掌控力；如果管理不善，就会因应收账款占用流动资金而增加财务成本，减少厂家利润，甚至收不回来就成了呆账、死账，会直接威胁厂家的生存。

### 12.1.2　评定经销商资信等级

#### 1．确定评级指标和评分标准

由于各种原因必须采用赊销的厂家，也不能随随便便给经销商铺底，必须对经销商进行资信评级。其他书籍对经销商的资信评级，大部分集中在对经销商的能力、品质、资本等考核上，问题是，如果一个经销商的品质好、能力强，获得了较高的评级，但是该经销商不把厂家的品牌作为重点推广，甚至该经销商把厂家给予的铺底货款用于推广竞争品牌，那对于厂家来说，这样的评级有什么意义呢？

因此，本书对经销商资信等级的评级指标，主要集中在经销商对厂家的销售贡献上，即采用销售额、任务完成率、经销商类型、合作时间、遵纪守法5个指标进行评估。

**案例** 某厂家对经销商的资信评分标准

某厂家有100个经销商，采用5个指标对经销商进行考核评分，每个指标最高得分为20分。其中，经销商类型是指专销商（只经销厂家品牌）、专营商（厂家品牌+非竞品）、全销商（厂家品牌+非竞品+竞品），遵纪守法是指出现窜货、低价销售等情况，被厂家处罚的记录。表12-1所示为某厂家对100个经销商的资信评分标准。

表12-1　某厂家对100个经销商的资信评分标准

| 评分项目 | 该项最高分 | 评分内容与评分标准 | | | | | |
|---|---|---|---|---|---|---|---|
| | | 评分内容 | 评分标准 | 评分内容 | 评分标准 | 评分内容 | 评分标准 |
| 销售额排行 | 20分 | 1～30名 | 14～20分 | 31～60名 | 8～13分 | 61～100名 | 1～7分 |
| 任务完成率排行 | 20分 | 1～30名 | 14～20分 | 31～60名 | 8～13分 | 61～100名 | 1～7分 |
| 经销商类型 | 20分 | 专销商 | 14～20分 | 专营商 | 8～13分 | 全销商 | 1～7分 |
| 合作时间排行 | 20分 | 5年以上 | 14～20分 | 1～5年 | 8～13分 | 1年以内 | 1～7分 |
| 遵纪守法 | 20分 | 无违规 | 14～20分 | 违规1次 | 8～13分 | 违规1次以上 | 1～7分 |
| 合计 | 100分 | — | — | — | — | — | — |

### 2．确定资信等级标准

按照5个指标对经销商进行评分后，就会得出每个经销商的实际分数：得分越高，说明该经销商对厂家的销售贡献越大，忠诚度也越高，厂家给予销售支持后的回报就越高；得分越低，说明该经销商对厂家的销售贡献越小，忠诚度也越低，厂家给予销售支持后的回报就越低。

经销商的资信等级标准，可以根据经销商的数量确定，经销商越多，设计的等级也越多。例如，按照5个等级设计经销商的资信等级，可以采用A、B、C、D、E表示。

**案例**　某厂家对经销商的资信等级标准

接上例，某厂家拥有 100 个经销商，对每个经销商的资信评分后，接下来需要制定经销商的资信等级及其标准，如表 12-2 所示。

表 12-2　某厂家制定的经销商资信等级及其标准

| 得分范围 | 资信等级 |
| --- | --- |
| 得分≥90 分 | A 类 |
| 80 分≤得分<90 分 | B 类 |
| 70 分≤得分<80 分 | C 类 |
| 60 分≤得分<70 分 | D 类 |
| 得分<60 分 | E 类 |

## 12.1.3　确定经销商信用额度

➡ **名词解释：信用额度**

信用额度又称信用限额，是指厂家授予经销商一定金额的信用限度，在合同所规定的授信期限内，经销商可以循环使用这么多金额。

厂家完成对经销商的资信等级评定后，接下来就需要对每个资信等级的经销商授予不同的信用额度。

厂家授予经销商信用额度的大小，除了需要考虑该经销商的资信等级，还要结合该经销商的年销售计划及资金周转次数。例如，某经销商的年销售目标为 1200 万元，年资金周转 12 次，则该经销商所需要的周转资金为 100 万元。因此，厂家在给该经销商提供信用额度时，一定要考虑其所需要的周转资金。

**案例**　某厂家制定的经销商信用额度标准

某厂家制定的经销商信用额度标准如表 12-3 所示。

表 12-3　某厂家制定的经销商信用额度标准

| 得分范围 | 资信等级 | 信用额度 |
| --- | --- | --- |
| 得分≥90 分 | A 类 | （年销售目标÷年资金周转次数）×60% |
| 80 分≤得分<90 分 | B 类 | （年销售目标÷年资金周转次数）×40% |
| 70 分≤得分<80 分 | C 类 | （年销售目标÷年资金周转次数）×20% |

续表

| 得分范围 | 资信等级 | 信用额度 |
|---|---|---|
| 60 分≤得分<70 分 | D 类 | （年销售目标÷年资金周转次数）×10% |
| 得分<60 分 | E 类 | 无 |

例如，某经销商的资信等级为 A 类，年销售目标为 8000 万元，年资金周转次数为 10 次，则该经销商的信用额度为 480 万元，计算公式如下：

$$A 类经销商信用额度 = \frac{年销售目标}{年资金周转次数} \times 60\% = \frac{8000}{10} \times 60\% = 480（万元）$$

相当于厂家为该经销商出资 480 万元，经销商自己只需要出资 320 万元，合计 800 万元。

### 12.1.4 确定经销商信用期限

➡ **名词解释：信用期限**

信用期限是厂家允许经销商从购货到付款的间隔时间，或者说厂家给予经销商的付款期限。

例如，某厂家给予经销商的信用期限为 60 天，则经销商需要在购货后的 60 天内付款。信用期限过短，对经销商的帮助有限；信用期限过长，虽然为经销商提供了强有力的资金支持，但厂家的应收账款、收账费用和坏账损失增加，对厂家会产生不利的影响。因此，厂家必须规定恰当的信用期限。

对于快消品来说，信用期限应较短，一般为 10 天、15 天、30 天或 45 天。产品的保质期越短，其信用期限也就越短。耐用品、工业品的资金占用量大，资金周转时间较长，一般信用期限会长一些，30 天、60 天、90 天或 120 天。总之，厂家要根据自身行业的特点，经销商的资金周转时间决定信用期限。

**案例** 某厂家制定的经销商信用期限标准

某厂家制定的经销商信用期限标准如表 12-4 所示。

表 12-4 某厂家制定的经销商信用期限标准

| 得分范围 | 资信等级 | 信用额度 | 信用期限 |
|---|---|---|---|
| 得分≥90 分 | A 类 | （年销售目标÷年资金周转次数）×60% | 30 天 |
| 80 分≤得分<90 分 | B 类 | （年销售目标÷年资金周转次数）×40% | 30 天 |

续表

| 得分范围 | 资信等级 | 信用额度 | 信用期限 |
|---|---|---|---|
| 70 分≤得分<80 分 | C 类 | （年销售目标÷年资金周转次数）×20% | 30 天 |
| 60 分≤得分<70 分 | D 类 | （年销售目标÷年资金周转次数）×10% | 30 天 |
| 得分<60 分 | E 类 | 无 | 无 |

例如，上例中某经销商的资信等级为 A 类，年销售目标为 8000 万元，年资金周转次数为 10 次，那么该经销商的信用额度为 480 万元，信用期限为 30 天。

## 12.2　应收账款风险控制

→ **名词解释：应收账款风险**
应收账款风险是指厂家的应收账款所引起的坏账损失，以及资金成本和管理成本的增加。

**梅明平对渠道经理说**

应收账款的风险与应收账款的规模有关。厂家利用应收账款（商业信用）实现的销售额越高，所承担的应收账款风险就越高。因此，对应收账款进行风险控制，是厂家财务管理的一项重要内容。

**案例**　经销商居高不下的应收账款拖垮了汇源果汁

汇源果汁的财报显示，2014—2016 年，应收账款分别为 21.80 亿元、21.30 亿元、40.20 亿元，分别占年销售额的 47.5%、37.5%、70.0%，应收账款周转天数分别为 108 天、106 天、151 天。而同期的康师傅应收账款周转天数分别为 8 天、9 天、10 天。据公告，2017 年汇源果汁的利息支出已达 5.46 亿元，是 1.35 亿元净利润的 4.04 倍。汇源果汁和康师傅应收账款周转天数对比如表 12-5 所示。

表 12-5　汇源果汁和康师傅应收账款周转天数对比

| 时间 | 汇源果汁 | | | | 康师傅 |
|---|---|---|---|---|---|
| | 年销售额（亿元） | 应收账款（亿元） | 应收账款占比（%） | 应收账款周转天数（天） | 应收账款周转天数（天） |
| 2014 年 | 45.92 | 21.80 | 47.5 | 108 | 8 |
| 2015 年 | 56.82 | 21.30 | 37.5 | 106 | 9 |
| 2016 年 | 57.40 | 40.20 | 70.0 | 151 | 10 |

综上所述，汇源果汁不仅应收账款规模大，账期也长。经销商的应收账款占用了企业的流动资金，应收账款利息吞噬了企业的利润，最终负债百亿元的一代"果汁大王"陨落，汇源果汁于 2021 年 1 月 18 日被港交所正式取消上市资格。

## 12.2.1 账款担保

> **➔ 名词解释：担保**
>
> 担保是为确保某项债务的实现而采取的措施，该项债务是主法律关系，担保是从法律关系。担保包括金钱担保、人保和物保。

金钱担保即定金，是以特定的货币做担保，其设立也属于意定，需要双方当事人签订书面的定金合同，且需要移转标的物的占有权。

人保即保证，它将人的信用（信誉）作为债权实现的担保，包括一般保证和连带保证。其设立属于意定，需要保证人和债权人签订书面的保证合同，且无须移转标的物的占有。例如，视贝科技经销商之间的相互担保，并与厂家签订《担保合同》。

物保即担保物权，它将物的交换价值作为债权实现的担保，包括抵押权、质押权和留置权 3 类。例如，厂家与授信的经销商签订《房屋抵押合同》。

> **➔ 名词解释：留置权**
>
> 留置权是指债权人因合法手段占有债务人的财物，在由此产生的债权未得到清偿以前留置该项财物，并在超过一定期限仍未得到清偿时依法变卖留置财物，从价款中优先受偿的权利。

当经销商通过赊销获得厂家的产品后，如果该经销商由于与其他人的债务原因，其他人申请法院查封该经销商的仓库，则厂家的产品也一同被法院查封，厂家会因此损失产品的应收账款。

为了减少损失，厂家在与经销商签订《产品经销合同》时，要加上一条："厂家赊销给该经销商的产品的所有权，为厂家所有。"一旦法院查封该经销商的仓库，厂家就有权依合同收回赊销产品；或者厂家与该经销商进行清算时，厂家有权对赊销产品进行处置。

## 12.2.2 信用额度审查

厂家的财务部门应定期对经销商的应收账款使用情况进行检查，并将检查结果通知销售部，以便销售部对经销商的信用额度进行调整。

**案例**　某厂家对经销商的信用额度使用情况分析

某厂家对经销商的信用额度使用情况分析如表 12-6 所示。

表 12-6　某厂家对经销商的信用额度使用情况分析

| 经销商名称 | 经销商总欠款（元） | 信用额度（元） | 总欠款/信用额度 |
|---|---|---|---|
| 利丰经营部 | −22463 | 100000 | −22.5% |
| 东大日化有限公司 | 0 | 50000 | 0 |
| 新万红有限责任公司 | 3324 | 50000 | 6.6% |
| 美洁商贸公司 | 465885 | 1200000 | 38.8% |
| 百盛批发部 | 103993 | 200000 | 52.0% |
| 禹都小商品经营部 | 35113 | 50000 | 70.2% |
| 文东经贸公司 | 51600 | 50000 | 103.2% |
| 浩大商贸公司 | 578977 | 400000 | 144.7% |

总欠款/信用额度表示经销商的总欠款占信用额度的比率：比率越小，说明经销商使用的信用额度越少，表现为越安全，如新万红有限责任公司仅为 6.6%；比率小于或等于零，说明经销商没有使用信用额度，如利丰经营部为−22.5%，说明厂家欠经销商的货款；比率越大，说明经销商使用的信用额度越多，如浩大商贸公司为 144.7%，大大超过信用额度，厂家需要重点关注，及时调整信用额度。

## 12.2.3　经营状况监督

厂家的销售人员要密切关注经销商的资金状况，一旦出现以下情况，说明该经销商的资金可能出现了问题，厂家应及时收回应收账款。

① 经销商员工的工资延迟发放。

② 经销商的核心零售商倒闭，无法收回账款。

③ 经销商高进低抛。

④ 经销商投资股票失败。

⑤ 经销商购置房产。

⑥ 经销商夫妻离婚。

⑦ 经销商移民。

⑧ 经销商欠其他厂家的货款。

⑨ 其他厂家向法院起诉经销商。

### 12.2.4 控制发货

一旦经销商出现以下情况，说明该经销商是有心占用厂家的货款，货款成为呆账、死账的风险特别高，此时厂家应立即暂停发货。

① 经销商的上一笔应收账款逾期未付，并以各种理由希望厂家继续发货。

② 超过信用额度，继续订货。

③ 经销商的经营出现明显异常的情况。

④ 其他厂家已经停止向该经销商发货。

## 12.3 制定催款流程

厂家催收经销商的账款，应科学地制定催款流程，通过销售人员、财务人员和律师的集体合作，达到快速、高效收回账款的目的。一般使用的方式包括信函通知、电话催收、派人面谈、法律行动。当经销商拖欠账款时，厂家可先给经销商一封很有礼貌的通知信件；接着可寄出一封措辞较直率的信件；进一步则可电话催收；如果无效，厂家的收账人员可直接与经销商面谈，协商解决；如果谈判不成功，最后交给厂家的律师采取法律行动。

## 12.4 逾期催款策略

**梅明平对渠道经理说**

经销商拖欠应收账款的原因很多，主要分为两类，即无力偿还和故意拖欠。无力偿还是指经销商因经营管理不善，财务出现问题，没有资金偿付到期债务；故意拖欠是指经销商虽有能力付款，但为了自身利益，想方设法不付款。无论遇到哪种情况，厂家都需要采取合理的催款策略，达到收回账款的目的，减少厂家的损失。

下面，详细介绍经销商逾期付款的原因，以及厂家催款的策略。

#### 1. 催款不力

由于厂家的销售人员不主动催收，或者经销商不主动付款造成的逾期，厂家要通过邮件、电话或上门催收，一般情况下，很快就可收回账款。

### 2．合同纠纷

（1）合同条款争议。

由于销售人员签约时的疏忽，造成合同条款在执行中产生争议的，销售人员应主动找经销商协商，弥补原来的疏忽，追回账款。例如，销售人员未填写厂商分摊当地广告费的比例，导致经销商不愿意支付已发生的广告费。

（2）厂家违反合同。

由于厂家在执行合同中违反规定出现的合同纠纷，厂家应主动向经销商赔礼道歉，并按合同有关违约条款承担一定责任，对给经销商造成的损失应给予赔偿，并最终追回账款。例如，厂家违反独家经营合同，在区域内开发了另一个经销商。

（3）经销商违反合同。

由于经销商违反合同而导致的纠纷，厂家应主动与其交涉，通过协商解决。如果协商不成，厂家应按合同规定的纠纷处理办法进行公证或法律调解，最终追回账款。例如，经销商认为厂家应该核销产品的进场费，但厂家没有该项费用支持，从而导致纠纷。

### 3．货物积压

厂家的业务员压货、竞争对手的大力度促销、环境气候的变化、市场行情的变化等原因，造成经销商出现严重的货物积压。一旦出现这种情况，厂家应该先帮助经销商处理积压的库存，如把多余货物调剂给别的经销商，或者帮助经销商在当地开展促销活动等。一旦经销商的库存压力减轻，厂家的业务员要及时收回逾期账款。

### 4．经营不佳

经销商经营不佳，暂时无力偿还账款，厂家可采取分批催讨、拿回多少算多少的办法催款。同时设法帮助经销商搞活经营，或者把多余货物调剂给别的经销商，或者帮助经销商在当地开展促销活动等，避免因产品的保质期造成进一步的损失。

### 5．资金短缺

如果经销商确因资金暂时周转困难但有还款诚意，厂家可以考虑允许其暂时延期付款；如果是人为造成的资金紧张，如购买小汽车、购置商品房、炒股票等，这种情况厂家应该采取措施早日收回账款。

### 6．故意拖欠

经销商故意拖欠应收账款，是有心为之，因为你永远叫不醒装睡的人。因此，厂家要及早甄别，一旦发现经销商故意拖欠账款，应立即按照追款流程进行催款。

### 7．意外事故

经销商在经营过程中出现意外事故，如因车祸导致伤亡，仓库出现火灾、水灾导致库存的货物损失严重。厂家先要对经销商出现的意外事故表示同情和慰问，然后根据对方的现状决定是暂缓催款还是部分追回，或者保留追索权等。

**案例　如何催收这笔应收账款**

某厂家的区域经理张斌被派到某地区负责销售业务工作，刚上任就发现该地区经销商有 20 万元的应收账款。过程是这样的：该经销商给厂家开了一张票面金额为 22 万元的银行承兑汇票，但到银行后发现汇票盖的章有问题被退回来了。此时，厂家已把 22 万元的货物发给了该经销商，当厂家的业务员小陈通知该经销商重新换票时，该经销商只是返还 2 万元现金后便不再理睬。

接着，区域经理张斌和业务员小陈拜访了当地的几家大型零售商，并向对方打听了该经销商的信誉情况。区域经理张斌了解到该经销商在当地的销量排到前 3 名，但老板人品较差，以前多次与厂家发生过财务上的纠纷。

了解情况后，区域经理张斌便来到该经销商的办公室，但老板的态度不冷不热，说产品销售很差，准备主推其他竞品，并且不想继续合作了。

面对不愿意继续合作的经销商所产生的 20 万元的应收账款，区域经理张斌该怎么办呢？

## 12.5　实战案例

### 12.5.1　《房屋抵押合同》样本

房屋抵押合同

担保方：＿＿＿＿＿　　　（以下称甲方）

供应方：＿＿＿＿＿　　　（以下称乙方）

经销商：＿＿＿＿＿　　　（以下称丙方）

为确保乙、丙双方于＿＿＿年＿＿＿月＿＿＿日所签订的《产品经销合同》（以下称主合同）的履行，甲方愿以其有处分权的房产为丙方履行主合同做抵押。乙方经审核，同意接受甲方的房产抵押。甲、乙、丙 3 方经协商一致，按以下条款订立本合同。

一、抵押房产的情况。

（1）甲方用于抵押的房产位于_____，建筑面积_____，共有权份额_____，权属证书号码：_____。

（2）甲方用于抵押房产的权属情况。甲方用于抵押的房产是否有抵押的情况，如有，应列出抵押权人、抵押部分、评估价值、抵押价值：_____。

二、抵押担保价值。

按照乙、丙双方于____年____月____日所签订的主合同的约定，乙方给予_____万元的产品作为铺底销售，并且乙方必须在____年____月____日前付清铺底销售的货款。

三、作价。

经评估，本合同项下甲方用于抵押的房产评估价值为（大写）_____元，现经乙方同意，甲方作价_____万元，为丙方按照本合同第二条所述的抵押担保价值数额做抵押。

四、甲方保证对用于抵押的房产依法享有所有权或处分权。

五、抵押担保的范围。

本合同项下的抵押房产所担保的范围：本合同第二条所述的抵押担保价值数额、丙方因违约所应支付的违约金、赔偿乙方损失的金额及实现本合同第二条所述的抵押担保价值的债权和抵押权的费用（包括律师费、诉讼费等）。

六、甲方应在本合同生效之日将所抵押房产的权属证明文件交付给乙方，抵押期间该抵押房产的权属证明文件由乙方代为保管。

七、权利限制。

在本合同有效期内，甲方不得出售和馈赠所抵押的房产；甲方迁移、出租、转让、再抵押或以其他任何方式处分所抵押的房产的，须取得乙方书面同意。在抵押期间，经乙方书面同意，甲方转让抵押房产所得的价款须优先用于为丙方清偿所担保的债权。

八、本合同的效力独立于被担保的主合同，主合同无效不影响本合同的效力。

九、本合同项下有关的评估、保险、鉴定、登记、保管等费用均由甲方承担。

十、抵押房产的保管责任及风险。

（1）抵押期间，甲方有义务妥善保管抵押物，保持抵押物完好无损，并接受乙方的检查。

（2）甲方应办理抵押物在抵押期间的财产保险，投保金额不得少于本合同第二条所述的抵押担保价值数额，财产保险的第一受益人为乙方，保险单证由乙方代为保管。

（3）抵押期间，抵押物如发生投保范围的损失，或者因第三人的行为导致抵押物价值减少或灭失，保险赔偿金或损害赔偿金应作为抵押财产，由甲方存入乙方指定的账户，抵押期间甲方不得动用。

（4）主合同有效期间，甲方不得以任何理由中断或撤销保险，否则，乙方有权代为投保，一切费用由甲方承担。

十一、自本合同签订之日起_____天内，甲、乙双方应到房屋管理部门办理抵押登记手续。

十二、抵押权的实现。

（1）主合同履行期限届满，丙方未能清偿铺底货款，乙方有权以甲方所抵押的房产折价或以拍卖、变卖抵押房产所得价款优先受偿，实现抵押权。

（2）处理抵押房产所得价款，不足以清偿本合同第五条"担保范围"所列的款项和费用的，乙方有权另行追索；价款清偿本合同第五条"担保范围"所列的款项和费用有剩余的，乙方应退还给甲方。

十三、抵押权的撤销。

丙方按照主合同约定的期限清偿全部铺底货款的，抵押权即自动撤销，乙方所保管的权属证明文件、财产保险单应退还给甲方。

十四、违约责任。

（1）甲、乙、丙3方经协商同意，发生下列情况之一，乙方有权提前处分抵押物实现抵押权，或者提前要求丙方清偿铺底货款。

① 甲方违反本合同第六条、第七条、第十条约定义务或发生严重违约行为。

② 主合同履行期间，丙方被宣告破产、被解散或被吊销营业资格等致使乙方实现债权落空。

（2）甲方因隐瞒抵押财产存在共有、争议、被查封、被扣押或已经设定过抵押权等情况而给乙方造成损失的，应给予赔偿，并且乙方有权要求丙方提前清偿铺底货款。

（3）甲方与丙方串通损害乙方合法权益的，甲方与丙方应对乙方的损失承担连带赔偿责任。

十五、合同变更、解除及其他约定事项。

（1）本合同生效后，甲、乙、丙3方均不得擅自变更或解除合同。需要变更或解除合同时，3方应协商一致，达成书面协议。协议未达成前，本合同各条款仍然有效。

（2）甲方同意，当需要实现抵押权时，甲方自愿接受强制执行。

十六、争议的解决。

因本合同发生的争议，经协商不能达成一致意见，应当向乙方所在地人民法院提起诉讼。

十七、合同生效及期限。

本合同自 3 方签字、盖章且抵押房产在房产管理部门办理抵押登记之日起生效，至丙方按照主合同的约定清偿全部债务时自动失效。

十八、合同文本。

本合同一式 4 份，甲、乙、丙 3 方各执 1 份，报有关机关备案 1 份，具有同等法律效力。

甲方：
签字：
身份证号码：
住址：
邮编：
联系电话：
日期：

乙方：（章）
地址：
法定代表人（签字）：
委托代理人（签字）：
邮编：
联系电话：
日期：

丙方：
地址：
法定代表人/负责人（签字）：
委托代理人（签字）：
邮编：
联系电话：
日期：

### 12.5.2　某厂家对经销商应收账款的催款流程

第一步：超出信用期限的 10 天内，厂家以业务员的名义发出第一封很有礼貌的催款邮件。

第二步：超出信用期限的 15 天内，厂家以销售部的名义发出第二封措辞较直率的催款邮件。

第三步：超出信用期限的 20 天内，厂家的财务人员电话催收。

第四步：超出信用期限的 30 天内，厂家的专业收账人员上门与经销商面谈催收。

第五步：超出信用期限的 50 天内，由厂家的律师采取法律行动。

**【渠道经理工具箱】**

关于严控渠道账款的知识，渠道经理要掌握以下 17 大工具。

（1）应收账款的定义。

（2）评定经销商资信等级的方法。

（3）某厂家对 100 个经销商的资信评分标准。

（4）某厂家制定的经销商资信等级及其标准。

（5）信用额度的定义。

（6）某厂家制定的经销商信用额度标准。

（7）信用期限的定义。

（8）某厂家制定的经销商信用期限标准。

（9）应收账款风险的定义。

（10）担保的定义。

（11）留置权的定义。

（12）某厂家对经销商的信用额度使用情况分析。

（13）经营状况监督的内容。

（14）控制发货的内容。

（15）厂家对经销商应收账款的催款流程。

（16）逾期催款的 7 大策略。

（17）《房屋抵押合同》样本。

# 第 4 部分　评估渠道绩效

# 第 13 章　评估渠道成员绩效

（1）大多数厂家没有定期对经销商进行绩效评估，导致经销商做好做坏没人知道，最终导致大部分经销商越做越差。

（2）经销商是否需要更换，往往由厂家的销售人员决定，厂家没有明确的考核标准，导致销售人员与经销商之间容易产生矛盾，甚至威胁到销售人员的人身安全。

（3）厂家考核经销商，往往仅仅考核对大经销商的有利销量，导致小经销商没有销售的积极性，始终无法快速成长。

（4）销量大的经销商不一定比销量小的经销商优秀，但是厂家不知道，因为厂家没有对经销商的市场渗透率进行考核，导致真正优秀的经销商被埋没。

（5）经销商的经营稳定性是考核经销商的一个重要指标，但是很少厂家对经销商考核这个指标，所以往往无法找到真正优秀的经销商。

（6）厂家在评估经销商时，往往容易走向两个极端：不是考核指标太少无法反映经销商的真实情况，就是考核指标太多无法获取真实的相关数据。

## 梅明平对渠道经理说

大多数厂家没有定期对经销商进行绩效评估，导致经销商做好做坏一个样，经销商绩效提升只是一场梦。绩效评估是厂家对经销商在某段时间（如 1 年）的经营情况进行评估，目的是通过评估对优秀的经销商给予奖励，对落后的经销商进行处罚。绩效评估最大的好处在于，通过评估后实施的奖惩能够对经销商接下来（如第二年）的经营表现给予强大的压力，促使经销商的绩效越来越好，效率越来越高，绩效螺旋式上升。

厂家的渠道经理要做好经销商的绩效评估，首先要了解渠道战略与经销商绩效评价的关系，其次要了解有哪些绩效评估指标，再次要了解绩效评估有什么方法，最后要针对每个经销商的绩效确定改进措施。

### ■ 案例　如果经销商不努力就会被迪尔公司解约

年收入已超过 260 亿美元的美国迪尔公司于 1837 年成立，由一家只有一个人的铁匠店发展为如今在全世界 160 多个国家销售产品、在全球拥有约 37000 位员工的集团。

迪尔公司通过近 3000 家独立经销商销售产品，这些经销商各种各样，有的经销商拥有多个门店，年销售额超过 1 亿美元，而有的经销商仅有一个门店，年销售额只有 500 万美元。许多经销商已经与迪尔公司合作长达几十年，这些经销商早已把自己看作迪尔公司的一部分。

但是，为了确保迪尔公司持续高效的发展，迪尔公司 CEO（Chief Executive Officer，首席执行官）罗伯特·莱恩认为：经销商想要持续与迪尔公司合作，不仅要完成目标任务，还要有能力为客户提供技术服务，并保证及时送到。如果一些经销商不努力前进，那么其将不再属于这个团队。

## 13.1　渠道战略与经销商绩效评估

在对经销商进行绩效评价时，厂家的渠道经理必须保证，在渠道设计和管理中，已经有用于确保经销商绩效得到有效评价的规定。

如果渠道战略是密集型分销，则评估经销商的绩效指标要体现密集分销情况；如果渠道战略是拥有一支优秀的经销商队伍，则评估经销商的绩效指标要体现经销商的优秀层面；如果渠道战略是优质服务，则评估经销商的绩效指标要体现优质服务情况；如果渠道战略是厂商共赢，则评估经销商的绩效指标要体现厂商共赢分销情况。

总之，评估在哪里，结果就在哪里！考核在哪里，工作中心就在哪里！厂家希望拥有什么样的经销商，就制定与此相关的评估指标。

## 13.2 经销商绩效评估指标

不同的行业、不同的渠道战略、不同的厂家对经销商的绩效评估指标也不一样。厂家在制定经销商绩效评估指标时，应根据自身的特点，设置科学的、公正的经销商评估指标。一般情况下，经销商绩效评估指标包括竞争能力评估指标、盈利能力评估指标和渠道信任评估指标，下面对前两个指标进行详细论述。

### 13.2.1 经销商竞争能力评估指标

#### 1．销售增长率

➡ **名词解释：销售增长率**
销售增长率是指经销商本期的销售收入增长额与前期的销售收入总额之比。

销售增长率的计算公式为：

$$销售增长率 = \frac{本期销售额 - 前期销售额}{前期销售额} \times 100\%$$

销售增长率是使用历史比较法来评估经销商的效率。该指标越大，表明经销商增长速度越快，市场前景越好，越重视厂家的产品推广。因此，厂家要通过销售增长率找出发展最快的经销商，并给予更多的帮助，让其发展更快。

但是，销售增长率高的经销商并不等于销量大，反而销售额比较低的经销商比较容易获得较高的销售增长率。因此，厂家不能单独考核销售增长率，还需要结合其他指标对经销商进行评估。

厂家的渠道经理在分析经销商的销售增长率时，借助排行榜更能反映经销商团队的销售增长情况，并有针对性地进行管理。

**案例** 某厂家的经销商销售增长率排行榜

为了了解经销商的销售额增长速度，某厂家的销售总监制作了经销商的销售增长率指标排行榜，即将每个经销商今年1—6月份的销售额与去年1—6月份的销售额进行对比，计算出每个经销商的销售增长率，并进行排行，如表13-1所示。

表13-1 经销商的销售增长率指标排行榜

| 排名 | 经销商名称 | 去年1—6月销售额（万元） | 今年1—6月销售额（万元） | 销售增长率（%） |
|---|---|---|---|---|
| 1 | 虎头商贸 | 1000 | 1200 | 20 |
| 2 | 明星商贸 | 6600 | 7260 | 10 |

续表

| 排名 | 经销商名称 | 去年 1—6 月销售额（万元） | 今年 1—6 月销售额（万元） | 销售增长率（%） |
|------|-----------|------------------------|------------------------|----------------|
| …… | …… | …… | …… | …… |
| 89 | 盈盈商贸 | 5600 | 5096 | -9 |
| 90 | 秋芳商贸 | 9800 | 8722 | -11 |
| …… | …… | …… | …… | …… |

通过表 13-1 可以看出，经销商虎头商贸，销售增长率为 20%，排在第 1 位，说明今年的销售额比去年同期增加了 20%，销售额在上升；经销商盈盈商贸排在第 89 位，销售增长率为-9%，说明今年的销售额比去年同期减少了 9%，销售额在下降。

### 2. 销售任务完成率

**➡ 名词解释：销售任务完成率**

销售任务完成率是对已完成销售任务的度量，比例越大任务完成程度越高，低于 100%为未完成任务，等于 100%为完成任务，超过 100%为超额完成任务。

销售任务完成率的计算公式为：

$$销售任务完成率= \frac{实际完成销售额}{销售任务} \times 100\%$$

销售任务完成率指标在一定程度上反映了经销商的经营管理水平。如果厂家制定的销售任务本身没有问题，则当完成率大于或等于 100%时，说明该经销商比较重视厂家的销售任务，其经营管理水平也比较高；如果完成率小于 100%，说明该经销商不太重视厂家的销售任务，其经营管理水平也比较低，厂家要帮助其找出原因并加以解决。

厂家的渠道经理在分析经销商的销售任务完成率时，借助排行榜更能反映经销商团队的销售任务完成情况，并有针对性地进行管理。

**案例** 某家电厂家的经销商销售任务完成率排行榜

某家电厂家有 100 多个经销商，这些经销商 1—7 月份的销售任务完成率如表 13-2 所示。

表 13-2　某家电厂家的经销商 1—7 月份的销售任务完成率

| 排名 | 经销商名称 | 销售任务（万元） | 实际销售额（万元） | 销售任务完成率（%） |
|---|---|---|---|---|
| 1 | 秋芳商贸 | 1500 | 1525 | 101.7 |
| 2 | 盈盈商贸 | 2500 | 2400 | 96.0 |
| 3 | 明星商贸 | 2000 | 1075 | 53.8 |
| …… | …… | …… | …… | …… |

通过表 13-2 可以看出，经销商秋芳商贸超出销售任务 1.7 个百分点，经销商明星商贸销售任务完成率只有 53.8%。因此，厂家要完成全年销售任务，主要问题在经销商明星商贸身上。为了解决问题，厂家销售人员需要深入调查经销商明星商贸销售任务完成率低的原因，并提出解决方案。

### 3. 渠道占有率

➜ **名词解释：渠道占有率**

渠道占有率是指某个经销商在一定时期内，销售额占厂家所有经销商销售总额的比例，用来评估不同经销商在渠道中的地位。

渠道占有率的计算公式为：

$$渠道占有率 = \frac{某个经销商的销售额}{所有经销商的销售总额} \times 100\%$$

某个经销商的渠道占有率越高，说明该经销商对于厂家的贡献越大，厂家需要重点支持，既要防止被竞争对手"挖墙脚"，又要确保该经销商健康快速地成长。

厂家的渠道经理在分析经销商的渠道占有率时，借助排行榜更能反映经销商对于厂家的贡献情况，并有针对性地进行管理。

**案例** 某厂家的经销商渠道占有率排行榜

某厂家的经销商渠道占有率排行榜如表 13-3 所示。

表 13-3　某厂家的经销商渠道占有率排行榜

| 排名 | 经销商名称 | 渠道占有率（%） |
|---|---|---|
| 1 | 大有商贸 | 9.35 |
| 2 | 明星商贸 | 8.78 |
| 3 | 盈盈商贸 | 5.23 |

续表

| 排名 | 经销商名称 | 渠道占有率（%） |
|------|------------|------------------|
| 4 | 虎头商贸 | 5.00 |
| 5 | 秋芳商贸 | 2.31 |
| …… | …… | …… |
| 合计 | — | 100 |

通过表 13-3 可以看出，经销商大有商贸渠道占有率为 9.35%，位于排行榜第 1 位，说明大有商贸对厂家的贡献最大，是厂家的 VIP 客户，必须重点保护和支持，不断提升其忠诚度，防止被竞争对手"挖墙脚"。

### 4．市场渗透率

➜ **名词解释：市场渗透率**

市场渗透率是指某经销商在该区域的年度销售额与该区域的人口数量的比率。

市场渗透率的计算公式为：

$$市场渗透率 = \frac{该区域的年度销售额}{该区域的人口数量}$$

某经销商的市场渗透率越高，说明该经销商的经营能力越强、越有竞争力，厂家在该区域投入的性价比越高，需要加大投入，以获得更大的回报。

需要注意的是，市场渗透率与市场大小、人口数量有关，市场渗透率高，并不等于该经销商对厂家的贡献大，只能说明该经销商在该区域有竞争力。因此，厂家的渠道经理在分析经销商的市场渗透率时，借助排行榜更能反映该经销商在该区域的竞争情况，并制定有针对性的管理制度。

**案例** **某厂家的经销商市场渗透率排行榜**

某厂家的经销商市场渗透率排行榜如表 13-4 所示。

表 13-4　某厂家的经销商市场渗透率排行榜

| 排名 | 经销商名称 | 负责区域人口数量<br>（万人） | 2020 年销售额<br>（万元） | 市场渗透率 |
|------|------------|------------------------------|---------------------------|------------|
| 1 | 盈盈商贸 | 80 | 2400 | 30 |
| 2 | 明星商贸 | 300 | 8000 | 26.7 |
| 3 | 虎头商贸 | 400 | 9000 | 22.5 |
| …… | …… | …… | …… | …… |

通过表 13-4 可以看出，经销商盈盈商贸的市场渗透率为 30，位于排行榜第 1 位，说明厂家的产品在该区域比在其他区域更有竞争力，厂家需要与经销商一起加大投入、扩大优势，以便获得更大的回报。

### 5．经营稳定性

→ **名词解释：经营稳定性**
经营稳定性用平均误差表示，是指经销商每月销售额的波动情况，波动越大，稳定性越差，波动越小，稳定性越好。

经营稳定性的计算公式为：

$$平均误差=\sqrt{\frac{\sum_{1}^{12}（第i月实际销售额-平均销售额）^2}{12}}$$

在评价经销商绩效时，经销商经营稳定性可用平均误差进行分析。平均误差会受到季节因素、经销商管理水平的影响。但当其他条件相同时，经销商平均误差越小，说明该经销商每个月的进货额度相差越小，销售越稳定，没有出现大起大落的现象，该经销商的经营管理水平较高。

厂家的渠道经理在分析经销商的平均误差时，借助排行榜更能反映经销商的经营稳定情况，并有针对性地进行管理。

**案例** 某个经销商的经营稳定性统计

某个经销商的经营稳定性统计如表 13-5 所示。

表 13-5 某个经销商的经营稳定性统计

| 月份 | 1 | 2 | 3 | 4 | 5 | 6 | 7 | 8 | 9 | 10 | 11 | 12 | 合计 |
|---|---|---|---|---|---|---|---|---|---|---|---|---|---|
| 销售额（万元） | 100 | 120 | 80 | 90 | 110 | 108 | 96 | 128 | 88 | 120 | 130 | 126 | 1296 |
| 平均每月销售额（万元） | 108 | 108 | 108 | 108 | 108 | 108 | 108 | 108 | 108 | 108 | 108 | 108 | — |
| 月差异（万元） | -8 | 12 | -28 | -18 | 2 | 0 | -12 | 20 | -20 | 12 | 22 | 18 | — |
| 月差异平方 | 64 | 144 | 784 | 324 | 4 | 0 | 144 | 400 | 400 | 144 | 484 | 324 | 3216 |

$$平均误差=\sqrt{\frac{\sum_1^{12}\left(\text{第}i\text{月实际销售额}-\text{平均销售额}\right)^2}{12}}=\sqrt{\frac{3216}{12}}=\sqrt{268}=16.37$$

通过上述计算得知，16.37 为某个经销商的平均误差，代表该经销商的误差水平。厂家可以按照上述方法计算出每个经销商的平均误差，并制作经销商平均误差排行榜，误差最小的经销商排在第 1 位。总体来说，比整体平均误差小的经销商，其经营稳定性比较好，属于比较优质的经销商，厂家应重点关注。

## 13.2.2　经销商盈利能力评估指标

### 1. 销售费用率

➡ **名词解释：销售费用率**

销售费用率是指经销商的销售费用与销售额的比率，表示经销商为取得单位销售额所花费的单位销售费用，或者销售费用占销售额的比例。

销售费用率的计算公式为：

$$销售费用率=\frac{销售费用}{销售额}\times100\%$$

经销商的经营需要支付各种费用，包括员工工资、经营管理费、运输费、包装费、储存费，以及占压资金利息等。销售费用率越低，经销商的效率越高。从投入产出关系分析，销售费用是投入，销售额是产出。在产出不变的情况下，投入越少，效率越高；销售费用率越低，效率越高。例如，某经销商的销售费用率为 8%，即该经销商完成 100 万元的销售额，需要支付 8 万元的销售费用。

### 2. 销售利润率

➡ **名词解释：销售利润率**

销售利润率是指经销商的销售利润与销售额的比率，它以销售额为基础分析厂家的获利能力，是反映销售额收益水平的指标，即每元销售额所获得的利润。

销售利润率的计算公式为：

$$销售利润率=\frac{销售利润}{销售额}\times100\%$$

销售利润就是经销商的销售收入减去经营成本、经营费用和税金等项目后的余额。销售利润率代表经销商的经营管理水平，利润率越高，经销商的经营管理水平就越高，反之就越低。如果某经销商的销售额很高但利润率很低甚至负利率，那么就是"只赚吆喝不赚钱"，很多经销商在转行前基本上如此。例如，某经销商的销售利润率为1%，即该经销商完成100万元的销售额，只能获得1万元的利润。

### 3．货款支付率

→ **名词解释：货款支付率**
货款支付率是指经销商本期实际支付的应付货款与本期全部应付货款的比率，是反映经销商能否快速支付货款的指标。

货款支付率的计算公式为：

$$货款支付率 = \frac{本期实际支付的应付货款}{本期全部应付货款} \times 100\%$$

经销商的货款支付率越高，说明经销商欠厂家的货款越少。采用现款现货方法的厂家，所有经销商的货款支付率为100%。如果某经销商的货款支付率为80%，说明该经销商还有20%的货款未支付给厂家。

### 4．存货周转次数

→ **名词解释：存货周转次数**
存货周转次数是用来反映1年中库存流动速度的数据。

存货周转次数的计算公式为：

$$存货周转次数 = \frac{销售成本}{存货平均余额}$$

经销商的存货周转次数可以反映经销商的存货销售速度与存货补充更新速度。在周转次数一定时，平均存货量越大，经销商的经营能力越强；在平均存货量一定时，周转速度越快，经销商的管理水平越高。厂家产品的保质期越短，经销商的存货周转速度就要越快，否则就会出现临期品或过期品，给经销商造成损失。

## 13.3 经销商绩效评估方法

### 13.3.1 确定绩效评估指标

#### 1．确定经销商绩效评估指标与权重

厂家要对经销商进行绩效评估，需要先确定经销商的绩效评估指标。绩效

评估指标太少，很难真实地反映经销商的经营现状；绩效评估指标太多，计算工作量会很大；绩效评估指标人为因素太多，如定性指标，很难体现公正性。因此，厂家确定经销商绩效评估指标很重要。从指标数量上来说，不能太多，也不能太少，如 3～5 个指标比较适中；从指标性质上来说，以定量指标为主，以定性指标为辅。

绩效评估指标确定后，需要给每个绩效评估指标一个权重，即重要程度，通常用小数表示，合计为 1。表 13-6 所示为几个比较常见的经销商绩效评估指标及权重。

表 13-6　常见的经销商绩效评估指标及权重

| 分类 | 绩效评估维度 | 维度权重 | 编号 | 绩效评估指标 | 指标权重 |
|---|---|---|---|---|---|
| 一 | 对销售的贡献 | 0.40 | 1 | 销售增长率 | 0.05 |
| | | | 2 | 销售任务完成率 | 0.05 |
| | | | 3 | 渠道占有率 | 0.10 |
| | | | 4 | 市场渗透率 | 0.10 |
| | | | 5 | 经营稳定性 | 0.10 |
| 二 | 经销商忠诚度 | 0.30 | 6 | 经销商类型 | 0.15 |
| | | | 7 | 经销商合作年限 | 0.15 |
| 三 | 经销商能力 | 0.30 | 8 | 经销商车辆 | 0.10 |
| | | | 9 | 经销商客户数 | 0.10 |
| | | | 10 | 经销商销售员工数 | 0.10 |
| 合计 | | 1.00 | | 合计 | 1.00 |

厂家可以根据自己的情况，选择以上 3～5 个评估指标对经销商进行绩效评估，并依照各个评估指标对厂家的重要程度赋予不同的权重。

### 2. 经销商绩效评估指标评分标准

确定经销商绩效评估指标及权重后，需要确定每个评估指标的评分标准。评分标准没有统一的标准，只要厂家按照自己确定的评分标准对经销商进行评分就可以了。表 13-7 所示为常用的经销商绩效评估指标评分标准，每个单项最高得分为 100 分，大家可以作为参考。

表 13-7　常用的经销商绩效评估指标评分标准

| 编号 | 绩效评估指标 | 指标评分标准 |
|---|---|---|
| 1 | 销售增长率 | 厂家可以选择这 5 个指标中的 2～3 个进行评估。评分标准结合每个指标的经销商排行榜，排行榜越靠前，得分越高；排行榜越靠后，得分越低 |
| 2 | 销售任务完成率 | |
| 3 | 渠道占有率 | |
| 4 | 市场渗透率 | |
| 5 | 经营稳定性 | |
| 6 | 经销商类型 | 专销商 100 分，专营商 80 分，全销商 60 分 |
| 7 | 经销商合作年限 | 按照经销商的合作时间进行评分，时间越长，得分越高 |
| 8 | 经销商车辆 | 按照经销商应配备的车辆类型及车辆数量标准进行评分 |
| 9 | 经销商客户数 | 按照经销商应开发的客户数标准进行评分 |
| 10 | 经销商销售员工数 | 按照经销商应配备的销售人员数量标准进行评分 |

### 13.3.2　经销商绩效得分排行

在完成每个经销商的绩效评分后，厂家的渠道经理就需要对绩效得分进行排名，经销商加权得分排行榜如表 13-8 所示。

表 13-8　经销商加权得分排行榜

| 经销商名称 | 绩效得分（分） | 排名 |
|---|---|---|
| 大有商贸 | 98.5 | 1 |
| 明星商贸 | 92.3 | 2 |
| 盈盈商贸 | 90.2 | 3 |
| 虎头商贸 | 88.9 | 4 |
| 秋芳商贸 | 82.0 | 5 |
| …… | …… | …… |

### 13.3.3　按照绩效得分划分经销商等级

对经销商的绩效进行排行后，厂家就需要根据经销商分数的多少，对经销商进行评级。经销商分数越多，级别越高。经销商的级别一般为 3～5 级，分为优秀、良好、一般、合格和不合格。将每个级别经销商的分数按照正态分布显示，即两头少、中间多。300 个经销商的评级标准如表 13-9 所示。

表 13-9　300 个经销商的评级标准

| 总体绩效评分排行分类 | 经销商人数占比（%） | 经销商实际人数（人） | 经销商等级 |
|---|---|---|---|
| 得分≥90 分 | 10 | 30 | 优秀 |
| 80 分≤得分>90 分 | 15 | 45 | 良好 |
| 70 分≤得分>80 分 | 40 | 120 | 一般 |
| 60 分≤得分>70 分 | 20 | 60 | 合格 |
| 得分<60 分 | 15 | 45 | 不合格 |
| 合计 | 100 | 300 | — |

## 13.4　经销商绩效整改措施

### 梅明平对渠道经理说

在完成经销商的绩效评级之后，厂家需要制定不同等级经销商的管理办法。厂家对优秀的经销商需要给予较多的支持，以便促使其更快地发展壮大；厂家对不合格的经销商应及时淘汰，以便更换新的经销商，使整个经销商队伍的素质不断呈螺旋式提升。

对于一般、合格的经销商，厂家应该找出其绩效差的原因。经销商绩效差的原因有多种，既有厂家对经销商的管理问题，也有经销商自身的问题。

如果是厂家对经销商的支持不够，则应该采取措施增加对经销商的支持，包括费用支持、促销支持、人员支持、工具支持等。如果是经销商自身的原因，则要通过认真分析采取相应的对策：如果是经销商的合作态度问题，厂家就要改变经销商的态度；如果是经销商的销售能力问题，厂家应加强对经销商及其所属销售人员的培训；如果是经销商的营销观念与厂家的营销观念不相符，厂家应尽量改变经销商的营销观念。

厂家对不同等级的经销商应该采取不同的整改措施。表 13-10 所示为针对不同等级经销商的整改措施，厂家可以结合以下内容，制定适合自己实际情况的整改措施。

表 13-10　不同等级经销商的整改措施

| 经销商级别 | 整改措施 |
|---|---|
| 优秀 | 成为厂家 VIP 俱乐部成员，推荐到专业培训机构学习，安排 3 名驻地业务员协助销售，提供区域广告费支持，提供区域促销活动支持，优先享受紧俏产品，优胜者免费提供 2 名国外游名额 |

续表

| 经销商级别 | 整改措施 |
|---|---|
| 良好 | 参加厂家内部的培训，安排 1 名驻地业务员协助销售，提供区域促销活动支持，优先享受紧俏产品，优胜者免费提供 1 名国外游名额 |
| 一般 | 签订合同，正常合作 |
| 合格 | 签订 3 个月临时合作协议，3 个月后考核合格签订合同，正常合作；3 个月后考核不合格，不续签合同 |
| 不合格 | 淘汰，不续签合同 |

## 13.5　实战案例

### 13.5.1　JF 代理商绩效评估

#### 1．JF 公司年度绩效评估对象

① 与 JF 公司签订协议的县级代理商。

② 与 JF 公司签订协议的地级代理商。

#### 2．JF 代理商年度绩效评估指标

JF 代理商年度绩效评估指标如表 13-11 所示。

表 13-11　JF 代理商年度绩效评估指标

| 编号 | 评估指标 | 指标说明 |
|---|---|---|
| 1 | 年实际销售额 | 协议年实际销售额 |
| 2 | 年任务完成率 | $年任务完成率 = \dfrac{某代理商年实际销售额}{该代理商年计划销售额} \times 100\%$ |
| 3 | 年销售增长率 | $年销售增长率 = \dfrac{本年销售额 - 上年销售额}{上年销售额} \times 100\%$ |
| 4 | 市场渗透率 | $市场渗透率 = \dfrac{该区域的年销售额}{该区域的人口总数} \times 100\%$ |
| 5 | 经营稳定性 | $平均误差 = \sqrt{\dfrac{\sum_{1}^{12}(第i月实际销售额 - 平均销售额)^2}{12}}$ |

#### 3．JF 代理商绩效评估排行

（1）年销售增长率排行。

该指标需要与上年实际销售额进行比较，所以该指标不适合新开发的 JF 代理商。代理商有比较数据后可以使用该指标。

（2）排行名次合计。

排行名次合计=年实际销售额排行名次+年任务完成率排行名次+年销售增长率排行名次+市场渗透率排行名次+经营稳定性排行名次。JF 代理商绩效评估指标排行合计如表 13-12 所示。

表 13-12    JF 代理商绩效评估指标排行合计

| 代理商名称 | 年实际销售额排行 | 年任务完成率排行 | 年销售增长率排行 | 市场渗透率排行 | 经营稳定性排行 | 排行名次合计 |
|---|---|---|---|---|---|---|
| 代理商 A | | | | | | |
| 代理商 B | | | | | | |
| 代理商 C | | | | | | |
| 代理商 D | | | | | | |
| …… | …… | …… | …… | …… | …… | …… |

### 4．JF 代理商绩效评估指标总排行榜

JF 代理商绩效评估指标总排行榜如表 13-13 所示。

表 13-13    JF 代理商绩效评估指标总排行榜

| 代理商名称 | 排行名次合计 | 总排名 |
|---|---|---|
| 代理商 Y | 9 | 1 |
| 代理商 L | 11 | 2 |
| 代理商 R | 14 | 3 |
| …… | …… | …… |

### 5．JF 代理商绩效评级

JF 代理商绩效评级如表 13-14 所示。

表 13-14    JF 代理商绩效评级

| 代理商评级 | 代理商人数占比（%） | 代理商人数（人） | 代理商总排行 |
|---|---|---|---|
| 优秀 | 10 | | |
| 良好 | 15 | | |
| 一般 | 60 | | |
| 合格 | 10 | | |
| 不合格 | 5 | | |
| 总计 | 100 | | — |

### 6．JF 代理商绩效整改措施

（1）小汽车奖励。

前 1～3 名代理商，小汽车奖励计划：第一名奖励价值为 50 万元的小汽车，第二名奖励价值为 40 万元的小汽车，第 3 名奖励价值为 30 万元的小汽车。

（2）轻卡奖励。

前 4～6 名代理商，轻卡奖励计划：第四名奖励价值为 15 万元的轻卡，第五名奖励价值为 10 万元的轻卡，第六名奖励价值为 8 万元的轻卡。

（3）短期协议。

评级为合格的代理商，JF 公司再提供 3 个月的合作机会，如果代理商完成约定的任务，可以续签当年全年的合作协议；如果代理商完不成任务，则公司在该区域重新寻找代理商。代理商绩效整改措施如表 13-15 所示。

表 13-15　代理商绩效整改措施

| 代理商评级 | 代理商总排行 | 绩效调整措施 |
| --- | --- | --- |
| 优秀 | 1～6 名 | 小汽车奖励（1～3 名）+轻卡奖励（4～6 名）+旅游奖励（1～6 名） |
| 良好 | 7～15 名 | 旅游奖励 |
| 一般 | 16～51 名 | 签订协议，正常合作 |
| 合格 | 52～57 名 | 签订 3 个月短期协议 |
| 不合格 | 58～60 名 | 淘汰，不续签协议 |

## 13.5.2　厂家存在一个统一的经销商绩效评估指标吗

由于各种原因，评估经销商绩效的因素可能随时间而变化，所以并不存在一个统一的经销商绩效评估指标。此外，一些绩效标准的应用对于不同环境、不同规模的厂家的渠道成员，应该有所区别。

**【渠道经理工具箱】**

关于评估渠道成员绩效的知识，渠道经理要掌握以下 17 大工具。

（1）渠道战略与经销商绩效评估的关系。

（2）评估经销商竞争能力的 5 大指标。

（3）销售增长率的定义。

（4）销售任务完成率的定义。

（5）渠道占有率的定义。

（6）市场渗透率的定义。

（7）经营稳定性的定义。

（8）评估经销商盈利能力的 4 大指标。

（9）销售费用率的定义。

（10）销售利润率的定义。

（11）货款支付率的定义。

（12）存货周转次数的定义。

（13）经销商绩效评估方法。

（14）常见的经销商绩效评估指标及权重。

（15）常见的经销商绩效评估指标评分标准。

（16）300 个经销商的评级标准。

（17）不同等级经销商的整改措施。

# 第 14 章　优化渠道结构

## 问题与后果

（1）随着渠道多元化的发展趋势，厂家的渠道类型越来越多，但很少厂家评估不同营销渠道的绩效，导致绩效差的营销渠道消耗了很多资源。

（2）厂家评估不同渠道的绩效，往往采用单一的评估指标，无法充分反映渠道的绩效情况。

（3）渠道的客户发生重叠现象，导致多渠道冲突时有发生，但厂家的渠道经理不知道如何调整，致使冲突始终无法解决。

（4）渠道调整有很多种方式，但厂家往往只是一味地调整渠道策略，导致调整效果不理想、渠道成员不满意。

## 梅明平对渠道经理说

优化渠道结构，不是对某个营销渠道成员的绩效进行评估，而是对不同营销渠道的绩效进行评估。例如，对经销商渠道、自营大客户渠道、电子营销渠道等进行评估，目的是了解哪条营销渠道具有最高的绩效，哪条营销渠道的绩效需要改进等。

厂家的渠道经理，首先要确定渠道绩效评估指标，其次要确定渠道绩效评估方法，最后对渠道进行调整。

网上销售的一种战略性劣势是缺乏即时性，消费者在网上购买产品之后需要等待几个小时、一天甚至更长时间才能收到产品。现在一些传统的实体零售店认为，自己找到了一种协同运作办法，即将自己作为网上销售的配送中心。

你认为这种传统零售商建议的也许能够实现更快速和更低成本配送的"网店和实体店渠道的协同"，可以为大多数既有网上销售又拥有实体零售店的厂家提供差异化的竞争优势吗？

# 14.1　渠道绩效评估指标

## 14.1.1　渠道竞争能力评估指标

### 1．销售增长率

➡ **名词解释：销售增长率**
销售增长率是指渠道本期的销售收入增长额与前期的销售收入总额之比。

销售增长率的计算公式为：

$$销售增长率 = \frac{本期销售额 - 前期销售额}{前期销售额} \times 100\%$$

销售增长率是使用历史比较法来评估某条渠道的效率。该指标越大，表明其增长速度越快，市场前景越好。因此，厂家要通过销售增长率找出发展最快的销售渠道，并给予更多的帮助，让该渠道更快速地发展。

■ **案例**　某厂家各条渠道的销售增长率

某厂家各条渠道的销售增长率如表 14-1 所示。

表 14-1　某厂家各条渠道的销售增长率

| 渠道类型 | 销售增长率（%） |
|---|---|
| 经销商渠道 | 56 |
| KA 渠道 | 23 |
| 电商渠道 | −20 |
| 直销渠道 | −10 |

通过表 14-1 可以看出，经销商渠道销售增长率最高，达到 56%，说明经销商渠道的销售额与去年同期相比在快速上升；电商渠道销售增长率最低，为-20%，说明电商渠道的销售额与去年同期相比在快速下降。

然而，销售增长率反映的是销售的增长速度，并不能反映销售的体量。例如，年销售额 20 亿元的渠道增长 1%，要比年销售额 1000 万元的渠道增长 100%都多。因此，厂家要结合其他指标对渠道进行考核。

**2．销售任务完成率**

> ➡ **名词解释：销售任务完成率**
> 销售任务完成率是指对已完成销售任务的渠道的度量，比例越大，渠道任务完成程度越高。

销售任务完成率的计算公式为：

$$销售任务完成率 = \frac{某条渠道实际销售额}{某条渠道计划销售额} \times 100\%$$

销售任务完成率指标在一定程度上反映了厂家的渠道管理水平，也可以反映厂家的渠道管理人员和渠道成员的努力程度。如果厂家制定的销售任务没有问题，则当完成率大于或等于 100%时，说明该渠道拥有较高的效率；当完成率小于 100%时，说明渠道效率低，厂家要找出问题并加以解决。

**案例** 某厂家的渠道任务完成率

某家电厂家主要采用 3 条渠道销售自己的空调：一是大型的家电连锁店，二是传统的百货店，三是厂家自设的专卖店。表 14-2 所示为该厂家 2021 年 1—7 月份空调的渠道任务完成率。

表 14-2 某家电厂家 2021 年 1—7 月份空调的渠道任务完成率

| 渠道类型 | 销售任务（万元） | 实际销售额（万元） | 渠道任务完成率（%） |
| --- | --- | --- | --- |
| 家电连锁店 | 2500 | 2400 | 96.0 |
| 百货店 | 1500 | 1525 | 101.7 |
| 专卖店 | 2000 | 1075 | 53.8 |
| 合计 | 6000 | 5000 | — |

通过表 14-2 可以看出，传统的百货店渠道最好，超出销售任务 1.7 个百分

点；专卖店渠道最差，渠道任务完成率只有 53.8%。因此，该厂家要完成全年任务，主要问题在专卖店这条渠道上。为了解决问题，该厂家需要深入研究专卖店渠道的渠道任务完成率低的原因，并找出解决方案。

### 3. 渠道占有率

→ **名词解释：渠道占有率**

渠道占有率是指某条渠道在一定时期内，销售额占厂家总销售额的比例，用来评估不同渠道在厂家的地位。

渠道占有率的计算公式为：

$$渠道占有率 = \frac{某条渠道的实际销售额}{厂家所有渠道的实际销售总额} \times 100\%$$

某条渠道的渠道占有率越高，说明该渠道对厂家产品的销售越重要，厂家需要大力发展该渠道。

**案例**　A 公司的渠道占有率及其变化情况

A 公司的渠道占有率及其变化情况如表 14-3 所示。

表 14-3　A 公司的渠道占有率及其变化情况

| 年份 | 直销渠道（%） | 经销商渠道（%） | 网上渠道（%） | 大客户渠道（%） | 合计（%） |
|------|------|------|------|------|------|
| 2017 | 25.23 | 45.96 | 8.67 | 20.14 | 100 |
| 2018 | 38.78 | 40.42 | 8.92 | 11.88 | 100 |
| 2019 | 42.31 | 39.88 | 9.95 | 7.86 | 100 |
| 2020 | 35.00 | 47.00 | 8.00 | 10.00 | 100 |
| 2021 | 19.35 | 62.32 | 10.31 | 8.02 | 100 |
| 2022 | 19.45 | 62.31 | 10.21 | 8.03 | 100 |

通过表 14-3 可以看出，经销商渠道是 A 公司的主渠道，并且它的渠道占有率总体在上升；直销渠道的重要性先升后降，现在稳定在 20% 左右；大客户渠道的重要性在快速下降，后来逐渐稳定在 8%；网上渠道则相对比较稳定，在 8%~11% 上下浮动。

### 4．经营稳定性

> **➡ 名词解释：经营稳定性**
>
> 经营稳定性用平均误差表示，是指某条渠道每月销售额的波动情况，波动越大，稳定性越差，波动越小，稳定性越好。

经营稳定性的计算公式为：

$$平均误差 = \sqrt{\frac{\sum_{1}^{12}(第i月实际销售额 - 平均销售额)^2}{12}}$$

在评价渠道效率时，渠道运行和渠道成员经营稳定性可用平均误差分析。平均误差既受季节因素的影响，又受渠道合作和渠道成员管理水平的影响。当其他条件相同时，平均误差越小，说明渠道合作越默契，渠道成员的经营管理水平越高。

■ **案例** **某厂家的电商渠道经营稳定性统计**

某厂家的电商渠道经营稳定性统计如表 14-4 所示。

表 14-4　某厂家的电商渠道经营稳定性统计

| 月份 | 1 | 2 | 3 | 4 | 5 | 6 | 7 | 8 | 9 | 10 | 11 | 12 | 合计 |
|---|---|---|---|---|---|---|---|---|---|---|---|---|---|
| 销售额（万元） | 200 | 290 | 270 | 100 | 130 | 180 | 320 | 260 | 90 | 440 | 180 | 240 | 2700 |
| 月均销售额（万元） | 225 | 225 | 225 | 225 | 225 | 225 | 225 | 225 | 225 | 225 | 225 | 225 | / |
| 月差异（万元） | −25 | 65 | 45 | −125 | −95 | −45 | 95 | 35 | −135 | 215 | −45 | 15 | / |
| 差异平方 | 625 | 4225 | 2025 | 15625 | 9025 | 2025 | 9025 | 1225 | 18225 | 46225 | 2025 | 225 | 110500 |

$$平均误差 = \sqrt{\frac{\sum_{1}^{12}(第i月实际销售额 - 平均销售额)^2}{12}} = \sqrt{\frac{110500}{12}}$$

$$= \sqrt{9208.33} \approx 95.96$$

通过上述计算得知，95.96 为电商渠道的平均误差，代表电商渠道的误差水平。厂家可以按照上述方法计算出每条渠道的平均误差，并制作渠道平均误差排行榜，误差最小的渠道排在第 1 位。总体来说，比整体平均误差小的渠道，其经营稳定性比较好，属于销量比较稳定的渠道，厂家应重点关注。

## 14.1.2　渠道盈利能力评估指标

### 1．运营费用率

➡ **名词解释：运营费用率**
运营费用率是指某条渠道的运营费用与该渠道销售额的比率。

运营费用率的计算公式为：

$$运营费用率 = \frac{某条渠道的运营费用}{该渠道的销售额} \times 100\%$$

渠道的运营需要支付各种费用，包括直接销售费用、促销费用、仓储费用、运输费用及其他费用等。运营费用率越低，渠道效率越高。从投入产出关系分析，运营费用是投入，销售额是产出。在产出不变的情况下，投入越少，渠道效率越高；运营费用率越低，渠道效率越高。

直接销售费用包括销售人员工资、销售人员奖金、差旅费、培训费、交际费、其他费用；促销费用包括广告费、产品说明书印刷费、展览会费用、赠品/奖品费用、促销人员工资、其他费用；仓储费用包括仓库租金、维护费、折旧、保险、包装费、存货成本、其他费用；自有运输工具的费用包括运输工具折旧、维护费、燃料费、牌照费、保险费、司机工资，非自有运输工具还有托运费用；其他费用包括管理人员工资分摊、办公费用分摊、其他分摊。

**案例**　某厂家各渠道的运营费用率

某厂家各渠道的运营费用率如表 14-5 所示。

表 14-5　某厂家各渠道的运营费用率

| 渠道编号 | 渠道名称 | 运营费用率（%） |
|---|---|---|
| 渠道 1 | 直销渠道 | 17.5 |
| 渠道 2 | 经销商渠道 | 16.7 |
| 渠道 3 | 网上渠道 | 15.9 |
| 渠道 4 | 大客户渠道 | 23.2 |

大客户渠道的运营费用率最高，说明渠道效率低；网上渠道的运营费用率最低，说明渠道效率高。

### 2．销售利润率

→ **名词解释：销售利润率**
销售利润率是指某条渠道的销售利润与该渠道的销售额的比率。

销售利润率的计算公式为：

$$销售利润率=\frac{某条渠道的销售利润}{该渠道的销售额}\times100\%$$

销售利润就是厂家的销售收入减去制造成本、经营费用和税金等项目后的余额。如果某条渠道有很大的销售额却没有获得足够多的利润，那么就是"只赚吆喝不赚钱"。

**案例** 某厂家各渠道的销售利润率

某厂家各渠道的销售利润率如表 14-6 所示。

表 14-6　某厂家各渠道的销售利润率

| 渠道编号 | 渠道名称 | 销售利润率（%） |
|---|---|---|
| 渠道 1 | 直销渠道 | 10.6 |
| 渠道 2 | 经销商渠道 | 8.7 |
| 渠道 3 | 网上渠道 | 18.8 |
| 渠道 4 | 大客户渠道 | 12.3 |

通过表 14-6 可以看出，网上渠道销售利润率最高，说明渠道效率高；经销商渠道销售利润率最低，说明渠道效率低。

## 14.1.3　不同渠道之间的互补与冲突

### 1．渠道互补

→ **名词解释：渠道互补**
渠道互补是指不同渠道之间的互相补充，以提高渠道的协同效应。

不同渠道覆盖的市场重叠越少，市场互补程度越高。例如，元气森林的餐饮渠道和便利店渠道，两条渠道的客户重叠少，可以互相补充。

不同渠道之间的功能重叠越少，功能互补程度越高。例如，格力的消费者可以在格力官网、京东、天猫等网上查看和购买产品，由距离消费者最近的格力专卖店配送和安装。

因此，厂家的各渠道之间的互补程度越高，渠道之间的协同效应就越大，为消费者提供的服务就越好，消费者满意度就越高。

### 2．多渠道冲突

➡ **名词解释：多渠道冲突**

多渠道冲突是指因厂家通过两条或两条以上的渠道向同一市场分销产品而导致的争夺同一客户群而引起的利益冲突。

多渠道可能产生市场重叠，也可能产生功能重叠，所以会产生冲突。既表现为厂家不同部门之间的冲突，如厂家的电商部与经销商部的冲突，也表现为厂家不同渠道之间的冲突，如京东、天猫、小红书与实体经销商之间的冲突。当冲突比较严重时，厂家的渠道绩效就会下降。

❖ **工具**：厂家关于渠道互补与冲突的调研

市场重叠：厂家各渠道之间是否有交叉覆盖的情况？厂家各渠道之间是否有未覆盖的情况？

功能重叠：厂家各渠道之间的功能是否有重叠现象？厂家各渠道之间的功能是否存在不能互补的现象？

渠道合作：厂家各渠道之间能否互相密切合作？

渠道冲突：厂家各渠道之间是否存在矛盾或利益冲突？

渠道沟通：厂家各渠道之间能否进行良好的沟通？

## 14.2　渠道绩效评估方法

### 14.2.1　确定渠道绩效评估指标

#### 1．确定渠道绩效评估指标与权重

厂家要对各销售渠道进行绩效评估，需要先确定渠道的绩效评估指标。厂家确定渠道绩效评估指标，尽可能考虑全面、周到，因为渠道的绩效评估工作量没有经销商的绩效评估工作量大，经销商有成百上千个，而销售渠道只有几条。但

是，从指标的性质上看，还是要以定量指标为主、以定性指标为辅。

绩效评估指标确定后，需要给每个绩效评估指标一个权重，即重要程度，通常用小数表示，合计为1。销售渠道绩效评估指标及权重如表14-7所示。

表 14-7  销售渠道绩效评估指标及权重

| 分类 | 绩效评估维度 | 维度权重 | 编号 | 绩效评估指标 | 指标权重 |
|---|---|---|---|---|---|
| 一 | 渠道对销售的贡献 | 0.30 | 1 | 销售增长率 | 0.05 |
| | | | 2 | 销售任务完成率 | 0.05 |
| | | | 3 | 渠道占有率 | 0.15 |
| | | | 4 | 经营稳定性 | 0.05 |
| 二 | 渠道对利润的贡献 | 0.30 | 5 | 运营费用率 | 0.10 |
| | | | 6 | 销售利润率 | 0.20 |
| 三 | 渠道组织 | 0.20 | 7 | 渠道冲突 | 0.10 |
| | | | 8 | 渠道合作 | 0.10 |
| 四 | 渠道满意度 | 0.20 | 9 | 渠道满意度 | 0.10 |
| | | | 10 | 渠道投诉率 | 0.10 |
| 合计 | | 1.00 | 合计 | | 1.00 |

厂家可以根据自身的情况，选择以上全部或部分指标对销售渠道进行绩效评估，并按照各个指标对厂家的重要程度赋予不同的权重。

### 2. 渠道绩效评估指标评分标准

厂家确定渠道绩效评估指标及权重后，需要对每个绩效评估指标确定评分标准。评分标准没有统一的标准，只要厂家按照自己确定的评分标准对渠道进行评分就可以了。表14-8所示为渠道绩效评分标准，每个单项最高得分为100分，大家可以作为参考。

表 14-8  渠道绩效评分标准

| 编号 | 绩效评估指标 | 指标评分标准 |
|---|---|---|
| 1 | 销售增长率 | 厂家结合每个绩效评估指标的渠道排行榜进行分析，排行榜越靠前，得分越高；排行榜越靠后，得分越低 |
| 2 | 销售任务完成率 | |
| 3 | 渠道占有率 | |
| 4 | 经营稳定性 | |
| 5 | 运营费用率 | 费用率越高，得分越低；费用率越低，得分越高 |
| 6 | 销售利润率 | 利润率越高，得分越高；利润率越低，得分越低 |

| 编号 | 绩效评估指标 | 指标评分标准 |
|---|---|---|
| 7 | 渠道冲突 | 该渠道的内部成员之间、该渠道与其他渠道之间,冲突越多得分越低,冲突越少得分越高 |
| 8 | 渠道合作 | 该渠道的内部成员之间、该渠道与其他渠道之间,合作越好得分越高,关系越紧张得分越低 |
| 9 | 渠道满意度 | 该渠道的用户满意度,较上年有明显提升,得分越高;较上年有明显下降,得分越低 |
| 10 | 渠道投诉率 | 该渠道的客户投诉率,较上年有明显提升,得分越低;较上年有明显下降,得分越高 |

## 14.2.2    渠道绩效得分排行

在完成每条渠道的绩效评分后,厂家的渠道经理就需要对每条渠道的绩效得分进行排名,渠道加权得分排行榜如表 14-9 所示。

表 14-9    渠道加权得分排行榜

| 渠道名称 | 绩效得分（分） | 排名 |
|---|---|---|
| 经销商渠道 | 98.5 | 1 |
| 厂家销售队伍渠道 | 92.3 | 2 |
| 大客户渠道 | 90.2 | 3 |
| 网上渠道 | 88.9 | 4 |
| 国外渠道 | 80.3 | 5 |

## 14.2.3    按照绩效得分划分渠道等级

对渠道的绩效进行排行后,厂家就需要对渠道的绩效进行评级。渠道绩效的级别一般为 3～5 级,5 级渠道可以分为优秀、良好、一般、合格和不合格。渠道绩效评级标准如表 14-10 所示。

表 14-10    渠道绩效评级标准

| 渠道名称 | 绩效得分（分） | 渠道等级 |
|---|---|---|
| 经销商渠道 | 98.5 | 优秀 |
| 厂家销售队伍渠道 | 92.3 | 良好 |
| 大客户渠道 | 90.2 | 一般 |
| 网上渠道 | 88.9 | 合格 |
| 国外渠道 | 80.3 | 不合格 |

上述是按照大类渠道进行绩效评估，厂家也可以根据自己的需要，将销售渠道进一步划分，以便进行更加深入细致的渠道规划。例如，网上渠道可细分为京东、天猫、小红书、拼多多、快手、抖音、官方网店、有赞等。

## 14.3　渠道调整

### 梅明平对渠道经理说

消费者对渠道服务的要求会越来越高。如果消费者对渠道服务不满呈现上升的趋势，厂家如果不在渠道方面做出某种改变，情况会越来越恶化；多渠道并不像想象中那样美好，渠道冲突进一步加深；部分经销商在辐射力上已经达不到厂家的要求。由于环境和竞争的原因，渠道的问题会层出不穷，所以厂家要随时对渠道进行调整，以满足消费者不断变化的需求。

### 14.3.1　渠道调整原则

#### 1．渠道覆盖面与满足重点客户相统一原则

根据二八定律，厂家 80% 的销售额或利润额一般是由 20% 的重点渠道成员带来的。因此，厂家在扩大渠道覆盖面的同时，不要忘了重点渠道成员的特殊需求，尤其是不要以牺牲重点渠道成员的利益为代价扩大渠道覆盖面。例如，最先一批与厂家共同发展起来的老经销商，其销售额往往比较大，销量占比高，但是如果厂家管理不严，其也会成为厂家进一步发展的障碍，而有些厂家为了削弱这些老经销商的实力，降低其销量，往往在其区域内开发新的经销商，导致这些老经销商与厂家之间、新经销商之间产生冲突，最终导致厂商双输。

#### 2．妥善处理渠道冲突原则

厂家同时拥有多条渠道，可能引发渠道成员之间的冲突。新设立的渠道可能与原有的渠道争夺客户；对渠道功能的重新安排，可能会使原有渠道中的某些成员的利益受损，厂家需要对受损害者进行适当的补偿。例如，厂家新设立的网上渠道，一定要照顾实体经销商的利益，防止线上线下渠道冲突，千万不要出现网上渠道没有发展好，却把实体经销商渠道弄没的情况。

#### 3．渠道增值原则

渠道转移是指新增渠道只是简单地使客户从一条渠道转向另一条渠道，厂家渠道整体的覆盖面和渠道成本都没有明显的变化。

渠道增值是指新增渠道为厂家带来了新的业务，厂家渠道整体的覆盖面扩大了，或者降低了渠道成本、提高了渠道效率。

渠道整合的目的不是渠道转移，而是渠道增值。

## 14.3.2　渠道调整方式

### 1. 调整渠道结构

调整渠道结构，即将原有渠道的构成方式加以改变。例如，将原来以直销渠道为主的渠道结构改变为以中间商渠道为主的渠道结构，或者增加一条新的网络营销渠道，将线上线下渠道融合。

例如，可口可乐营销渠道调整前只有实体渠道，调整后增加了网上渠道，实现了线上线下渠道融合。调整前后的可口可乐营销渠道对比如图 14-1 所示。

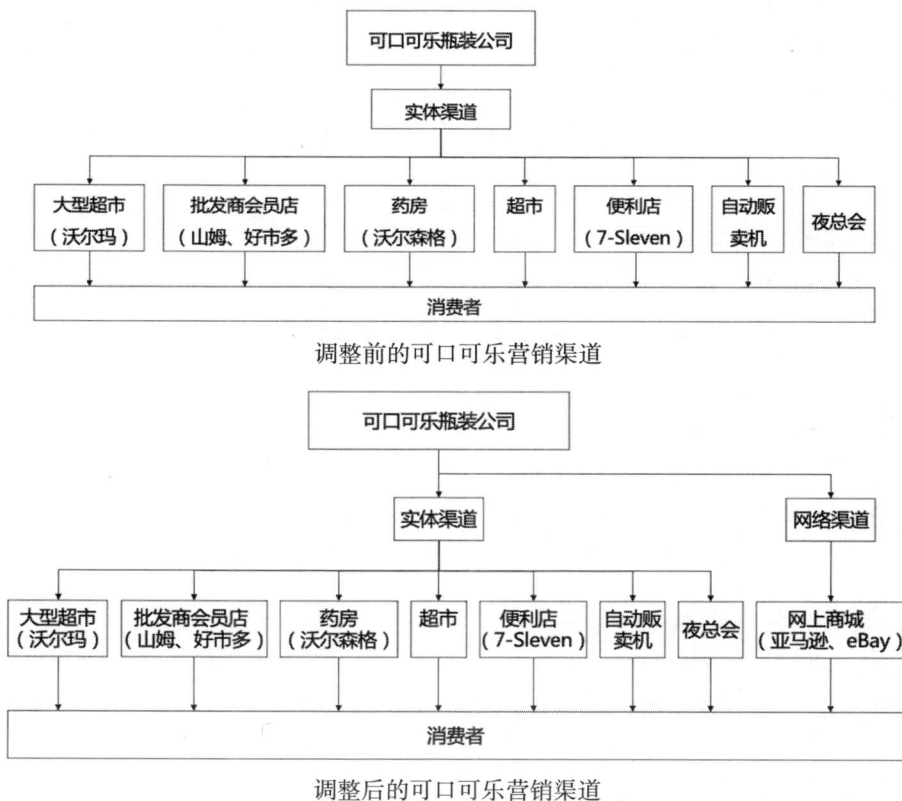

调整前的可口可乐营销渠道

调整后的可口可乐营销渠道

图 14-1　调整前后的可口可乐营销渠道对比

## 2．调整渠道代理方式

例如，厂家原来采用独家代理的方式，为了制约独家代理商的行为，防止其过分扩张，可适当增加代理商的数目，把独家代理方式变为多家代理方式。

**案例　代理方式从独家变为非独家的后果**

某赫赫有名的厂家，早期采用的是独家代理方式，让许多经销商获利颇丰，前景一片光明。后来，该厂家认为经销商赚钱太多了，品牌也大了，为了更好地"开拓"市场，在许多地方都采用了非独家代理方式。非独家经销商的数量激增，网络在全国铺开了，但销量不断下降，早期的独家经销商纷纷成为竞争对手的独家经销商，成了竞争对手的"骨干经销商"。

## 3．调整渠道策略

渠道策略包括价格策略、市场推广策略、信用策略、铺货策略、奖惩策略等，厂家要根据环境的变化进行适当调整。例如，在产品不太好销售或者要加大产品的促销力度时，厂家采用"先给货，后付款"的策略；为了降低信用风险，厂家采用"款到送货"的策略。

## 4．调整渠道关系

厂家根据渠道成员的业绩，调整其在渠道中的地位，给予不同的优惠。例如，对于业绩突出的经销商给予优先供货、价格打折、提高信用额度等优惠或者各种奖励，对于那些业绩下降的经销商则取消原有的一些优惠，直至淘汰。

## 5．调整区域渠道结构

在不改变厂家渠道体系的前提下，改变每个区域市场的渠道结构。例如，在某个区域市场上增加一条新渠道，满足那个市场上某些消费者的特殊需求；缩小某个区域市场的渠道覆盖范围，减少某条渠道中成员的数量。

## 6．调整渠道体系

由于内外部因素的变化，原有渠道体系制约了厂家的发展，必须进行调整。这种调整会引发整个渠道功能的重新安排和渠道利益的重新分配，既可能遭到厂家内部某些既得利益者的反对，也可能受到某些渠道成员的抵制。因此，只有在厂家的渠道体系受到严重威胁或发生重大变化时才调整。

## 14.4　实战案例

### 14.4.1　激光机械厂家 A 调整重叠的渠道

激光机械厂家 A 一直采用 3 条渠道销售厂家的产品，即销售队伍渠道、电话营销渠道和经销商渠道。激光机械厂家 A 调整前的渠道系统如表 14-11 所示。

表 14-11　激光机械厂家 A 调整前的渠道系统

| 渠道类型 | 渠道功能 | | | | | | 消费者 |
|---|---|---|---|---|---|---|---|
| | 搜寻潜在客户 | 资格审查 | 售前联系 | 交易 | 售后服务 | 财务管理 | |
| 销售队伍渠道 | 大、中、小客户 | | | | | | 客户 |
| 电话营销渠道 | 大、中、小客户 | | | | | | |
| 经销商渠道 | 大、中、小客户 | | | | | | |

由于 3 条渠道没有进行明确的分工，客户没有细分、功能没有互补，导致市场重叠、冲突不断。

为此，该厂家新增了一条网上渠道，并对每条渠道的功能和客户进行了划分。网上渠道负责收集潜在客户信息，电话营销渠道负责对潜在客户进行资格审查，审查后将大客户交给销售队伍渠道进行售前联系、交易和财务管理，将大客户的售后服务交给经销商渠道负责；同时，电话营销渠道还要负责与中客户的售前联系和交易，交易完成后，由经销商渠道负责中客户的售后服务和财务管理；线下所有客户由经销商渠道完成所有渠道功能。渠道调整后，不同渠道之间的市场互补性和功能互补性都得到了提高，不同渠道之间的冲突大大减少。激光机械厂家 A 调整后的渠道系统如表 14-12 所示。

表 14-12　激光机械厂家 A 调整后的渠道系统

| 渠道类型 | 渠道功能 | | | | | | 消费者 |
|---|---|---|---|---|---|---|---|
| | 收集潜在客户 | 资格审查 | 售前联系 | 交易 | 售后服务 | 财务管理 | |
| 销售队伍渠道 | | | 大客户 | | | 大客户 | 客户 |
| 电话营销渠道 | | 大、中、小客户 | 中客户 | | | | |
| 经销商渠道 | | 大、中、小客户 | | | | | |
| 网上渠道 | 大、中、小客户 | | | | | | |

### 14.4.2　渠道策略调整不当遭到经销商的反对

由于为其消声器提供终身质保，美国麦达斯公司成为美国最著名的汽车消声器产品销售公司，该公司通过经销商提供产品和服务。一直以来，该公司都秉持着这样的信誉原则：只要经销商口头上说因为质保替换出去了多少产品就算数。

最近，麦达斯公司进行了渠道策略调整，想把规则变得更严一点：需要经销商将替换下来的消声器交给公司，以便公司了解这些产品究竟是本身有缺陷还是使用坏了。

渠道策略调整后遭到了经销商的一致反对，经销商认为，这种调整会限制他们与消费者打交道时的灵活性，进而损害与消费者之间的良好关系。

**【渠道经理工具箱】**

关于优化渠道结构的知识，渠道经理要掌握以下 18 大工具。

（1）评估渠道竞争能力的 4 大指标。

（2）销售增长率的定义。

（3）销售任务完成率的定义。

（4）渠道占有率的定义。

（5）经营稳定性的定义。

（6）评估渠道盈利能力的两大指标。

（7）运营费用率的定义。

（8）销售利润率的定义。

（9）不同渠道之间的互补与冲突。

（10）渠道互补的定义。

（11）多渠道冲突的定义。

（12）厂家关于渠道互补与冲突的调研内容。

（13）渠道绩效评估方法。

（14）销售渠道绩效评估指标及权重。

（15）渠道绩效评分标准。

（16）渠道绩效评级标准。

（17）渠道调整的 3 大原则。

（18）渠道调整的 6 种方式。

# 附录 A　渠道经理工具箱

表 A-1　渠道经理工具箱

| 4 个部分 | 14 大分销决策模块 | 247 种渠道管理工具 |
|---|---|---|
| 第 1 部分<br>营销渠道设计 | 第 1 章<br>制定营销渠道战略 | 1. 销售增长的两大路径<br>2. 提升老客户销售额的两大路径<br>3. 提升新客户销售额的两大路径<br>4. 目标市场满意度函数<br>5. 获取竞争优势的 4 大战略<br>6. 持续竞争优势的定义<br>7. 营销渠道战略的定义<br>8. 厂家重视营销渠道战略的 4 种情况<br>9. 渠道协同效应的定义<br>10. 营销渠道管理面临的 4 项基本分销决策<br>11. 定位点的定义<br>12. 制定营销渠道战略的要素<br>13. 制定营销渠道战略的方法<br>14. 厂商共赢战略的定义<br>15. 厂商共赢战略为 4 项分销决策提供指导原则<br>16. 厂商共赢战略的两大价值 |

| 4 个部分 | 14 大分销决策模块 | 247 种渠道管理工具 |
|---|---|---|
| 第 1 部分<br>营销渠道设计 | 第 2 章<br>了解网络营销渠道 | 1. 网络营销渠道的定义<br>2. 移动的电子渠道的 5 大优点<br>3. 中国有哪些社交网络电子渠道<br>4. 网络营销渠道的种类<br>5. 两种网络直销渠道<br>6. 两种网络中间商渠道<br>7. 网络营销渠道的优势和劣势<br>8. 网络营销渠道 3 个方面的定位<br>9. 互联网如何削弱其他 3 个 P 的力量<br>10. 互联网对渠道设计的 3 大影响 |
| | 第 3 章<br>设计营销渠道 | 1. 营销渠道设计的 3 大原因<br>2. 渠道长度的定义<br>3. 零级渠道的定义<br>4. 影响渠道长度的 3 大因素<br>5. 产品标准化程度与渠道长度的关系<br>6. 经销商密度的定义<br>7. 独家经销的定义<br>8. 独家经销商的 3 个类别<br>9. 专销商、专营商和全销商的定义<br>10. 非独家经销的定义<br>11. 非独家经销的优点和缺点<br>12. 影响经销商密度的 3 大因素<br>13. 市场规模与渠道结构模型<br>14. 渠道成员的类型<br>15. 股份关系的定义<br>16. 领导关系的定义<br>17. 博弈关系的定义<br>18. 8 种可能的营销渠道<br>19. 确定选择渠道的影响因素<br>20. 对可能的渠道评分的方法<br>21. 确定最优渠道组合的方法<br>22. 渠道权力的转移过程<br>23. 多渠道协同的定义<br>24. 全渠道零售图解 |

| 4 个部分 | 14 大分销决策模块 | 247 种渠道管理工具 |
|---|---|---|
| 第 1 部分<br>营销渠道设计 | 第 4 章<br>线上线下融合 | 1.　渠道服务益处的定义<br>2.　巴克林的 4 大渠道服务产出<br>3.　安妮·T. 科兰的两大渠道服务产出<br>4.　搭便车的定义<br>5.　搭便车行为分析模型<br>6.　实体经销商对搭便车行为的 5 种反应<br>7.　网络窜货的定义<br>8.　渠道吞并的定义<br>9.　线上渠道的 6 种分类<br>10.　线上渠道管理的两大内容<br>11.　消费品渠道融合架构<br>12.　工业品渠道融合架构<br>13.　线上线下渠道功能融合<br>14.　减少线上线下渠道冲突的方法<br>15.　线上线下渠道利益共享的两种方法 |
| 第 2 部分<br>营销渠道管理 | 第 5 章<br>确定渠道目标 | 1.　渠道的 6 大服务产出<br>2.　批量拆分的定义<br>3.　空间便利的定义<br>4.　获取时间的定义<br>5.　产品种类的定义<br>6.　客户服务的定义<br>7.　信息提供的定义<br>8.　渠道服务产出水平函数<br>9.　渠道任务目标的定义<br>10.　渠道建设目标的定义<br>11.　安索夫矩阵 |
| | 第 6 章<br>选择渠道成员 | 1.　渠道成员的 8 大职责<br>2.　实物拥有的定义<br>3.　所有权的定义<br>4.　促销的定义<br>5.　谈判的定义<br>6.　财务的定义<br>7.　风险的定义 |

续表

| 4 个部分 | 14 大分销决策模块 | 247 种渠道管理工具 |
|---|---|---|
| 第 2 部分<br>营销渠道管理 | 第 6 章<br>选择渠道成员 | 8. 订货的定义<br>9. 支付的定义<br>10. 厂家选择经销商的 5 大标准<br>11. 经营理念的定义<br>12. 经营实力的定义<br>13. 市场表现的定义<br>14. 管理能力的定义<br>15. 合作意愿的定义<br>16. 选择未来渠道成员的 20 个问题<br>17. 经销商选择厂家的 4 大标准<br>18. 招商的 4 个步骤<br>19. 空白市场信息收集表<br>20. 当地市场运作规划的内容<br>21. 某 SKU 渠道成员价格体系表<br>22. 首批产品铺市方案的 4 项内容<br>23. 某饮料经销商的渠道及客户分类<br>24. 某经销商产品铺市奖惩明细<br>25. 零售商进货奖励方案<br>26. 异议解答的内容<br>27. 消费品厂家准客户信息收集的 15 种途径<br>28. 某公司经销合同的 12 个附件<br>29. 测评经销商的 5 句话<br>30. 经销商评分标准<br>31. 预约谈判时间的方法<br>32. 预约谈判地点的方法<br>33. 商务洽谈与合同签订的 7 大内容 |
| | 第 7 章<br>激励渠道成员 | 1. 渠道成员的 5 大需求<br>2. 渠道成员的生理需求内容<br>3. 渠道成员的安全需求内容<br>4. 渠道成员的社交需求内容<br>5. 渠道成员的尊重需求内容<br>6. 渠道成员的自我实现的需求内容 |

| 4 个部分 | 14 大分销决策模块 | 247 种渠道管理工具 |
|---|---|---|
| 第 2 部分<br>营销渠道管理 | 第 7 章<br>激励渠道成员 | 7.　麦克维伊的观点<br>8.　厂商共赢委员会的定义<br>9.　厂商共赢委员会的组织架构<br>10.　厂商共赢委员会的成员组成<br>11.　厂商共赢委员会的职责<br>12.　厂商共赢委员会的好处<br>13.　厂家对渠道成员的 5 大支持<br>14.　驻地业务员的定义<br>15.　渠道成员培训的层次<br>16.　渠道成员培训的形式<br>17.　进货折扣的形式<br>18.　返利的定义<br>19.　返利目的与返利形式<br>20.　不同产品生命周期的返利制度<br>21.　销售竞赛的定义<br>22.　销售竞赛的 6 个步骤<br>23.　确定竞赛费用的技巧 |
| | 第 8 章<br>渠道窜货管理 | 1.　窜货的定义<br>2.　窜货的两种形式<br>3.　有意窜货的定义<br>4.　无意窜货的定义<br>5.　窜货的 6 大诱因<br>6.　窜货在产品生命周期不同阶段的影响<br>7.　防窜货管理体系建设的 7 大步骤<br>8.　窜货管理专员的设置<br>9.　产品防窜码的编制方法和印刷位置<br>10.　窜货处罚原则<br>11.　窜货调解书<br>12.　窜货投诉状<br>13.　窜货处罚标准 |

续表

| 4 个部分 | 14 大分销决策模块 | 247 种渠道管理工具 |
|---|---|---|
| 第 3 部分<br>规划渠道要素 | 第 9 章<br>梳理渠道产品 | 1. 产品定位的定义<br>2. 产品定位的 3 个方面<br>3. 突出产品差异优势的 3 种方法<br>4. 突出产品品牌优势的 4 种方法<br>5. 新产品开发流程<br>6. 渠道成员对厂家新产品认知度调查表<br>7. 制定产品经销策略的两大方法<br>8. 排他性交易的定义<br>9. 排他性协议<br>10. 排他性交易的好处<br>11. 搭售的定义<br>12. 搭售的理由 |
| | 第 10 章<br>制定渠道价格 | 1. 渠道定价影响 3 方的利益<br>2. 制定渠道价格的 3 大要求<br>3. 一件零售价格 100 元的产品的渠道成员折扣<br>4. 顺加作价法的定义<br>5. 倒扣作价法的定义<br>6. 一件零售价格 100 元的产品的渠道成员毛利率<br>7. 渠道定价结构表<br>8. 渠道价格决策黄金法则<br>9. 确定渠道价格的函数<br>10. 厂家定价决策主要考虑的事项<br>11. 渠道定价 5 大指导原则<br>12. 价格点的定义<br>13. 渠道专家奥克森·费尔特制定的职能检查清单<br>14. 价格点定价法的定义<br>15. 价格点定价法的定价逻辑<br>16. 固定成本的定义<br>17. 变动成本的定义<br>18. 单件产品盈利定价法的逻辑<br>19. 组合产品定价法的定义<br>20. 成本定价法的定义 |

续表

| 4 个部分 | 14 大分销决策模块 | 247 种渠道管理工具 |
|---|---|---|
| 第 3 部分<br>规划渠道要素 | 第 11 章<br>畅通渠道物流 | 1. 营销组合变量及其分销战略变量的渠道与物流要素的关系<br>2. 物流的定义<br>3. 物流系统的定义<br>4. 目标客户对物流服务的满意度与物流组成部分之间的关系<br>5. 包装的定义<br>6. 运输的定义<br>7. 各种运输方式的运营特点<br>8. 仓储的定义<br>9. 经济订货批量的定义<br>10. 货物整理的定义<br>11. 订单处理的定义<br>12. 物流服务时间标准的 3 个指标<br>13. 物流服务准确率标准的 4 个指标<br>14. 物流服务其他标准的两个指标<br>15. 如何明确渠道成员对物流服务的需求<br>16. 确保厂家物流符合渠道成员的标准<br>17. 使渠道成员确信厂家能够达到物流标准的 3 个维度<br>18. 如何对物流服务进行监控与调整 |
|  | 第 12 章<br>严控渠道账款 | 1. 应收账款的定义<br>2. 评定经销商资信等级的方法<br>3. 某厂家对 100 个经销商的资信评分标准<br>4. 某厂家制定的经销商资信等级及其标准<br>5. 信用额度的定义<br>6. 某厂家制定的经销商信用额度标准<br>7. 信用期限的定义<br>8. 某厂家制定的经销商信用期限标准<br>9. 应收账款风险的定义<br>10. 担保的定义<br>11. 留置权的定义 |

| 4 个部分 | 14 大分销决策模块 | 247 种渠道管理工具 |
|---|---|---|
| 第 3 部分<br>规划渠道要素 | 第 12 章<br>严控渠道账款 | 12. 某厂家对经销商的信用额度使用情况分析<br>13. 经营状况监督的内容<br>14. 控制发货的内容<br>15. 厂家对经销商应收账款的催款流程<br>16. 逾期催款的 7 大策略<br>17.《房屋抵押合同》样本 |
| 第 4 部分<br>评估渠道绩效 | 第 13 章<br>评估渠道成员绩效 | 1. 渠道战略与经销商绩效评估的关系<br>2. 评估经销商竞争能力的 5 大指标<br>3. 销售增长率的定义<br>4. 销售任务完成率的定义<br>5. 渠道占有率的定义<br>6. 市场渗透率的定义<br>7. 经营稳定性的定义<br>8. 评估经销商盈利能力的 4 大指标<br>9. 销售费用率的定义<br>10. 销售利润率的定义<br>11. 货款支付率的定义<br>12. 存货周转次数的定义<br>13. 经销商绩效评估方法<br>14. 常见的经销商绩效评估指标及权重<br>15. 常见的经销商绩效评估指标评分标准<br>16. 300 个经销商的评级标准<br>17. 不同等级经销商的整改措施 |
| | 第 14 章<br>优化渠道结构 | 1. 评估渠道竞争能力的 4 大指标<br>2. 销售增长率的定义<br>3. 销售任务完成率的定义<br>4. 渠道占有率的定义<br>5. 经营稳定性的定义<br>6. 评估渠道盈利能力的两大指标<br>7. 运营费用率的定义<br>8. 销售利润率的定义<br>9. 不同渠道之间的互补与冲突 |

续表

| 4 个部分 | 14 大分销决策模块 | 247 种渠道管理工具 |
|---|---|---|
| 第 4 部分<br>评估渠道绩效 | 第 14 章<br>优化渠道结构 | 10.　渠道互补的定义<br>11.　多渠道冲突的定义<br>12.　厂家关于渠道互补与冲突的调研内容<br>13.　渠道绩效评估方法<br>14.　销售渠道绩效评估指标及权重<br>15.　渠道绩效评分标准<br>16.　渠道绩效评级标准<br>17.　渠道调整的 3 大原则<br>18.　渠道调整的 6 种方式 |

# 附录 B 实战案例内容汇总

表 B-1 实战案例内容汇总

| 章名称 | 实战案例的内容 |
|---|---|
| 第 1 章 制定营销渠道战略 | 1. 沃尔玛的营销渠道战略<br>2. 建立配送中心成为沃尔沃新的营销渠道战略 |
| 第 2 章 了解网络营销渠道 | 3. 山姆实体门店与网上商店融合得天衣无缝<br>4. 让虚拟模特帮助自己试穿衣服 |
| 第 3 章 设计营销渠道 | 5. 苹果的第一家体验店 Apple Store<br>6. 五得利面粉的营销渠道能否用于销售天麦然挂面 |
| 第 4 章 线上线下融合 | 7. MMP 公司线上线下渠道融合策略<br>8. DQ 公司线上线下渠道融合策略 |
| 第 5 章 确定渠道目标 | 9. 某厂家的渠道服务目标<br>10. 某厂家的渠道建设目标 |
| 第 6 章 选择渠道成员 | 11. ABC 公司地市级经销商招商标准与分销职责<br>12. GD 公司地区经销商开发标准、分销职责与经营回报 |
| 第 7 章 激励渠道成员 | 13. CGL 公司的厂商共赢委员会制度<br>14. AH 公司经销商月度返利制度<br>15. FS 公司经销商激励措施 |
| 第 8 章 渠道窜货管理 | 16. BZ 公司窜货管理制度<br>17. FT 公司防窜货措施 |
| 第 9 章 梳理渠道产品 | 18. 固特异向不同渠道成员提供不同型号的轮胎<br>19. "10 年包修"策略助格力再攀高峰 |

| 章号 | 实战案例的内容 |
|---|---|
| 第 10 章　制定渠道价格 | 20．ZY 公司价格管理原则<br>21．RG 公司产品价格管理<br>22．经销商锁价制度 |
| 第 11 章　畅通渠道物流 | 23．物流系统帮助 ZARA 全球零售店实现实时时尚<br>24．订货宝帮助厂家快速高效地处理订单 |
| 第 12 章　严控渠道账款 | 25．《房屋抵押合同》样本<br>26．某厂家对经销商应收账款的催款流程 |
| 第 13 章　评估渠道成员绩效 | 27．JF 代理商绩效评估<br>28．厂家存在一个统一的经销商绩效评估指标吗 |
| 第 14 章　优化渠道结构 | 29．激光机械厂家 A 调整重叠的渠道<br>30．渠道策略调整不当遭到经销商的反对 |

# 附录 C　厂家渠道管理水平自测

**填写人**：厂家的渠道管理者，包括董事长、总经理、营销副总经理、渠道经理等。

**填写要求**：请站在厂家管理者的高度，从全局出发，对厂家目前渠道管理的现状进行实事求是的评估。

**填写说明**：1分代表"非常不同意"，5～6分代表"中立"，10分代表"非常同意"，其他同意程度可得其他分，分数越高，越同意，分数越低，越不同意。例如，你在"厂家有清晰的渠道战略"后面打10分，代表"你非常同意"这句话的说法。厂家渠道管理水平自测题如表 C-1 所示。

表 C-1　厂家渠道管理水平自测题

| 编号 | 内容 | 分值 | | | | | | | | | |
|---|---|---|---|---|---|---|---|---|---|---|---|
| | | 1 | 2 | 3 | 4 | 5 | 6 | 7 | 8 | 9 | 10 |
| 1 | 厂家有清晰的渠道战略 | | | | | | | | | | |
| 2 | 经销商的忠诚度和积极性都非常高 | | | | | | | | | | |
| 3 | 电商渠道发展顺利，销量持续增长 | | | | | | | | | | |
| 4 | 线上线下渠道配合很好，没有冲突 | | | | | | | | | | |
| 5 | 经销商的能力与厂家的需求非常匹配 | | | | | | | | | | |
| 6 | 厂家的激励措施对经销商很有吸引力 | | | | | | | | | | |
| 7 | 窜货虽然时有发生，但厂家控制得很好 | | | | | | | | | | |
| 8 | 经销商销售新产品的意愿和能力都很强 | | | | | | | | | | |
| 9 | 经销商对厂家提供的物流服务很满意 | | | | | | | | | | |
| 10 | 厂家每年对经销商进行考核和改进 | | | | | | | | | | |

得分：＿＿＿＿＿＿＿＿

**得分说明：**

优秀：得分在 90 分及以上。这代表厂家拥有高绩效的营销渠道，并且营销渠道已经帮助厂家获得了持续竞争优势。如果能够与其他 3 个 P（产品、价格、促销）进行高水平的配合，厂家的销售业绩一定会持续高速增长，厂家最终会成为行业中数一数二的厂家。

良好：得分在 80～89 分。这代表厂家的渠道管理处于良好水平，如果厂家能够对渠道管理中个别需要改善的环节加以调整的话，结合其他 3 个 P 的良好表现，厂家的销售业绩一定会持续增长，厂家最终可以成为行业中具有竞争优势的厂家。

合格：得分在 60～79 分。这代表厂家的渠道管理存在很多问题，厂家销售增长乏力，经销商的忠诚度普遍低下，经销商"等靠要"等依赖思想成为常态，厂家发展将会越来越难。

不合格：得分低于 60 分。这代表厂家的营销渠道已经处于危险状态，严重制约了厂家的发展。无论其他 3 个 P 的表现如何，厂家的销售业绩一定会持续萎缩，厂家最终会被市场所淘汰。

# 附录 D 《厂商共赢战略》渠道经理研修班

## 课程对象

如果厂家出现以下情况导致销量滞涨或下降，则需要检查现有销售渠道或设计新渠道。

（1）目前大多数厂家的营销管理缺乏逻辑，如销量增长缓慢或连续下降。

（2）目前大多数经销商不配合，渠道管理难，如忠诚度不高、经销商做自己的品牌。

（3）目前渠道冲突严重，经销商怨声载道，如线上线下渠道冲突、区域之间窜货严重。

（4）刚成立的厂家，不知道如何建立渠道，如白手起家建立厂家或兼并收购了其他厂家。

（5）厂家需要快速开发现有产品的新客户，增加销量，如以超市为主的厂家需要开发餐饮渠道。

（6）新产品原有渠道不适合，需要开发新渠道，如卖面粉的厂家开发了挂面，原有经销商不适合卖挂面。

（7）厂家需要扩大销售区域增加销量，不知道如何扩大，如扩大销售区域或开发国际市场。

## 课程背景

渠道发生着颠覆性的变化，渠道多元化、碎片化的趋势愈演愈烈。如何设计多渠道？如何开发与管理多渠道？如何从多渠道冲突转向多渠道协同？这些都是厂家面临的且不得不马上解决的渠道难题。很多厂家在渠道管理方面缺乏战略导向，导致渠道浪费、分裂、冲突……最终导致竞争力缺失、销量下降。

美国分销渠道管理专家伯特·罗森布洛姆提出：销售渠道是获得持久竞争优势的因素；营销渠道难以在短期内被模仿，对获取竞争优势来说，它比其他要素更具有潜在力量。

渠道管理具有战略意义，渠道决策会影响其他营销决策，牵一发而动全身，所以厂家管理者需要思考长期发展战略，少则三五年，多则十几年甚至更久。渠道发展关系到厂家的生死存亡，渠道变革的成本和难度相当大，没有稳固的渠道厂家则根基不牢，没有高效的渠道厂家则不可持续。

## 课程收益

- ★ 直击营销管理核心：帮助学员快速掌握营销管理的逻辑。
- ★ 制定渠道策略：帮助学员制定厂家渠道管理策略。
- ★ 实现厂商共赢：掌握厂商共赢核心理念，建立厂商共赢体系。
- ★ 开发多渠道：帮助学员掌握开发线上线下多渠道的方法。
- ★ 实现渠道协同：掌握线上线下多渠道协同的原理，解决多渠道冲突。
- ★ 开发优质经销商：选择符合厂商共赢战略的经销商，提高忠诚度。
- ★ 高效激励经销商：掌握激励经销商的方法，提升经销商的积极性。
- ★ 科学评估经销商：掌握评估经销商的方法，及时淘汰不合格的经销商。
- ★ 完善产品线：淘汰落后产品线，聚焦有竞争力的产品线。
- ★ 严谨的价格体系：制定对消费者和渠道成员有吸引力的价格体系。
- ★ 高效渠道物流：畅通渠道物流，降低物流成本，提高产品周转率。
- ★ 严控渠道账款：严控厂家应收账款，减少呆账、死账，加快资金周转。
- ★ 多渠道绩效评估：对每条渠道进行评估，淘汰低效渠道，提高渠道绩效。

## 课程特色

理论讲授+案例分析+小组研讨+个人作业+现场诊断+渠道管理策略。

## 课程对象

厂家：渠道管理人员，包括董事长、总经理、营销总监、渠道部长、区域业务负责人等，重点针对厂家渠道管理策略的决策者。

**高校：** 营销渠道管理研究者、营销专业研究生等。

**总代理商：** 国外产品中国总代理商、某厂家的省总代理商。

## 课程内容

12 个内容模块+47 个案例分享+35 种工具+11 条渠道聚焦+46 个成果输出。

## 课程时长

2 天 1 晚（2 天课程讲授+1 晚诊断研讨，共计 15 小时）。

## 课程大纲

### 第一部分　精心设计营销渠道

**第一讲　掌握营销 5 训，成为营销专家**

【本讲要点】营销管理几乎被认为是常识，其实大多数人并不了解营销的本质。营销是有逻辑的，是有先后顺序和因果关系的，顺序混乱、因果不匹配，自然就无法实现营销目标。本讲介绍逻辑营销管理的框架，让你迅速从营销小白成为营销专家。

一、从营销到逻辑营销管理

二、逻辑营销管理 5 训

**第二讲　制定渠道战略，打造核心竞争力**

【本讲要点】在大多数情况下，厂家缺乏共赢渠道战略。一方面，厂家不了解共赢渠道战略究竟是什么？另一方面，没有专业人士去思考共赢渠道战略。没有共赢渠道战略的营销渠道，不仅没有竞争力，还很难实现分销目标。战略是什么？就是为了获取差异化优势，让大家都遵守的基本原则。共赢渠道战略就像一根主线，贯穿于渠道设计、渠道成员选择、渠道管理方式和绩效评估之中，以获取差异化优势，实现分销目标。本讲是渠道管理的核心、灵魂。

【渠道聚焦 1】沃尔玛的渠道战略

一、持续竞争优势

二、了解营销渠道

三、营销渠道战略

四、制定营销渠道战略

**第三讲　了解网上渠道，掌握趋势赢未来**

【本讲要点】无论大家同不同意，消费者对于购物的要求越来越高，不仅要求渠道多元化，还要求购物环节的柔性和完美体验。然而，很多厂家还在犹豫，是否参与网络营销渠道。网络营销渠道由于带给消费者极大的方便，是未来渠道发展的必然趋势。网络营销渠道不仅有固定的渠道，还有移动的渠道；不仅有纯粹的网店，还有可以交流的社交电商。无论你是大厂家还是刚刚创立的小厂家，网络营销渠道都是需要建立的。

【渠道聚焦2】山姆实体门店与网上商店融合得天衣无缝

一、网络营销渠道的定义

二、网络营销渠道的种类

三、网络营销渠道的影响

## 第四讲　设计营销渠道，实现价值最大化

【本讲要点】是否需要重新设计营销渠道？设置多长的营销渠道？需要多少渠道成员？选择多少条营销渠道（渠道组合）？渠道职责如何在渠道成员之间进行分工？渠道目标如何与营销目标匹配……这些问题与许多要素有关，只有在充分了解对营销渠道设计产生影响的各个要素的基础上，渠道经理才能设计出共赢的营销渠道（组合）。

【渠道聚焦3】面粉的营销渠道能否用于销售挂面

一、识别渠道设计决策的需求

二、选择合适的渠道结构

三、选择上下游成员的共赢关系

四、线上线下渠道融合

## 第二部分　高效管理渠道成员

## 第五讲　选择渠道成员，夯实基础好发展

【本讲要点】渠道经理完成渠道设计后，就需要选择与渠道设计要求相匹配的渠道成员。这些成员能否承担渠道设计的分销职责？这些成员的忠诚度高不高？这些成员能不能与厂家实现渠道共赢？既要考虑厂家选择经销商的标准，也要考虑经销商如何选择厂家。

【渠道聚焦4】福田电器经销商招商标准、分销职责与经营回报

一、招商路径与招商方法

二、厂家选择经销商的标准

三、经销商选择厂家的标准

## 第六讲　激励渠道成员，形成强大自驱力

【本讲要点】激励渠道成员是实现厂商共赢的核心。需要注意的是，渠道激励

要与渠道战略相匹配。厂家设计一个能迅速发现渠道成员需求和问题的组织架构，是实现厂商共赢的关键。如何设计组织架构、如何确定渠道成员、如何运作是确保组织架构发挥效果的关键。同时，厂家对经销商进行实质性的支持，及时解决渠道冲突，也能极大地激发经销商的积极性。

【渠道聚焦5】独一无二的返利制度助力一家空调企业成为行业领头羊

一、渠道战略与渠道成员激励

二、厂商共赢委员会

三、对渠道成员提供支持

### 第七讲　评估成员绩效，促使素质步步高

【本讲要点】大多数厂家对经销商没有绩效评估，导致经销商做好做坏一个样，使得经销商绩效提升成为一场梦。绩效评估是对渠道成员在某段时期（如1年）的经营情况进行评估，目的是通过评估对优秀的渠道成员给予奖励、对落后的渠道成员进行处罚。绩效评估最大的好处在于，通过评估后实施的奖惩能够对渠道成员接下来（如第二年）的经营表现给予强大的压力，促使渠道成员的绩效越来越好、效率越来越高。

【渠道聚焦6】如果经销商不合格，其会收到 John Deere 的信件而不是拖拉机

一、经销商绩效评估指标

二、经销商绩效评估方法

三、经销商绩效整改措施

### 第三部分　科学规划渠道要素

### 第八讲　规划渠道产品线，货如轮转生意旺

【本讲要点】不同的销售渠道适合不同的产品线。为了帮助渠道成员获得利润及竞争优势，厂家必须做好对产品的定位。同时，在推出新产品的过程中，厂家必须与渠道成员进行沟通，让渠道成员参与新产品的设计研发，使新产品更符合渠道成员的需求。在产品的销售过程中，渠道成员需要采用排他性交易及搭售的方法，实现快速销售产品的目的。

【渠道聚焦7】"10年包修"策略助格力再攀高峰

一、突出产品的渠道竞争优势

二、将新产品纳入渠道成员的产品组合

三、制定产品线经销策略

### 第九讲　制定渠道价格，符合需求定成败

【本讲要点】定价定天下。定价不仅涉及消费者和渠道成员的心理价位，还反

映渠道成员的利润空间。零售价格定高了，消费者不会购买；采购价格与渠道成员的产品销售价格范围不匹配，渠道成员不会购买；渠道成员的利润率定错了，严重影响渠道成员是否采购及销售的积极性。总之，定价牵一发而动全身，需要慎之又慎。

【渠道聚焦 8】智能手机成为消费者的比价工具

一、渠道定价框架

二、渠道定价指导原则

三、渠道产品定价方法

### 第十讲 规划渠道物流，降本增效效果好

【本讲要点】无论是实体营销渠道还是网络营销渠道，要完成实物交易必须有物流。现阶段，尤其是网络营销渠道的消费者对于物流的配送速度的要求越来越高。同时，消费者通过移动手机的比价软件进行对比，导致产品的价格越来越低。因此，物流不仅要提高速度，还要降低综合成本。本讲从物流系统的观念出发，对如何畅通物流渠道进行了深入探讨。

【渠道聚焦 9】我国物流费用居高不下

一、物流系统的定义

二、物流系统的构成

三、物流服务管理

### 第十一讲 严控渠道账款，资金回流降压力

【本讲要点】账款涉及厂家的生死存亡。目前，还有一些厂家尤其是诞生于赊销盛行时代的厂家，还在通过赊销、授信、铺底的方式与经销商交易，导致厂家的应收账款、呆账、死账越来越多，厂家经营越来越艰难。但是，针对习惯于采用赊销的经销商，厂家要一下子采用现款现货也很困难。本讲对客户资信、应收账款风险控制和逾期催款策略等方面进行了探讨，在厂家采用一系列措施后，能大大减轻应收账款的压力。

【渠道聚焦 10】经销商居高不下的应收账款拖垮了汇源果汁

一、客户资信管理

二、应收账款风险控制

三、制定催款流程

### 第四部分 谨慎评估渠道绩效

### 第十二讲 评估渠道绩效，一眼识别绩优股

【本讲要点】这里的优化营销渠道是对不同营销渠道的绩效进行评估。例如，

对经销商渠道、自营大客户渠道、网络营销渠道等进行评估，目的是了解哪条营销渠道具有最高的绩效，哪条营销渠道的绩效需要改进等。

【渠道聚焦 11】网店和实体店协同能提供差异化优势吗

一、渠道绩效评估方法

二、营销渠道调整

## 收获与总结

回顾本次课程每讲的内容要点，总结课程的重要知识点，辅导学员制订行动计划，鼓励学员分享与解答问题。